行走在鉴定缄赏之间

王大鸣 著

文化发展出版社
Cultural Development Press

图书在版编目（CIP）数据

行走在鉴定缄赏之间 / 王大鸣著．-- 北京 ：文化发展出版社，2016.5
ISBN 978-7-5142-1320-1

Ⅰ．①行… Ⅱ．①王… Ⅲ．①收藏－基本知识 Ⅳ．①G894

中国版本图书馆 CIP 数据核字 (2016) 第 084076 号

行走在鉴定缄赏之间

著　　者：王大鸣
出 版 人：赵鹏飞
责任编辑：肖贵平
执行编辑：罗佐欧
责任校对：郭　平
责任印制：孙晶莹
责任设计：侯　铮
排版设计：金　萍

出版发行：文化发展出版社（北京市翠微路 2 号　邮编：100036）
网　　址：www.wenhuafazhan.com
经　　销：各地新华书店
印　　刷：北京博海升彩色印刷有限公司
开　　本：787mm×1092mm　1/16
字　　数：310 千字
印　　张：20
印　　次：2017 年 1 月第 1 版　2017 年 1 月第 1 次印刷
定　　价：69.00 元
I S B N：978-7-5142-1320-1

◆ 如发现任何质量问题请与我社发行部联系。发行部电话：010-88275710

自 序

收藏，现在的普及率之高，绝对达到了空前绝后的历史高度，可以说再没有什么秘密、技巧可言。俗话说“久病成医”，病病歪歪的人瞧病的时间长了，都能混个半仙之体，小灾小病自己买两包药就能应付，何况收藏小道。只要不迷信那些唬人的称谓、唬人的大话，在正确方法的引导之下，谁都可以轻松地搞收藏。有些大的门类如书画、玉器、瓷器一时难以入门，没关系，可以先从一些低价位而相对简单的小杂项开练，譬如宋代的制钱存世量很大，真品也不少，里面有很多鉴定技巧能供学习，譬如懂得了看红斑绿锈的生长规律，懂得了看铜质、范型，就能为以后青铜器的收藏打下牢固的基础；现在卖端砚、歙砚的很多，弄明白了石质、石品，以后就可以逐渐试着收藏老砚台，等等。一个人多有钱是一回事，只要真心想收藏，就一定要从小的门类开始，买错了也没关系，只要搞清楚为什么错，就向成功迈近一步。藏品的大小、贵贱所体现的都是些表面的个性，并不能增加或减少同类器物的鉴定共性。同类藏品所携带的各个时代的鉴定特征和鉴定原理，自有其相近的地方，一旦掌握“一招鲜”就有可能触类旁通，上手也就相对容易了。收藏，没有像制造宇宙飞船那么深奥复杂，它是一项简单易行的，人人皆可以参与的有益活动。

与收藏相伴生的是鉴赏——对收藏品的认识和解读。现在搞收藏、懂鉴定的人很多，而且会越来越多；但是懂鉴赏的人却很少，而且会越来越少。收藏与鉴赏之间的关系就是根与本的关系，买东西收藏是根，鉴赏是本。脱离了收藏，就无所谓鉴赏；而没有或者不懂鉴赏，再好的藏品也是一个过时的老物件，不会有藏品价值的延续。如果说收藏只是一种物权转移的行为，那么，鉴赏就是对已经转移到自己名下的财产的一种无限制消费，一种精神上的“贵族消费”。有很多收藏者只是通过交易实现了物权的转移——藏品的所有权归我了——然后往柜子里面一放，注意别磕了碰了，也就万事大吉了。如果说能给他们带来一点精神的慰藉，大概最多也就是两个字：“我有。”尤其是一些经济实力很强的企业家，看他们在商场上“横推骆驼竖拽牛”，叱咤风云，回到家里则乖乖地自贬身价，做了旧货仓库的管理员。一个不懂鉴赏的收藏者，他就是仓库的管理员——这些几百上千年流传下来的老物件让他消耗宝贵的时间精力去看着、守着。看着，看不明白；守着，以后还不知道物权再转移给谁。要它作甚！而一个不懂收藏的鉴赏者，则肯定是个大忽悠。道理很简单，不懂收藏之道，怎么可能对收藏品有深刻的专业评价和美学欣赏，就像一个从没到过北京的人，怎么可能入木三分地品尝老北京卤煮火烧、麻豆腐的地道和不地道。

收藏，一定要具备鉴定真假的本事，但那充其量只能算是一种技能，谁都可以慢慢学会。就像我们到菜市场买大白菜，北京、天津两地白菜的样子差不多，可是家庭主妇一般不会买错，这就是鉴定；而鉴赏则是一门学问，与鉴赏者的学识修养有极其密切的关系，对藏品理解或深或浅，完全在于个人的修为程度。就像买棵白菜是鉴定，至于能品尝出各地白菜的不同味道，甚至不同吃法，那就是鉴赏的能力了。鉴定技能的掌握是一个可控的由生到熟的过程，可以预设一个终端的预期——譬如老一代瓷器鉴定家耿宝昌先生擅于民国以前的瓷器鉴定，在这个领域里先生已经被公推为一代巨擘，民国以前的老瓷器是真是仿，老先生不用看，闭着眼都能摸出来；古泉鉴定家唐石父先生晚年眼睛不好使，鉴定古钱只是猫下腰，把古钱往水泥地上轻轻一扔，听声音就能鉴定真伪。这些老一代鉴定家的鉴定代表着一个时代的最高水平，一般中青年鉴定从业人员目前没有达到，但是不等于永远达不到，耿、唐两位先生的鉴定能力不就超过了他们的前辈了吗？而鉴赏则不同，它属于历史学、考古学、古器物学、美学、文学等综合学科范畴，与读书、思维、见识、专业学习等更多的方面有关。学问到了、修养够了，未必一定能够具有很高深的鉴赏能力，历史和当今有很多大学问家都不擅长鉴赏，譬如大学问家陈寅恪、周汝昌先生讲讲永宣官窑苏麻离青的欣赏？大概不成；学问不到、修养不够，肯定不具备鉴赏水平。20世纪中期，我国学术界出现了一次关于《兰亭序》的争鸣，后来结集出版了一本《兰亭论辩》，里面收集了郭沫若、章士钊、商承祚、高二适等前辈的论文（那时的先生还属于小字辈人物），不管观点是什么，每一篇文章的作者都是从一个当之无愧大书法家的视角出发，结合《兰亭序》的书法特征来进行论述，非常精彩。正是因为每一位作者都是那一时代的书法领军人物，又对书法历史有着深刻的研究和理解，才能有如此高深理论水平的文章参加争鸣。那些动辄只会“线条刚劲有力”、

“气韵不通”这几句抽象的套话，既不懂书又不会画的所谓“鉴赏家”，相比之下，就显得有点“小”了。

这里，笔者之所以一再重申鉴赏的重要，主要出于两个方面的考虑：

一是当前更广大的收藏者的确都是重收藏、轻鉴赏的一头沉，把一件收藏品最可宝贵的精神价值连同收藏品一道，藏在了暗无天日的锦盒之中。笔者希望通过这本书的写作，能使广大收藏者充分认识到，鉴赏就是古玩的玩法，也是收藏价值的延续和升华，比鉴定真伪重要得多。需要收藏者多读点书，多从藏品中挖掘出一些内在价值，这样既可以娱人，亦可自娱。

二是当今社会老龄化的大幕已经拉开，年轻人的知识结构与我们这一辈人不一样，如何引导他们对古老的收藏品感兴趣，能够阅读，甚至能够深度欣赏，让我们中华民族的这点物质文化传统能够延续下去，这看似不急，实属当务之急，千万别让后辈儿孙把我们辛辛苦苦淘换、整合来的这点藏品再一次当废品卖喽。我们的民族文化的延续，唯一能指望的，只有他们。

正是出于这种思考，我在写这部书的时候，重点写了对藏品的鉴赏体会和方法，其实这绝不是为了鉴赏而鉴赏，而是想通过对我的鉴赏思路的描绘告诉读者，解读、鉴赏一件收藏品的方法，未必总是在那几句司空见惯的套话、空话圈里转悠，还可以拓展一下，借用考古学、历史学、古器物学，甚至某些物理、化学等各种学科的理论知识来观察藏品、欣赏藏品，于是我给拙著的冠名就叫作《行走在鉴定缄赏之间》。“缄”，有密封、隐藏的意思，《梁书·贺琛传》有：“独缄胸臆，不语妻子。”“缄赏”的意思与“鉴赏”不尽相同，意思是把我的藏友们深藏起来不愿意外露的藏品拿出来供大家欣赏一下。唐代孙过庭《书谱》中有这样两句话：“糜蠹不传，搜秘将尽；偶逢缄赏，时亦罕窥。”意思是说，那些霉烂的、长了蠹虫的东西（指深藏不露的古代优秀书法作品）不会轻易外传，社会上的秘藏也已经搜集殆尽；偶尔遇到一件被束之高阁的藏品欣赏一下，这个机会现在也非常不容易遇到了。《行走在鉴定缄赏之间》就是要把民间可以一见，但不会随处可见的典型藏品通过左手鉴定、右手鉴赏展示出来，供收藏爱好者参考。

2015 年 11 月王大鸣序于天津燕居室

目 录 CONTENTS

鉴定篇

鉴赏篇

鉴 藏 篇

鉴 JIAN 定 DING 篇 PIAN

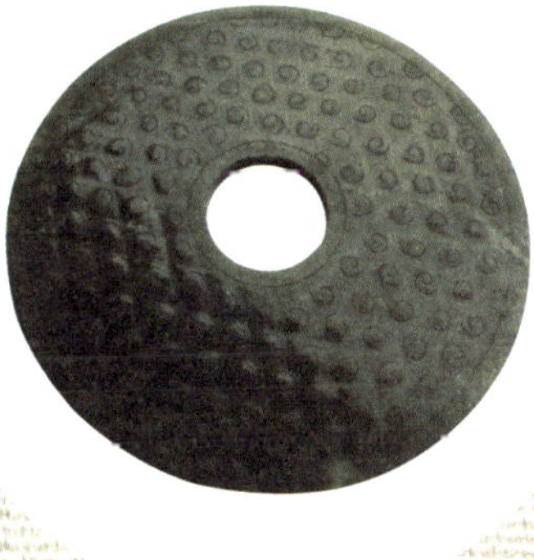

十几年才玩明白的一块老玉

2001 年我到内蒙古博物馆出差，公干后乘车来到了包头，由包头的好朋友刘文奇、张京军两位老兄接待。转天我们一起逛包头的古玩城。我记得很清楚，当时我见到了直径约 50 厘米左右的一对西汉灰陶壶，上面带有完整的兽头铺首，壶的肩部好像带有一圈满工的装饰带，非常漂亮，当时这对灰陶壶的要价才 2000 块钱，只是我发愁没有办法安全地运回天津，始终犹豫不定。我连续两天站在壶的跟前反复考虑，最后终于放弃了。还是在这个店里，我有点失魂落魄地在柜台上下乱看，总想买点什么好像才能平衡。于是，我看见了一块儿没有雕工的条状白玉，我当时以为就是一块儿白玉手把件。这个把件一头厚、一头薄，好像是一个单面的楔子（图 1），在斜面的末端还残留着一点儿饴糖色的玉皮（图 2），我由此判断这是块儿子料；同

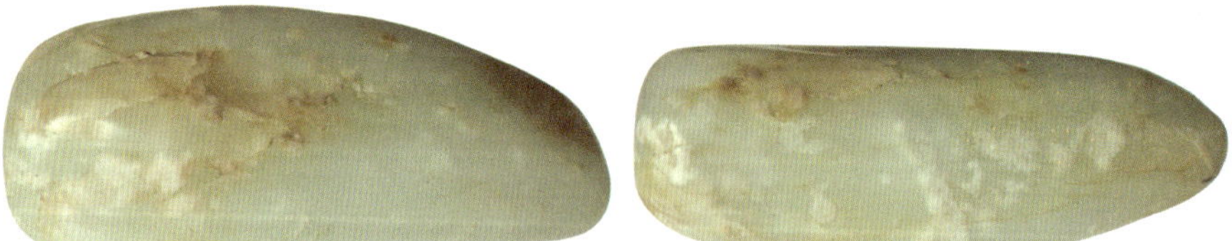

图 1 白玉把件（正、背）

图 2 皮色

时，这块儿玉的正、背面各有一片儿类似于干裂秋风的斜向劈茬儿，里面带有些许的沁色，这在古玉收藏中俗称“重（chóng）劈”（图 3），这是漫长的掩埋过程对质地造成的伤害，即使在古玉中也属少见。这个白玉把件老相十足。我问老板价钱，老板说，如果买走那对灰陶壶，这块儿玉就可以送给我。我知道这是老板的生意口，大概也贵不到哪儿去，没有太多地讨价还价，最后 150 块钱成交。回宾馆给朋友显摆，他们都笑我不懂“玉不琢，不成器”的道理，说：“买这块儿玉料坯子，再付十倍的工钱玉工也未必愿意动刀。雕出来的活还不知什么样！”说得我当时也有点后悔。

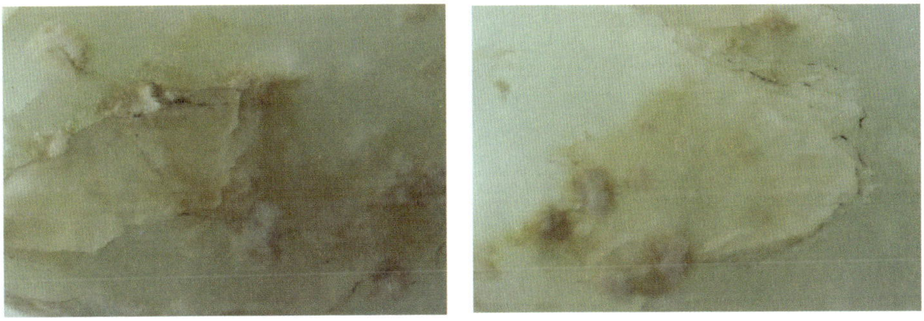

图 3　重劈（正、背）

可是回来后没有多久，我就真的喜欢这个把件了。这块儿玉除了玉皮和重劈这两个直观特点以外，如果上手仔细抚摸，就能够感觉出一种由内而外的强烈的油润感，以及皮肤在玉表面滑动所形成的一种腻腻的阻力，但绝不是浸油后的那种黏手，是摩挲高古玉老熟坑才有的那种特殊的触感，难以名状。我始终就把它当成是一块儿磨了皮的老子料把件，也设想过如果去苏州出差，花钱请玉工顺势巧雕成苏作薄意山水图案，就显得完整了。在手里摆弄的时间长了，后面的问题接踵而至，这是块儿什么料？既不像和田玉——和田玉没有里面的石花（图 4）；又不像岫岩玉——岫岩玉没有这种脂性和微通透的感觉；与青海玉、南阳玉的差别更加明显。这个问题一直挥之不去。

这个白玉把件我在手边把玩了十几年，虽说这十几年来一直看不明白，可是也

图 4 石花

看不腻，说明它本身还隐藏着我未知的信息。

直到这两年，我阅读了一本关于玉质材料学方面的著作，十几年的不清楚刹那间涣然而冰释、了然于心。看来，一本好书一定是给有疑问的人写的，读书并不是随便展卷就有益，还是要带着问题读。脑子里装的问题越多，展卷所得的收益也就越大；脑子里没有问题的储备，瞎读书就有点耽误工夫了，不会有收获。

紧接着，我对这件白玉把件做了全面的鉴定。

第一，玉质与年代

在这块儿玉的表皮下呈现出大量的石花，这就是岫岩玉的一个典型的材质特征。史前的岫岩玉、和田玉都具有微通透的性质，有时能较为清晰地看到材质内部出现白色物，白色物的形状构成了两种材质之间的区别：和田玉的内部如果出现白色絮状物，我们称之为“绵”，说明玉质的密度不高，“绵”的特点主要是整体形状就像棉花一样，中心部位较实，边缘处逐渐虚化，这就是经常说的“絮状”。和田玉的絮状物相对集中成团，白色浅淡；岫岩玉的结构主要是蛇纹石，晶体排列的方向一致，内含较为充沛的结构水。由于结构水之间的结合不牢固，所以很容易逸出，从而形成局部折光效果的变化，这就是我们从外观上看到的泛白的石花。岫岩玉石花的直观特点是：白色坚实、包围紧蹙、边缘清晰，呈点状散布。白色石花的形态，决定了这个把件是岫岩玉材质。

那么，这件把件是什么时候的岫岩玉？我仔细观察了正、背两处重劈，首先这两处重劈都呈自然的浅土黄色（图 3），与一般古玉上的土沁颜色、特征十分接近，其实也可以算是土沁的另一种形式。我由此推论：这件把件上面没有工，商业价值不高，所以不大可能是人工做沁的仿古玉。而把件上面又带有厚重而自然的包浆，脂性很高，说明这是一件出土时间很长的老熟坑，至少经过了几代人的手把玩；同时，把件的购买地是包头，据红山文化范围不远。据此我认为，这个把件大概就是辽河流域红山文化或者之前查海文化的出土物。

第二，玉质的通透度

对于古玩收藏范围所能见到的材质来说，只要是取材于矿物质，就必然会符合一个规律，那就是材质在矿脉里的存在，就像夹心饼干或三明治一样，每一层（或者每一阶段）都有结构上的变化，而且没有完全一样的可能。譬如广东肇庆的端石，最早的开采记录是唐代，一直开采到了现在。当然，我们目前较少能看见唐、宋两代端砚的材质是什么样子，而明、清两代的端砚却可以常见，如果我们把明、清和现代同一坑口、同一等级的端砚放在一起比较，就会发现材质的颜色、石品等方面各有不同的呈现，有时差别还很明显。为什么现在仿明代永、宣官窑很难？其难度不在于制作工艺的难以企及——现在人们有一双复印机似的双手，制作什么都不是难事。不可逆的困难就是明代初年的高岭土、瓷土的取土与现在不在一个位置上，制作出来的成品粗看还可以，细看自然各异。玉料的开采同样适用于这个规律，山料玉的开采，年代距今越远，开采的位置越近；而开采年代越近，开采位置越远、越纵深。如果我们俯瞰新疆和田玉四千余年的开采线路就会发现，有的朝代赶上了好位置，譬如战国、唐代、清代的玉质都好，尤其到了清中期，玉质达到了历史上的最佳水平；而有些朝代的开采位置就不尽如人意，譬如明代的玉料基本上都不太好，业内人们常说“大明无好玉”。当然，明代也有好玉出现，只不过比例较小罢了。子料也是一样，年代越久远，人们采集的层位越靠上；到了乾隆时期，朝廷开始组织当地土著到河里捞子料，根据所捞多少给予报酬。而现在，据说要动用多少辆大型挖掘机，挖地何止三尺，就像大型土木工程一样轰轰烈烈。不管能否再找到子料，倒是为国家把干涸的老河道又重新挖了几遍。

岫岩玉使用的早期可以追溯到距今约 8000 前年兴隆洼文化的查海文化时期，而民间古玉收藏者的鉴赏目力有可能达到的，应该就是距今约 5000 年前的红山文化玉

图 5　清　岫岩玉的质地

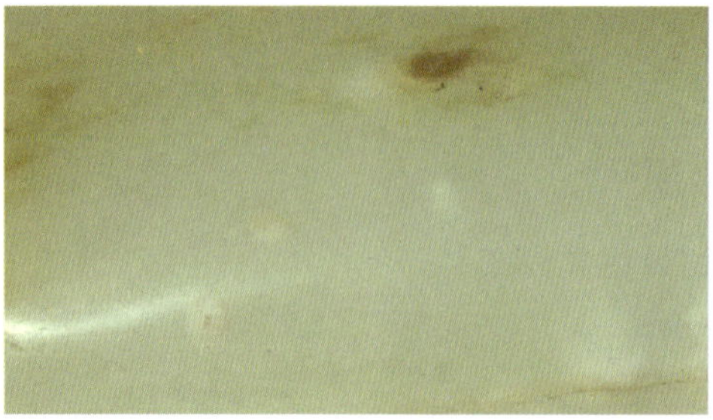

图 6　岫岩玉把件的质地

器。5000 年来，古今的矿带采集位置肯定存在着巨大的差距，材质也肯定今非昔比。最直观的不同就是通透度。图 5 是清代的岫岩玉，其通透度远高于图 6 把件的通透度。把两个时期岫岩玉的通透度进行对比后可以发现一个规律：岫岩玉开采时间越晚，通透度越高。再看看现在的岫岩玉雕工艺品，基本上与玻璃没有什么区别了。所以这件把件的玉质一定是年代悠久的老岫岩玉。

第三，器形的命名

在古代玉器的命名中，最说不清楚的就是工具类中的“斧”与“锛”（bēn），主要的原因不外两个：

1.“斧”与“锛”这两种器类的命名缺少器物学理论的支持，因为这两种器形的形状差不多，我们又不能简单地依据古人的定义来认定器形，因为即使是东汉《说文解字》的作者许慎，他也没有见过。即使见过。相信他也没有定义商周以前玉斧、玉锛的理论依据，更遑论能用准确的文字加以描述。而我们现在对古代，尤其是史前的玉斧、玉锛的界定，由于始终缺少一个非常肯定的标准定义，所以基本上都是各说各的理，谁也没有充分的理由肯定谁或者否定谁。

2. 更重要的是，我们对器物的命名远远滞后于器物的制作时代。一定是先有了器物，四五千年以后才开始用归纳的方式加以命名。尽管这种命名可以大体概括，但是仍不能满足对器物细节上的涵盖。换言之，四五千年以前的人在制作玉斧、玉锛时，没有定义的限制，想做成什么样那是他们的事情，尤其玉斧、玉锛不是实用器，更不可能有非常严格统一的器形标准。所以，对于史前玉器的器形，只要大致与当前的主流说法接近就可以，不必认真——也没有办法认真，这就像一个被悬挂在半空中的人，脚不沾地，也就没有办法发力。

不过有一点理论界的认识比较统一，那就是史前玉器中的工具造型譬如锛、凿、斧、铲等，都不是实用器，大概只表达某种特定的制作含义。既然用不着使用玉斧、玉锛去割肉、砍凿，那么作为工具本来最关键的功能特征——刃部的薄厚、宽窄，也就变得无所谓。很有可能在当时本就是一种器类，不同工匠琢制出不同的样子。

话是这样说，其实玉斧与玉锛还是可以多少总结出一些区别的，这只是后人根据多见的器形归谬出来的一种说法，谁也不敢说准对。玉质斧、锛这两种器形可以从刃部特征来划分：

1.刃薄而锋利的器形称之为“斧”。斧，在古代典籍中具有切割用途。“斧锧”就是一套完整的行刑具，“锧”是垫在下面的砧板；“斧”就是抡起来砍、剁的一种行刑利器。斧的两个刃面夹角很小，形成了锋利的斧刃。于是，我们就可以很明确地将刃部锋利或较薄的称为“斧”。我曾经收藏过一件石斧，从刃口磨制的精密程度分析，年代大概晚于新石器时期，但绝不会晚于殷商，石斧两面刃，至今锋利依旧，适合于割、削（见图7）。

图7 石斧

2. 刃厚而钝的器形称之为“锛”。锛的刃口既厚且钝，大体上多被磨成一面平、一面刃的单面楔形，有的还在锛体上磨出俗称“段”的台阶，为的是牢固地将锛捆绑在柄上，在挥动用力砍凿时，锛体不至于产生位移（图 8）。可见在使用过程中，“斧”与“锛”的用力方式是不一样的。

因此说，“斧”与“锛”最简单直观的区别就是刃口的锋利与否。

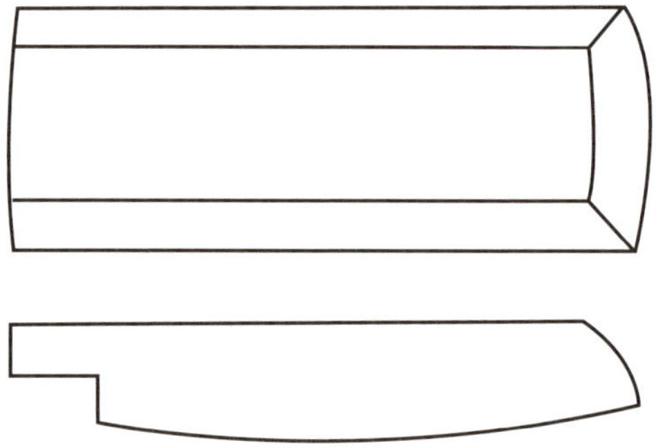

图 8 玉锛线图

本藏的这件把件整体形状呈单面的楔形，刃口的厚度是顶的 1/3，形状完全符合“锛”的造型描述，所以可以定名为“锛”。

第四、断代

本藏的这件把件具备了这样几个信息特征：

1. 器形是“锛”；玉质是呈微通透状的老岫岩玉，两面的重劈内都有土沁，说明入土的时间相当漫长。

2. 玉锛的整体造型简约而古朴，没有任何多余的装饰纹线，造型纯用磨制工艺完成，没有雕琢的工艺参与。从遗留的磨制痕迹分析，锛的顶部平面仍然存留着明显的磨削痕，磨削线呈现出深浅、轻重不规则的线段（图 9）。可见，玉锛的制作工艺尚没有达到红山文化最成熟时期的水平，但是这件玉锛与红山文化玉器显然存在着直接的嫡嗣关系。

3. 玉锛器形全部采用磨制工艺，工艺表现与查海文化、红山文化完全相同，或者更接近于查海文化时期的玉器制作。

综上所述，本藏的这件玉把件应该判断为查海文化至红山文化之间、距今约7000年左右的岫岩白玉玉锛。

不管是查海文化时期，还是红山文化时期，所用岫岩玉的颜色以绿色、黄色为常见，很少见到白色岫岩玉器。这件玉锛竟然是少见的白色岫岩玉，而且是子料，无论从哪个方面来把玩，都极有意思。

这件玉锛在我手里玩儿了十几年后，才弄清它的名称以及相关的问题，而且是从玉材质入手的，后面又关联着一系列的为什么，有些能够自圆其说，有些还要等待来日。这就是一块儿并不值钱的“破玉块儿”带给我的无穷的乐趣。这种有乐趣的搜集好像更多地在那些价格低廉、为有钱人所不屑的小玩意儿当中，这也是上苍赐予工薪人的福祉；而那些价值动辄百万、千万元的高端藏品，则寄托着投资者的兴奋和快乐。所以，他们看好清中期玉器是为了投资；而我，垂青史前老玉，是因为它能让我思考、让我看书、供我怡神遣兴。

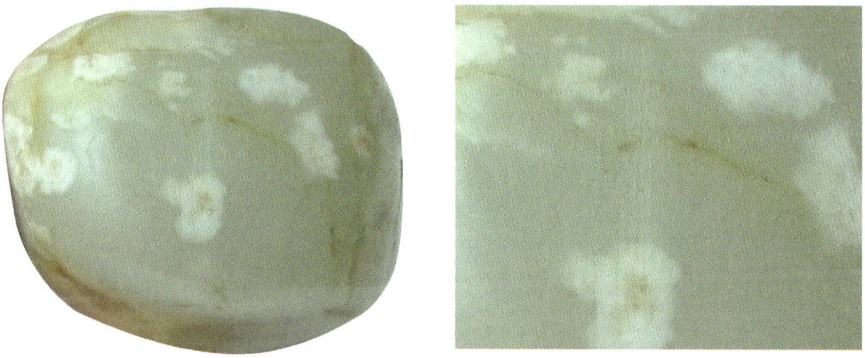

图9 玉锛锛顶及不规则工艺痕

解读高古玉器就像喝工夫茶

红山文化玉器的收藏，有很多人不愿意、也不敢轻易触碰，没有别的原因，就是其中的门道太深奥、水也太深，想在这个门类上有所建树很难。

的确是这样，相比起商、周、战、汉乃至明、清时期的玉器，红山文化玉器表面的工艺痕迹过于简单，有些甚至根本不能构成那个时代的断代标志。反观同属史前的良渚文化玉器，器形上保存着带有粗细变化的阴线、复杂的纹饰设计、镂空工艺，还有非常诡秘、难于理解的图案，这些强烈而鲜明的时代特征都足以构成一种标志性的鉴定因素。而红山文化除了为数不多的几种造型使用了阴线以外，其余的主要工艺只有“磨”而没有“琢”。譬如收藏价值很高的那件龙形玦（即俗称的“C”形龙），假如把真品与仿品放在一起，相信绝大部分玉器收藏者很难看出两者之间的区别。标志性因素不明显，就是收藏红山文化玉器的水之深处。

红山文化玉器的最早出土时间，大概总要有百年以上。天津博物馆收藏了一件北洋时期大总统徐世昌的胞弟徐世章先生在20世纪五六十年代捐献的猪形玦（俗称“玉猪龙”），这是件典型的老熟坑，从表面的包浆上看，出土时间距今至少也要在一二百年，甚至更早。可是红山文化出土的玉器在20世纪50年代“红山文化”这一考古命名确立之前，收藏界都含糊其词地把这路出土玉器划归在“老三代”之中，甚至有人断代为夏代的玉器，没有任何有关的课题研究成果发表。尽管“红山文化”已经在20世纪中期形成了一个考古学时代，但是作为考古发掘品的玉器，其中所包含的很多问题至今并没有得到明确的解决，譬如红山文化玉器上都有的穿孔，这穿孔是干什么用的？所有的书都以为是佩挂拴绳的系孔，实际大概未必如此；再有，红山文化玉器中的典型器形勾云器究竟代表着、寓意着什么；等等。这些功能性问题如果不能得到解决，那么对于这一时期器物学的深入研究或者玉器的真伪判断，都是无源之水，这就是“太深奥”的地方。对于一个具有一定学术水平的红山玉器收藏者来说，发现了问题但是不能马上得以解决，这是正常的，一辈子能把一个问题搞清楚，就已经很专业了；假如一般水平的人，只是跟风收藏红山玉器，压根就没有通过观察而形成疑问的欲望，那么就不应该蹚等这一时期的玉器，因为心静不下来、修养不够，没法玩儿——恕我直言。

红山文化玉器真正受到收藏界的重视和追捧，应该是从1996年开始的。当时北京翰海拍卖公司在1996年11月以253万元的天价，成功拍卖了一件并不被当时收藏界普遍认识、了解的红山文化玉龙形玦（图1）；在之后的2000年12月，又以264万元的更高一些的价格，拍出了另一件红山文化代表器猪形玦（图3）。这两次成功的拍卖震动了古玉收藏、投资界众多的“大鳄”，人们开始如梦方醒，暂时放下手边俯仰皆是的清中期白玉子料雕件，仔细审视一下这种简单到极致的史前老玉器，竟然那么贵重、那样受到海外收藏者青睐。对比一下清中期乾隆工白玉子料雕件，果然发现其中的收藏价值所在：清中期玉器再好、再贵重，只要有钱，随时都可以买到；而红山文化玉器就是那么一块儿地方出土那么一点儿东西（超出现在已经公认的红山文化玉器出土地，其他红山文化地域出土的玉器现在还是不认），除去考

图1 红山文化 龙形玦（拍卖品）

图2 红山文化 龙形玦（林利摄影）

古挖掘品归国家机构收藏以外，可以用于交易的老熟坑传世品非常罕见，说是达到万里无一的比例并不夸张。对于这个稀有的存世量来说，钱就显得不那么值钱了，就算有了大把的钞票，可是缺少缘分，大概连摸一下真品的机会都没有。于是收藏界立即刮起了一股倾力收藏和交易红山文化古玉的旋风，有资金“大鳄”冲锋在前，一些民间收藏爱好者纷纷跟风，形成一个强大的红山文化玉器收藏方阵。遗憾的是，当时绝大多数的收藏者对红山文化玉器并不了解，他们把搜集的目光只聚焦在龙形玦、猪形玦这两种天价器形之上，而忽略了更多的而且是很容易获取的收藏机会。他们不知道，红山文化的玉器绝不止这两种，还有数量虽说不多但是了解、收藏的人更少的其他器形，譬如玉璧、玉鸮、玉工具等。其中玉璧的数量相对多一些，又由于造型过于简单，只是一个薄薄的玉片儿，所以没有人重视，价位也较低，这才是收藏真红山文化玉器的绝好机会。而那些跟风的人只能人云亦云地跟在风头后面瞎吆喝，他们甚至连红山文化玉器的基本特征都搞不清楚，赝品全都是为他们这种人准备的。

从既有的价格记录上看，到目前为止，红山文化玉器价格最高的就是北京瀚海拍

图 3 红山文化 猪形玦（拍卖品）

图 4 红山文化 猪形玦
（林利摄影）

卖公司分别于1996年和2000年拍出的龙形玦和猪形玦。需要说明的是，这两件拍品都属于红山文化玉器中的极精品，即使与国家机构所藏的精品相比也毫不逊色，而更多普通的龙形玦和猪形玦，无论从造型、玉质还是加工工艺上，都无法与之相提并论。我们完全可以通过上面的图片对比，看到大型拍卖会上的百万级拍品与实际收藏的藏品是两个等级完全不同的同名藏品。如果只对红山文化感兴趣，并且真想收藏红山文化玉器，你就应该着眼于图2、图4这样等级品貌的藏品。可以这样断定，在一般交易中，图1、图3这样的藏品，不管贵贱，都没有真品出现的可能。

红山文化玉器除了上面的两种玦形器以外，比较重要而常见的就是肖生形器，具体说就是鸮鸟。

红山文化的玉鸮是一种不可思议的造型，前面的龙形玦、猪形玦多少还带有一些画符之嫌，这两种肖生动物都是经过了变形后的造型，所凭借的，不过是工匠的想象力，谁也说不清楚脑袋、眼睛、耳朵的标准样子是什么，所以同一题材造型各异，无所谓对或者不对。而鸮鸟的造型则不同，红山文化玉鸮极少见到静态的写生，基本上都是展翅飞翔状态下的造型，同时在造型中羼入了带有高度抽象的因素，使最常见到的静态立姿鸮鸟呈扁平化展现（图5）。这种抽象的造型艺术被殷商玉器所继承，并彰显得更加强烈、有增无减（图6），西周以后便不复出现。唐代以后的肖生

图5 红山文化 飞翔状态的鸮鸟
（林利摄影）

图6 殷商 飞翔状态的燕子
（北京故宫博物院藏）

图 7 宋 静态圆雕白玉鹅

类玉造型，都是静态的圆雕（图 7），即使是一只处于飞翔状态的鸟，也没有任何动感可言，最多是一个飞鸟的标本。这样的玉器造型一眼就能看明白，可是明白之后呢？再看第二眼的兴趣就未必会有了。

这里介绍一件红山文化时期的玉鸮（图 8）。从整体上分析，当时玉匠设计者的着眼点所抓捕的，就是鸮鸟正在飞翔状态下瞬间的造型，里面融入了复杂的抽象因素，鸮鸟平展的羽翼由复杂的写实经过高度的概括提炼后，抽象为简单的“﹀”线条，

图 8 红山文化 玉鸮（正、背）

鸮鸟的两只眼睛安排在顶端，呈横向的水滴形（图 9），这样就不会破坏鸮鸟飞翔的俯视造型。不管对这只鸮鸟的观察是俯视还是仰视，都能看见尾羽，所以在玉件的最底部，磨出瓦沟纹作为尾羽（图 10）。

图 9　红山文化 玉鸮水滴眼

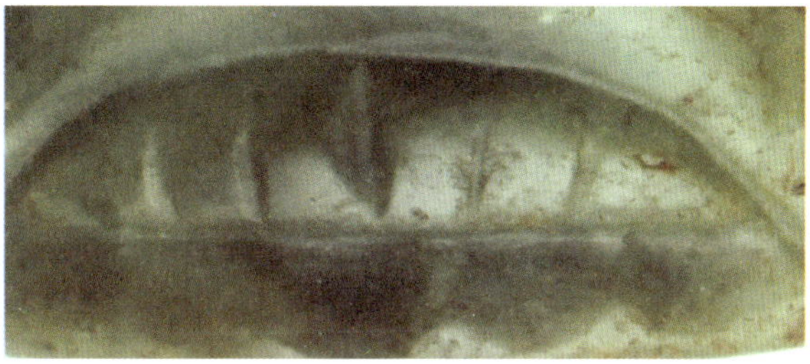

图 10　红山文化 玉鸮瓦沟纹

这件玉鸮真正好玩儿的地方，就在于玉件本身携带有很多未知的信息，解读它就像喝功夫茶一样，沉下心来慢慢地啜、悠悠地品，一点一点地揭开上面的未知，就会越来越感到玉器魅力的无穷。这里仅从造型、钻孔和沁色这三个方面进行解读。

造型

图 8 是一只正在展翅飞翔的鸮鸟，造型的设计者把读者的视点放在了鸮鸟平展翅膀的水平面上面，所得到的图案是俯视效果。主图案“ ✉ ”代表了横向左右平展的翅膀，整体图案较图 5 更加简练而抽象，也就更具有含蓄的艺术魅力。不过，仔细解读，就会发现有 3 个地方令人费解：

1. 在“ ✉ ”的正上方，对称琢刻有两条倒“八”字的凹槽（图 11），这好像不是描写鸮鸟背部的某个部位，因为按照这件鸮鸟的整体造型风格来看，不应该出现这样细节的刻划。那么，这个倒“八”字究竟要表现出设计者的什么意图？这是第一个疑问。

2. 我们观察红山文化鸮鸟的设计，基本上都符合平衡构图的规律，这件鸮鸟如果上曲线是带有一定角度的硬折直线的话，那么与之相对的下曲线也应该是具有同样性质的折线才对。但是下曲线呈抛物线状，上下明显不对称，违背了造型均衡的基本规律，为什么？

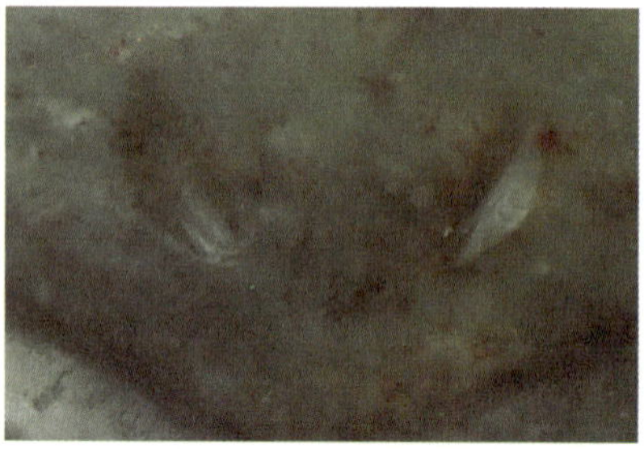

图 11　红山文化 玉鸮－倒八字凹槽

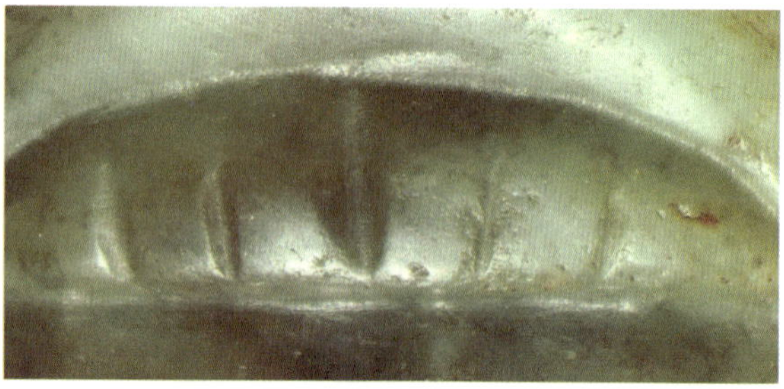

图 12　红山文化 玉鸮－抛物线下五条短阴线

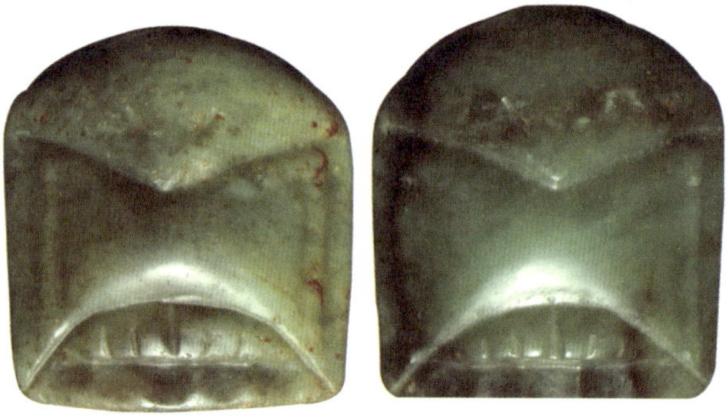

图 13 加底光的红山文化玉鸮

3. 如果最下端的瓦沟纹代表鸮鸟的尾羽，那么，抛物线下左右对称的五条短阴线表示什么（图 12）？当然，不妨视为第一层尾羽，可是这样的认为有些牵强，鸮鸟的造型异常简约，没有任何一点多余的修饰物，所以这五条短阴线可能另有寓意。

按照常规的思路分析，这三点疑问在正背面的相同位置共同出现，肯定表达着什么特定的含义，或者隐藏着改变人们对这件玉器的某种常规认识的企图，所以绝不是设计制造上的画蛇添足。

这三个问题的解决，还要从倒“八”字凹槽开始，凹槽的位置，使我联想到了眉毛——竖眉；下面的抛物线也是嘴的上唇位置，而五条短竖线则有可能代表了外露的牙齿。那么有没有可能，这件鸮鸟又是一个头像呢？于是，我试着给这件玉器加上了底光，一个竖眉瞋目、阔口獠牙的待餐饕餮形象油然而生（图 13），这时再来审视这件鸮鸟，突然感觉到它的神态表情竟然张力四溢、霸气十足而不可一世。这件红山文化鸮鸟的顶端有对穿的象鼻孔，规格是高 81 厘米、宽 76 厘米、厚 45 厘米，重 500 克，这样沉重的玉器肯定不是项上胸前的佩戴之物，因此可以推测，极有可

图 14　良渚文化　兽面纹图
（南京博物院藏）

图 15　良渚文化　蚩尤纹
（浙江考古所藏）

能是红山文化时期悬挂于祭坛上的某种图腾崇拜。稍晚于红山文化的良渚文化玉器，也有一些类似的图腾造型存在，譬如玉琮上怪眼圜圜的兽面纹（图 14）、镯形器上巨目獠牙的蚩尤纹（图 15）等，尤其是镯形器上蚩尤纹的巨口，也用短竖阴线刻划出一排巨齿，气势何等的磅礴，与这件玉鸮的社会功能大体相近，都应该属于图腾崇拜的一种具象之物。如果这种推测尚有一定的道理，那么这件玉鸮的收藏意义就不仅局限于欣赏和把玩了，大概还有更重要的图腾崇拜的隐意在等待解析。除此之外，我们找不到雕制这件玉鸮的其他理由。

钻孔

借助放大镜仔细观察玉器的钻孔，我在鸮鸟顶部的对钻象鼻孔中终于找到了两个地方，可以说明红山文化玉器钻孔的基本工艺特征：

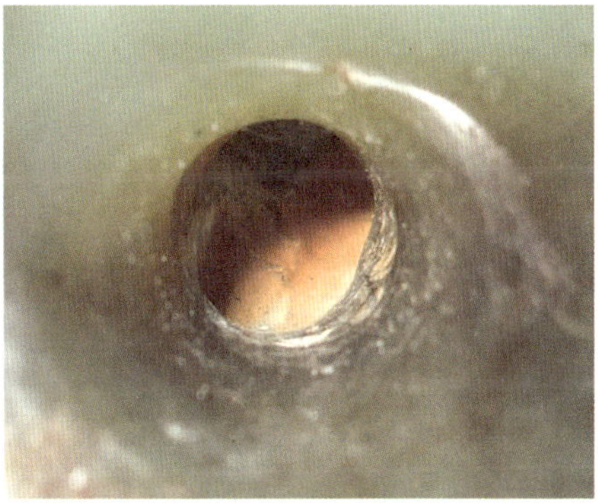

图 16　红山文化　玉鸮孔壁螺距

1. 孔壁所留下的不规则螺距（图 16）。毫无疑问，红山文化时期的钻孔一定是用双掌往复搓动钻杆，在钻杆周围加水和细小的沙粒钻成的。由于双掌搓动的钻杆转速很慢，

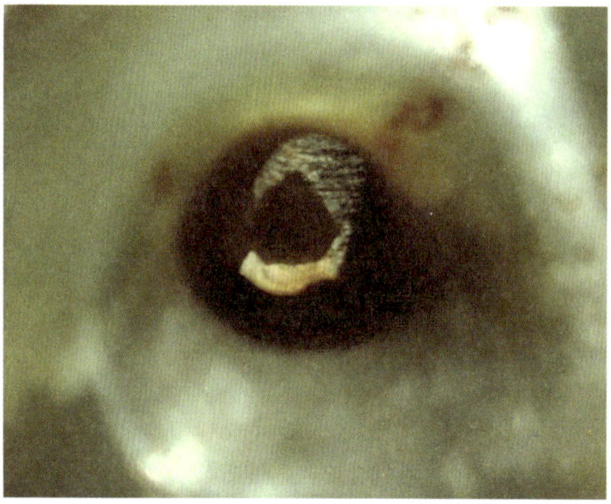
图 17　红山文化　玉鸮孔底的鸡心凸

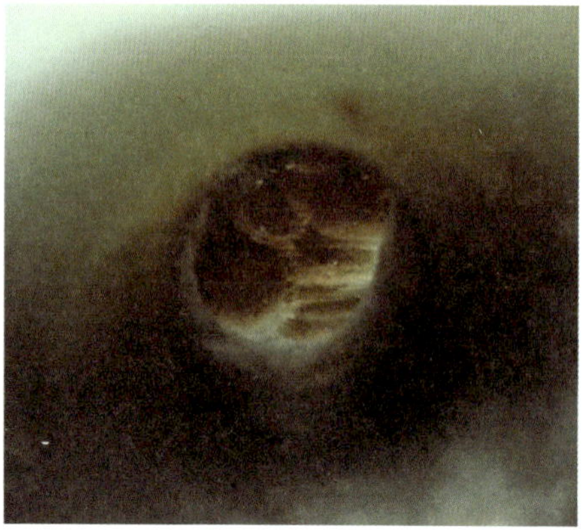
图 18　红山文化　玉鸮扩孔

导致钻杆在水、沙的共同作用下，对孔壁形成了反复的摩擦，所留下的螺距痕迹一定具有间距不等、深浅不等的特性。钻孔壁上的螺距是非常典型的时代工艺标志，钻杆钻速的快慢都能留下清晰的痕迹记录。

2. 空心钻的使用。借助强烈的光线，可以见到孔的底部留下空心钻的钻痕，在不规则的圆凹中，残留有一个很小的鸡心凸（图 17），那是典型空心钻钻痕。根据观察我们发现，孔底只有一个带有鸡心凸的钻痕，其余均为不规则的圆底（图 18），而且鸡心凸钻痕的直径要明显小于圆底的直径，这说明当时钻孔的工艺分为两步：先用直径小的空心钻钻小孔，再分别用直径大的实心钻分几次扩孔至所需要的直径，这样既省力又快捷。现在工厂要钻一个直径较大的孔，采用的也是这种扩孔工艺。

沁色

掩埋红山文化玉器的墓穴比较特殊，一般位于距地面几十米高的山顶上，刨出长方形墓穴之后，再用石板砌成外椁，最后用石板盖顶、上面封土。这样的墓穴只有红山文化才有，称之为“积石冢”。积石冢有一个很显著的特点，就是可以远离低湿的掩埋环境，使墓中的随葬品得以较好的保存至今。红山文化出土玉器带有严重沁色的不多见，最多的只是局部出现沁色，甚至有的出土玉器完全没有沁色。但是，如果积石冢在五千多年的埋瘗（yì）过程中遇到了大环境的改变，譬如由于墓穴的坍塌而导致大量雨水的灌注，或者原来的山顶变成了低洼的湿地，那么墓葬里的玉器也就随之改变了保存现状。这件玉鸮的保护状态很好，只是正面的右侧带有一些斑驳的红沁，这是玉质的结构水与周围土壤中氧化铁交换后所形成的结果，俗称“血沁”（图 19）。局部图中可见，沁色虽然很小，但仍不失深浅与颜色上的变化，这样的沁色灵动，与人工染色有很大的差别。

从收藏的角度平心而论，红山文化是古玉器中最好玩儿的藏品，在简单器形的下面，隐藏着很多我们一时不了解、也有可能终生搞不清楚的疑问，就像一个看似非常简单却煞费脑筋谁也猜不透的谜语，这才是玉器本身所携带的附加价值之所在。恕我偏执，一旦有了欣赏红山文化玉器的能力，再看清中期的白玉雕件，一定会觉得其味淡如水，既不需动脑筋，也不用费周折，只是想着找机会多卖几个钱罢了。

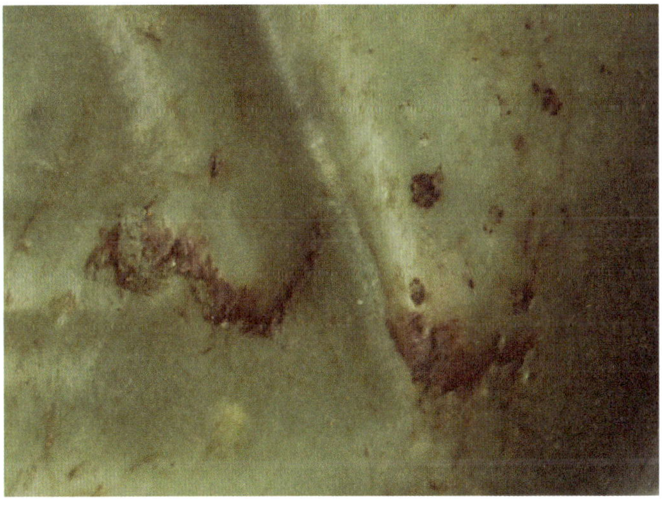

图 19　红山文化　玉鸮沁色

良渚文化兽面纹榫形器的鉴定

良渚文化是距今 4500 ~ 5500 年位于长江下游地区的新石器时代文化，因浙江省杭州市余杭县良渚遗址而得名。如果就事论事只讲收藏，那么，良渚文化时期最著名的器物传承，就是玉器。位于江南的良渚文化玉器与位于东北的红山文化玉器，是中国史前玉器收藏的两条主要大动脉，分别代表了新石器时期南北玉器制作的最高水平。良渚文化的覆盖面积较大，主要分布在江浙一带，南至钱塘江、西北至江苏省常州市，中间包括上海、南京。良渚文化所覆盖下的各地，历史上出土的玉器理论上应该不少，就连清中期的乾隆皇帝的龙书案上，也还放着一个良渚文化的兽面纹玉琮，里面镶着铜胎掐丝珐琅的内胆、外面刻着御题诗。真可惜，这么重要的史前玉器被富有四海的乾隆爷当了插花的瓶儿使用。可是按照现在发掘遗址出土玉器的比例来推算，绝大多数良渚文化玉器都是些没有纹饰的素器，就像马家窑文化出土的素面陶罐一样，历史上最司空见惯的处理方法就是随出随弃，没人要这些不值钱的破烂儿。良渚文化玉器中的素器过去没有人收藏的一个主要原因，就是玉质多是当地的类玉，也就是石头，既没有纹饰，质地又差，良渚文化无纹饰玉器的悲惨结果，大概是理所当然的了。不过，科学发掘以后的情况有了改观，国家考古发掘品不管是否带有纹饰，一律收归国家编号永久保存，不可能随便扔弃；市面上偶有零星的素器流通，也不乏有见识的收藏者解囊收藏。只要材质对、上面保留的工艺痕迹没有问题，就是素器也是很难淘换的宝贝。且别说收藏，就是能够用手摸摸、与古人手印相交也是此生的造化缘分。所以对于一个古玉收藏者来说，别管它在拍卖场上值不值钱，这种五千年前的藏品只要东西真，绝对能够给你提供无穷无尽的收藏乐趣。这里，在鉴定一件民间所藏良渚文化时期的兽面纹榫形器之前，先说说

图 1　良渚文化　玉琮王（浙江省考古所藏）

图 2 良渚文化　玉琮王羽人兽面纹

良渚文化玉器的经典器形和纹饰。

良渚文化玉器的经典器形以 1986 年浙江省余姚县长命乡雉山村反山墓地出土的一件特大玉琮为代表（玉琮现藏浙江省文物考古研究所），这是迄今为止所见最大、最精美的良渚文化玉琮，被称为“玉琮王”（图 1）。更为典型的是，装饰于玉琮器身中心竖凹面（图 2）的纹饰，上有长发中分、圜眼、阔鼻、巨口的羽人——也可能这就是良渚文化时期人们所顶礼膜拜的最勇猛、最权威的神祇装扮。羽人的下面有重圈眼、桥式平宽鼻梁、平展鼻翼、阔口獠牙的饕餮兽面，羽人兽面整体上表现了在一个群落小社会中，对威严象征的上神的极端崇拜。

“玉琮王”出土以后，几乎成了一切良渚文化玉器的价值衡量标准。但是，在有限的民间良渚文化玉器的收藏中，带有羽人兽面纹饰的藏品非常罕见，所见基本上都是些素器。从我们对现在公布的出土器来看，大部分的羽人兽面纹都琢刻在玉琮上面，带有这种纹饰的其他器形数量相对较少，譬如与“玉琮王”同墓出土的还有一件片状器形的玉钺（玉钺现藏浙江省文物考古研究所），这是到目前为止，良渚文化出土的绝无仅有的一件带有羽人兽面纹的玉钺。我曾在各种交易场所见到过若干件带有同样纹饰的玉钺，高级一些的是老料新工的半赝品，也有纯粹的赝品。至于还有一些带有这种纹饰的诸如玉璜、冠状器等器形，基本上都是赝品（图 3），收藏者尤其要注意。

图 3　仿良渚文化冠状器

所以说，对于收藏能力有限的民间古玉收藏者，能有一件带有良渚文化典型纹饰的玉器，是一件非常幸运的事情。我北京的一位老朋友就藏有这样一件良渚文化古玉，可以代表民间收藏的较高境界。这件藏品是一件良渚文化时期的榫形器（图 4），通高 43 厘米、底台边长 27 厘米 ×27 厘米，榫台高 19 厘米，榫台边长 20 厘米 ×20 厘米，中间有贯穿孔。如果良渚文化玉器的羽人兽面纹饰存世数量不罕见，那么这件玉器由于品相的乏善可陈，所以其收藏价值很有限；但是，在绝少有人珍藏带纹饰的良渚文化玉器的大收藏环境下，还是这件玉器，就显得人无我有、弥足珍贵了，具有很高的收藏价值。当下，大量充足的收藏资金的确可以支持藏家对藏品的选择，换言之，只要有钱就不愁藏品的献媚；但是，有时在珍稀藏品面前，资金却又显得无可奈何，收藏“大鳄”找不到朝思暮想的稀罕物件往往也是常事儿。譬如，现在艺术品投资的业内，有实力动辄千百万想买一件带

图 4 良渚文化 兽面纹榫形器

有羽人兽面纹玉琮的“大鳄”绝非三五十个，但是民间藏品的拥有者并不急于出手，所以有钱也买不到。因此，手握看着并非价值连城的珍稀藏品，一定要善待天赐的良机，好好研究、好好欣赏。

再说说这件良渚文化时期的兽面榫形器。

这件玉器的形状比较特别，整体呈方柱形，下面在21厘米处向内平齐收缩出榫。到目前为止，尚未见到与此相近的器形出现。榫形器的中间又有一个上下贯穿的孔，说明这件玉器的功能不是一般意义上的挂饰，因为良渚文化的挂饰大都在背面对钻象鼻孔，或者诸如锥形器之类都在顶端横穿孔，这件榫形器贯穿孔的方向呈纵向，与所有的玉琮相同，虽然可以判断不是用于装饰人体的挂饰器，但是具体用途还不清楚，以待日后研究。

通过对玉质的仔细观察和对比可以肯定，这件榫形器应该是浙江省余姚一带的出土器，与“玉琮王”同属于一个地方，如此说来，跟“玉琮王”还是老乡，多少沾了一点点“王”气儿。这一带玉器都是就地取材的地方石头，质地均偏软，经过了五千年地下潮湿土壤的掩埋，玉质已经变成了鸡骨头一样的闪黄白色。可以据此断定，这件榫形玉器应该是真品，没有仿造的可能。

榫形器四个夹角的对面，分别雕琢有两个位置相对的图案，一面是兽面纹（图5），这是良渚文化玉器夹角纹饰的经典图案，与“玉琮王”夹角纹饰非常相近（图7）；另一面是鸟纹（图6），这是玉琮王夹角兽面纹的两翼辅助纹饰，造型是一个椭圆重

图5　良渚文化 兽面纹榫形器（兽面纹）

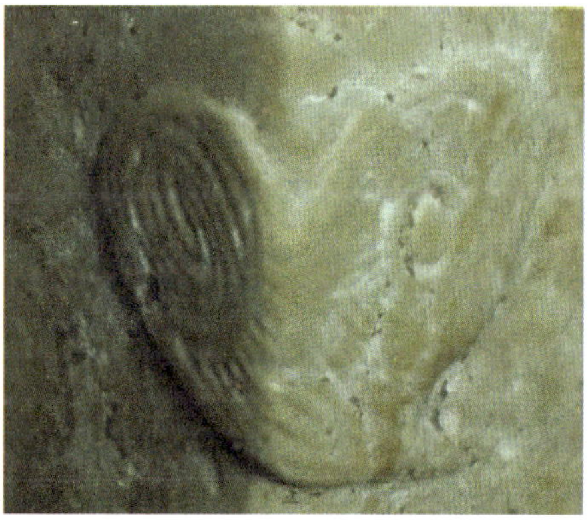

图6　良渚文化 兽面纹榫形器（鸟纹）

图 7　良渚文化　玉琮王夹角兽面纹

圈眼，后面顺势甩出一个小尾巴，榫形器对接合并为一个完整的图案装饰在夹角上，更像一只飞翔小鸟的两个翅膀。这两组图案的造型自然，与出土的标准器相对比，完全符合良渚文化玉器的时代标准。

朋友好像对这件榫形器的收藏意义并不十分了解，只关心它的真伪。我这里之所以认定这是一件没有问题的良渚文化时期玉器，首先是上面讲的玉质特征——这种质地特征很重要，浙江出土的良渚文化玉器，质地必须如此才正确，假如出现了岫岩玉或者和田玉等其他材质，那肯定有问题。这件榫形器不仅玉质对，而且每一个面的包浆颜色都非常自然且一致，说明藏品不存在老料新工的问题；其次，认定榫形器为真品的依据并不是兽面纹图案的本身——这样图案的仿制现在完全可以达到形似，图 3 完全可以证明这一点，而是构成兽面纹的细阴线。浙江一带出土的良渚文化玉器，质地较软是一个很大的观察点，较软的质地往往决定了玉器纹饰线条的加工工艺是“琢”而不是“磨”，由此可以引发出其他的鉴定视点。譬如说阴线，在这种材质上面得到的阴线很少有像红山文化玉器那样磨出来的粗线，那些细若游丝的阴线据说是用动物牙齿或者天然尖锐的石英石刻划出来的，不管刻刀是什么材质，其硬度都一定高于质地才行。既然是用锐器刻划出来的线条，那么线条就应该具有刻划的特性。首先说刻刀的刀头儿肯定要绑在木柄上，而那样细小而短的刀头儿（假如是一块尖锐的石英石的话）绝不会像现在镶嵌在刀柄上那样稳固，所以即使在不十分坚硬的质地上运刀，所刻划出来的，也一定是不规则的、时断时续的、宽窄不一的阴线（图 8a）。换言之，阴线看似一气贯通，放大镜下观察的结果肯定是不流畅、不规则的线段，这就是时代工艺、工具所表现出来的时代特征，鉴定最直接的依据；另外，还是由于质地偏软，导致了玉器细阴线的漫漶模糊，有些甚至磨损很厉害（图 8b），我们观察"玉琮王"的兽面纹，就会发现重圈眼的阴线也已经不清楚了，这恐怕与玉器在入土前或入土时受到反复、严重的摩擦有关，而这种自然的磨损，正好又形成了玉器鉴定的一个特征；还是由于质地偏软，使良渚地区的玉工有条件对玉器的纹饰处理实施半浮雕的技术工艺，那就是围绕着图案，把局部地子由外向内斜铲，使图案在局部形成凸起的浅浮雕效果，这就是玉器术语中的"剔

a

b

图 8　良渚文化　兽面纹榫形器的细阴线

地隐起”（简称“隐起”）工艺（图 9）。后来西周的撤刀法就是缘于这种隐起刀法而发展起来的新兴刀法。

图 9　良渚文化　兽面纹榫形器隐刀法

图 10　良渚文化　兽面纹榫形器器底柔光

我曾经与几位资深古玉鉴定专业人士探讨过良渚文化玉器的收藏，他们基本上都忽略对一种工艺的关注，那就是光工。在业内，人们都知道红山文化玉器的光工最讲究，因为岫岩玉的玉质坚硬，玉器的效果表现所依靠的就是光工。但是，通过观察这件良渚文化榫形器的实物，我们发现良渚文化时期的光工同样很厉害，他们善于在较软的质地上，打磨出一种坚实的柔光。虽说柔光的光泽现在早已不复存在，可是从遗留的光面上，依稀可以感觉到那种光工的确曾经存在。譬如我们可以仔细观察榫形器的器底，现在仍保留一层坚实而且滑润的亮面，尤其是图 10 右侧的那道宽宽的白色带，那种感觉就像一面用石灰膏罩面的墙体，表面的石灰膏经过反复用力碾压而形成了软中带硬的柔光，尤其测光观察，光的质感很明显。这件榫形器所带有的，就是这种很复杂的光泽。

良渚文化玉器的出土历史由来已久，这只是传承形式上的变化，并不影响器形特征的存在。与红山文化玉器相比较，良渚文化玉器在器形中所包含内在的、精神的、物质的某种寄托，似乎更加丰富，也越来越让我们现代研究者扑朔迷离。

良渚文化玉器的核心与精髓就是玉琮。从目前科学发掘良渚文化古墓的等级状况可以归纳出这样一条规律，那就是玉琮的有无，以及玉琮制作的精美与否，往往就是一座墓葬级别的主要标志。凡是出土器丰富的高级别大墓，一般都伴有精美程度不等的玉琮出现，最典型的就是反山12号墓出土的“玉琮王”。这件玉琮呈黄白色，上面雕有繁复精美的羽人兽面纹饰；造型为扁方柱体，内圆外方，通高8.8厘米；射径上17.1厘米、下17.6厘米、重约6.5千克；纵向对钻贯穿孔。这种以某种特定器形的有无和优劣为标志级别的社会形态，反映了良渚文化影响所达到的区域，已经形成了相当成熟的社会等级文化，为史前社会形态研究提供了可靠的第一手史料，同时也从古器物的角度，为收藏界提供了良渚文化时期玉器质量的划分标准。

认真分析所见良渚文化出土玉器的造型可以发现，此时玉器造型、纹饰是否精细是另一回事，各类器形基本上都会在符合各自造型规制范围内造型，比如玉璧都是正圆形；玉琮可以分为截面正方形、截面圆形和截面方边圆弧形三种；玉箍形器的外壁一定呈马鞍形等。这种器类规制的严明，充分肯定了良渚文化玉器的存在，必定寓有相对重要的社会意义在内，只是我们对此研究的讯息链条不够完整，不能准确地分析出玉器的存在价值和用途。到目前为止，我们对于史前阶段玉器的用途和意义的推测，只能依靠玉器出土时的位置关系获得，比如玉璧，我们根据科学发掘良渚文化墓葬现场的文化叠压关系，发现凡是制作精美的玉璧，都位于墓主骨架的胸、腹部位，一座墓室最多也只有一两件；而制作粗糙、质地较差的片状圆形中孔玉数量多，大都堆放在墓主的身下、腿部周围，也发现有些被压在墓主骨架的下面，说明那些制作精美的与粗糙的片状圆形玉器，在当时的墓葬文化中很有可能与玉璧根本上就不属于同一种器类。我们之所以称之为“璧”，那是汉代以后延续至今的笼统而没有什么器物学依据的命名，与良渚文化时期器类的存在意义没有任何归纳关系。至于更多的造型如璜、箍形器等器类在当时究竟有什么作用，如果没有考古发掘报告给予详细的位置说明，任何猜想和推测，都有可能接近于正确，但是也有可能不着边际。

良渚文化玉器根据墓主生前的社会等级以及玉器在墓中的厝置位置，可以分为三个精度类别：

极精品

能够享有这一称号的玉器只能偶然出现在很高级别的墓葬中。到目前为止，良渚文化玉器的极精品只出现在玉琮之中，以带有羽人兽面纹饰的“玉琮王”为代表，大概仅有有限的几件，绝大部分玉器不足与之颉颃。良渚文化的极精品玉器在民间收藏的可能性极低。

精品

精品类玉器可以分为两种：

一种是带工精品，凡是带有雕工的良渚文化玉器，只要玉质钙化不严重、纹饰不过分漫漶，都应该视为精品。因为在良渚文化时期，用坚硬利器雕刻的每一件玉器，都一定具有非同一般的意义，大概也不会被一般人所享用。

另一种是无工精品，这种精品玉器表面没有阴线雕刻的纹饰，所表现出的精品品质在于表面的光工精细、精密，带有明显或硬或柔的光泽，譬如这件榫形器上面带有的柔光、保存状态很好的马鞍形箍形器表面有可能保存的硬光。这种精品级别的良渚玉文化器真品的存世数量多少没有统计，但是高古玉收藏者手中的藏品确实不多。

普品

良渚文化玉器的普品主要是指做工粗糙的素器，譬如上面所讲的位于胸、腹、身下位置的玉璧。这些大量呈叠放状态的玉璧，有些甚至是半成品，应视为殉葬的明器，不具有太高的收藏价值。另有一些带有严重钙化成鸡骨白的玉器，尽管有可能上面带有纹饰，可是质地的腐朽已经严重地影响了它的收藏价值。

良渚文化时期的玉器用料宽大、雕工细腻、风格深沉，其艺术装饰的构成特点在于，以对称与均衡的新理念规范了琢玉整体设计的随意性，使这一创新法则在这个时代得到了尽善尽美的诠释。这种创作理念主导下的装饰手法，表现出以精细的线刻为工艺依托，以隐起为先进的创作语言，理念与操作的结合，创造了新石器时期玉器制作的神话。

良渚文化箍形器的鉴定细节

20 世纪的七八十年代，在江苏省吴县、武进县的良渚文化墓葬中，陆续出土了几件箍形器。根据对这几件公开发表的出土良渚文化玉器的图片纵深研究，可以归纳出这样几个实物特征。

玉质有一定的硬度

下图 1 所展示的，是 1982 年江苏省常州市武进县寺墩 3 号墓出土的一件良渚文化时期的玉质箍形器（南京博物院藏）。通过观察箍形器的内、外壁可以感觉到，这件玉器的玉质硬度较高，尽管我没有办法测量出是否能达到岫岩玉的硬度，但是据我的直觉判断，箍形器的玉质硬度肯定要高于浙江余杭地区出土玉器的硬度。因为相比之下可以发现，浙江余杭地区的出土器表面的光泽温和柔润，带有一种白灰

图 1　良渚文化　箍形器（南京博物院藏）

墙皮压光后的暗光，甚至多数表面失光；而图 1 这件箍形器所带有的，是一层只有当玉质达到一定等级的硬度时，通过光工细致的打磨才会出现的硬光。图 1 所携带的正是这种硬光泽，这种相对强烈的光感既不同于和田玉精光内敛的温润，也与老岫岩玉有一定的区别，除了良渚文化以外，我还没有发现历史上哪个时代也使用这种相同的玉材质，估计应该是江苏当地的某种地方玉。在高古玉的收藏中，有两个时期各出现了一种独特的玉材质，只在特定的历史时期专用，过时则戛然不见，非常奇怪：一是良渚文化时期江苏地域出土器使用的玉材质，也就是箍形器的玉质，为其他任何时期所不见；二是战国、西汉初年用于制作蒲纹苍璧的“水苍玉”，颜色深绿，水苍玉只见用于这两个时期的玉璧制作，而不见其他的器形。

有较高的通透度

图 1 所展示的玉质，除了有一定的硬度以外，还表现出较高的通透度，显然超过了和田玉的半通透水平，大概达到抑或超过了红山文化时期的老岫岩玉，这个特点我们通过对图片的观察完全可以感觉到。所以，良渚文化玉箍形器的直观感觉没有浙江余姚出土的玉器那样温润而内敛，再加上箍形器的边缘因为没有倒角的圆过渡而显得过于方楞而峻厉，甚至有些生涩。这种制作风格与后来战国玉器有几分相近似，不知道这两个时代是否有垂直的传承关系。那么图 1 这件箍形器与战国玉器的区别是什么呢？最少有两点可以区分：一是战国时期所使用的玉材质，其通透度都低于良渚文化的箍形器。换言之，战国时期不再使用这样的玉材质，这是重要的区别；二是战国时期玉器的边缘棱角看似方峻锋利，抚摸则柔和，也就是“刀子嘴豆腐心”；良渚箍形器的边缘锋利而剌（lá）手，这种手感在图片上不能有所体会，必须用实物体验。

颜色多为青绿色

《中国玉器全集 · 原始社会》登载的这类箍形器名曰“玉镯”，共有 4 件：

1.1982 年江苏省常州市武进县寺墩 3 号墓出土器，颜色描述为“乳白色，局部有黑斑”（图 1）。

2.1977 年江苏省吴县张陵山 4 号墓出土器（甲），颜色描述为“碧绿色，有褐斑”。

3.1977 年江苏省吴县张陵山 4 号墓出土器（乙），颜色描述为“白果青色”。

4.1977 年江苏省吴县张陵山 4 号墓出土器（丙），颜色描述为“白果青色”。

根据说明的撰写者对实物质地颜色的描述，除了寺墩 3 号墓出土器为“乳白色”以外，张陵山出土的 3 件中，有两件为白果青色，一件为碧绿色。这样，我们可以知道所见出土的良渚文化箍形器的绿色并不纯正，没有红山文化绿岫岩玉那样浓艳纯正的绿色，大概是以绿为基本色，每件又各带有不同的偏色。

质地多不纯净

通过描述可知，出土箍形器质地上面会带有“黑斑”、“褐斑”。其实。通过对照片的观察就能知道，所谓的“黑斑”、“褐斑”，都是呈条状、块状的色带（块），单位面积都比“斑”大得多。那么，良渚文化的这种箍形器材质上带有明显的色带（块），就是这种玉质的一个特征。色带（块）的存在，说明了两个问题：一是这种地方玉质地的不纯净，含有明显的杂质，杂质的呈现是带有一定形状规律的；二是色带（块）能够如此清晰地显现，说明玉质的通透度较高，假如在浙江余杭出土的玉器中，即使有瑕疵存在，也绝不会显现得如此清晰。

箍形器的外形特征

《中国玉器全集》对这 4 件箍形器的外形描述比较一致，都表述出了外壁呈凹弧面状特征，也就是我们俗称的“马鞍形”。对于为什么要花费很大的力气，把箍

图 2　良渚文化　江苏武进寺墩 M3 现场及局部（郭群摄影）

形器的筒形外壁一律磨制成马鞍形，由于没有箍形器的出土位置报告提供参考，所以不便盲人摸象一样地随便猜闷儿。我在阅读上海远东出版社与香港商务印书馆联合出版的《中国地域文化大系·吴越文化》一书中，发现了一幅 1982 年江苏省常州市武进县寺墩出土 3 号墓的发掘现场图片，上面恰好有箍形器的出土位置（图 2），现转摘于此以供阅读参考。

图 2 所记录的，是 1982 年江苏省常州市武进县寺墩 3 号墓发掘现场，在一片随葬的玉琮、玉璧之中，有一只箍形器（见图 2 局部图）被夹在玉璧和玉琮之间，这件箍形器大概与图 1 是同一件器物。发掘现场玉器的摆放凌乱无序，很难说清这一大组玉器的作用究竟是殉葬，还是铺设在墓主人的身下。但是至少可以证明一点，这件玉箍形器从位置看，既不像是发箍——因为它的位置不在头骨附近；也不像是镯类器——还是因为它的位置附近没有手臂骨骼，也不在边缘位置。那么箍形器的用途是什么，还要等待今后的考古发掘的揭示。

箍形器有沁

如果仔细观察图 1 我们还可以发现，箍形器的侧壁带有明显的白色点状沁斑，至于外壁是否也有，因为照片位置的缘故，不得而知。假如我们把这种江苏出土的高硬度箍形器，与浙江余姚出土的玉琮等器进行比较，就能发现质地硬度高的箍形器有可能出现沁斑；而质地较为松软的玉琮表面很有可能出现钙化，导致鸡骨白的出现，基本上不出现这样的白色点状沁斑。这是两种不同硬度玉质的不同表现。

图 3　良渚文化　箍形器

良渚文化箍形器在民间的收藏中，也偶有所见，只是有更多不谙此道的人看不懂而已。我的一个企业家朋友喜欢收藏清中期乾隆工玉器，可是竟然也收藏了一件箍形器（图 3），有一次约我们几个朋友到他府上小聚闲聊，拿出来让我们欣赏。他跟我说，这是他前两年作价一万块钱抵账收进来的一只碧玉玉根手镯，可是看圈口那么小又有点犯含糊，始终看不明白究竟是件什么东西，也就扔在那里没理会。我见后马上请求借回家玩儿几天，朋友很慷慨，说假如我真的喜欢，送给我也没有关系。我知道一旦他读懂了这件玉器，给他五万块钱他都不舍得出手。于是，我告诉他这是一件距现在大约五千年以前的、应该出土于江苏一带的良渚文化时期的箍形器，他听后非常惊讶，在赞叹我的学问之后，开始显露出想把刚才说的话吞回去的尴尬，甚至有些舍不得借给我玩儿的表情。我告诉他我不会夺朋友之所爱，拿回去只是想对照实物仔细研究一下，以这件箍形器为线索写点东西，让更多的人都能读懂它。于是，他还是借给了我。

如果能够读懂我上面从6个方面分析箍形器的文字，就可以毫不费力地辨识出这件玉器就是良渚文化时期箍形器的开门真品。不仅外形风格完全相同，如出一辙，而且各部位的数据也基本一致。与《中国玉器全集》所记录图1的数据对照如下：

图1　　外径6.5厘米　内径5.8厘米　宽3.4厘米

朋友藏品　外径7.0厘米　内径5.8厘米　宽3.3厘米

这样，我们就从外形与数据上，确定了朋友的藏品与寺墩3号墓出土箍形器属于同一类、同一时期器物这样一个事实。

《中国玉器全集》对上述4件出土箍形器的外形，是这样描述的：

1. 寺墩3号墓出土器：外形描述为“矮筒状，内壁弧凸，外壁呈凹弧面”（图1）。

2. 张陵山4号墓出土器（甲）：外形描述为“短圆筒形，孔由两面对钻而成，外壁呈凹弧形”。

3. 张陵山4号墓出土器（乙）：外形描述为“圆筒形，对钻大圆孔，外壁磨成凹弧形”。

4. 张陵山4号墓出土器(丙)：外形描述为“圆筒形，对钻圆孔，孔壁抛光略存台痕，外壁凹弧”。

归纳后的出土器外形描述，所体现出的规律有两条：一是外壁带有凹弧；二是内壁对钻圆孔，有台阶。而对照观察朋友的这件藏品，箍形器的外壁有明显的马鞍形凹弧。这种凹弧的两端高起，中间是一条不带弧度的直线（图4）。所以，形容为“马鞍”形比较准确，“凹弧”则有些不妥（图5）。再用手仔细抚摸内壁，就会感觉到这件箍形器掏孔的加工工艺就是从两面对钻后，再进行磨光。由于所采用的是最原始的研磨工艺，所以抚摸内壁的每一个触点都异常光滑，但是整体感觉却不够平整，有轻微的纵向凹槽，大概是钻孔时稍粗砂粒的“啃肉”，也有对钻时由于两端的中心不在一条线上而形成的台阶，不能完全被光工化尽。这些轻微的不平只能抚摸感觉，看不见。

经过上面的对比，我们可以认为朋友收藏的这件箍形器，就是良渚文化时期的玉器，无疑。拿在手中仔细把玩观察，还有两个细节不可疏忽：

1. 这件箍形器的侧壁和外壁的局部，带有白色的沁斑，直观呈细碎的点状，放大镜下的观察效果则似乎为带状，好像是依附着箍形器质地的纹理而存在，在沁斑之间经常夹带有绿色的无沁条状地子（图6），而赝品上面的白沁一般都是没有斑驳感的片状，即使有些深浅变化，也是界限区隔明显，不会“你中有我、我中有你”那样交融（图7）。这就是真沁灵动变化而假沁则涅白呆板。同时，白色沁斑抚摸手感与未沁光面同样光滑，不挡手；赝品白沁因为是通过酸处理工艺，所以很容易带有表面的凹凸不平。

2. 如果用稍大倍数的放大镜迎光观察箍形器外壁的表面，就能发现上面还保存着一些打磨工艺留下的摩擦划痕——不规则的、极细、极轻、极浅的线条。划痕的特征是：

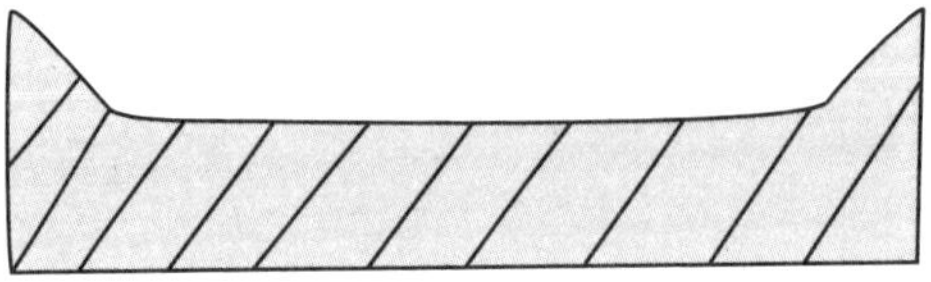
图4　箍形器马鞍形剖面图

图5　良渚文化　箍形器马鞍形外壁

图6　良渚文化 箍形器沁斑特征

图7　赝品白沁

（1）划痕整体的大方向是一致的，外壁都是环绕箍形器纵向运行；内壁的划痕则是横向的。

（2）外壁的划痕间距疏而短；内壁划痕间距密而长。

（3）划痕与划痕之间的具体方向不是平行的，呈现状态较为随意。

（4）划痕与划痕之间的距离宽窄没有规律。

（5）划痕线条本身的宽度、深浅目测基本一致。

（6）划痕在箍形器上的可视存留只是局部的。

在现实收藏中，良渚文化的典型器譬如带有兽面纹的玉琮很难见到，即使见到也很有可能买不起。可是像这种没有纹饰的箍形器，由于艰涩难读，可能还是有机会收藏的。没有纹饰的古代玉器非常难于鉴定，而鉴定的关键处全在于非常细微的地方，譬如划痕、沁斑、内壁的手感，等等。假如我不是从朋友那里借到这件箍形器，不是敲骨吸髓般地观察，可能也不会发现这些现代仿品不可能仿制出来的特征；如果我没有把重要的出土器稔熟于胸，也同样不可能从宏观上判断这件玉器就是真正的良渚文化玉器。

古代器物命名的学问

我年轻的时候曾经主修古文字，尤其是在甲骨文和商周金文上的用功最勤，在日本甲骨学家岛帮男先生《殷墟卜辞宗类》原理的启发下，编了一部大型的金文释读字典《金文楷释大字典》（山东美术出版社出版），就像英汉、汉英两种字典一样，可以从楷书查金文，也可以从金文回查楷书，广受好评。随着对地下实物的不断接触，我越来越感觉到，传统经书中汉儒们对器物命名、用途的诠释，往往对地下出土器的理解作用不大，如果我们尊重传统的经学、小学，非要对之有所认可，那么我们只能认为传统经学典籍与现代出土实况是并行的两个系统，有时可以互为印证，有时则毫无关系。这两个系统如果独立研究都能各自成为一门学问；合起来就会相互抵牾、矛盾重重。作为收藏者，我们最应该关注的，是一些考古发掘报告和发掘实地的照片。譬如红山文化时期的玉器，为什么一些方形玉璧的长边带有两个小孔？通过牛河梁遗址发掘墓葬的全景照片所表现出的位置就可以知道，这种方形璧的出土位置是在逝者的耳部，可以断定这种玉璧一定是红山先民的耳饰，与《周礼》上的礼天玉璧还不是同一种东西。在上古时期，器物与名称之间，往往存在一个逻辑周延关系：先有器物的制作遗存，再有后人通过典籍概括用途、赋予名称、传诸后世，后世则据此再行诠释出土的早期制作遗存。如果古人所赋予的名称对于出土器不具有一定的概括力，就会使后人遭遇盲目对号入座的尴尬。譬如《周礼· 春官·大宗伯》中介绍了6种举行隆重祭祀仪式时必须陈设的玉器，历史上称为“六瑞”，即：

以玉作六器，以礼天地四方：以苍璧礼天；以黄琮礼地；以青圭礼东方；以赤璋礼南方；以白琥礼西方；以玄璜礼北方。

这四十几个文字的影响很大，几乎是后世诠释三代郊祀玉器最重要的不二理论

图 1 石斧（正、背）

依据。这里，我们只探讨“苍璧礼天”四个字。殷商和西周两个时期出土、传世的纯玉质璧比较少见，大多是些石性大的美石，根本就没有什么苍色的玉璧。直到战国和两汉时期，我们才见到真正的“苍璧”——用墨绿色苍水玉琢制的玉璧。据我所见，苍水玉专门用来制作玉璧而未见他用，这说明周礼中的所谓“苍璧礼天”，完全是汉儒们根据他们所能见到的战国与汉代绿色玉璧想当然杜撰出来的，根本没有“礼天”那么回事，与西周时的所谓“礼”毫不搭界。如果真的用《周礼》中“苍璧”的颜色标准来对号寻找西周玉璧，肯定一块儿也找不到，反而有可能错过了某些机会。我的意思是说，为器物命名、正名是有了收藏行为以后的事，我们见到了一件感觉不错的东西只要弄明白真伪就行了，千万不要先折腾是什么。那样，有时黄花菜都凉了。

多年前的一个周末，我到朋友开的一爿小古玩店里闲逛，店主是我多年的老朋友。我去时他正与我也熟悉的另两个朋友坐在那儿一边喝茶一边拿着一件石器（图 1），在争论这件石器的名称。

店主说：“这件石器不可能是‘钺（yuè）’，因为钺在古代是一种带有仪仗性质的礼器，上边一定有穿，而且两面还有扉牙作为装饰；也不可能是‘斧’，因为书里写得很清楚，斧的刃部是呈弧形的，所以只有归为‘锛（bēn）’还靠谱。”

朋友说：

“书上讲的‘锛’都是一面刃，就像现在木工的凿子、扁铲，平面与刃面的夹角大、刃厚而钝，不是切割器，应该是砍凿器。有的锛体呈弧形，有的锛体上面还带有‘段’（锛体上的台阶——著者注），适合于绑上木棍挥舞抡砍。你看这件石器是两面刃，而且刃薄锋利，明显适合于切割，从功用上与锛有着根本的不同，所以应该归为‘斧’。在古代的刑具中就有‘斧锧（zhì）’，‘锧’就是垫在下面的砧子；‘斧’应该是一种行刑的利器，而这件石器的刃部锋利，应该具有‘斧’的切割特征。”

我趁讨论暂停的瞬间，问了声多少钱，朋友说多年前花 20 块钱随手买的，我给了他 100 块钱，说拿回去研究研究，就赶紧拿着东西颠儿了。

在市场、地摊上买东西，因为都不外行，有时一件东西拿在手，后面、旁边就会有几双眼睛也在紧盯着，只要你一犹豫放下，立刻就失去了机会。所以手里拿着一件东西，只要自己喜欢而且开门不假，就要先买到手，探讨、研究是占有了所有权以后的事。

对于这件东西的命名，我认为不必勉强对号入座地对应于“锛”或“斧”，因为是先有的这件器物，后有的名称，先民制作时，没有名称、器形概念上的约束，怎么合用怎么磨制，所以各种样子的砍凿、切割器都会出现，没有严格的规范。至于现在归类上的混乱，那是后人的自寻烦恼，与先民无关。我十几岁的时候在工厂里当过车工，尽管车刀的样式、角度固定，偏刀分为 90° 和 45° 两种，非常规范，但是在实际切削操作中，每个人都有各自的磨刀习惯，我在粗加工时，就喜欢自己磨的 70° 偏刀。只要合用就行，没有人会顾及标准是什么样子。

斧、锛类玉石器有一个共同的特征，那就是都属于刃器，在没有明确的命名标准的前提下，我以为还是从刃的特征归类比较客观，既然锛的认同特征是砍凿器，那么不妨将刃部夹角大、坚实但不锋利的砍削器归为“锛”（图 2）；而把刃部夹角小而锋利的切割器归为“斧”（图 3）。

图 2 锛的截面图

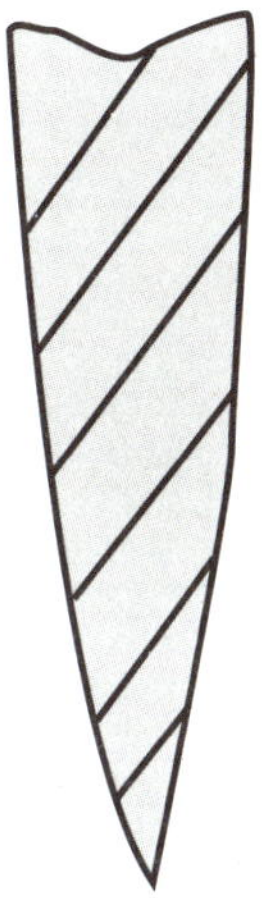

图 3 斧的截面图

本藏的这件石器两面刃，刃部夹角小，刃口锋利，现在如果用力仍可以割破手指，说明在当时是一件以切割为主要用途的工具，暂且称之为“石斧”。

图 4 石斧的刃部

这是一件很精美的石斧，背面显然是触土一面，石色青黑厚重，上面的土蚀已经与表面牢牢地结合为一体，坚硬不易脱落，经过长时间的盘玩，土蚀与石质表面已经有了较厚的包浆，说明出土时日较长，属于熟坑藏品；正面的颜色青灰，上面带有清晰的石纹，呈扩散性圆晕，很漂亮，石面上保存着已被清理掉的土蚀痕迹。从这件石斧斧刃的锋利状态分析，我估计上限不到新石器，因为新石器时期的石器特征是边缘线不十分清晰规整，这与制作时的磨制水平高低有关。这件石斧的边缘线清晰硬朗，转折利落干脆，有些商代的风格（图 4）。当然，这件石器一旦离开了出土墓葬的旁证与出土报告的说明，它的身份也就成了永远没有谜底的灯谜，只能看谁猜得更接近真实一点。

商代起领玉璧的鉴别与把玩

大概在 2005 年冬天，我去上海向我国著名古玉珠宝鉴定家、后来我学习高古玉鉴定的导师张兰香先生约稿。在张先生的单位里，我们谈完了正事以后，又聊起了个人的爱好。我告诉先生我是学古文字、甲骨文出身，所以特别喜欢商周古玉。张先生用我一句也听不懂的上海话告诉身边的工作人员，意思是请他们从库房里取出几件高古玉给我欣赏。一会儿，两个工作人员端来了两个托盘，盘上放着红山文化、良渚文化以及商、周、战、汉这几个时期的玉器各两三件。能零距离接触这么多的古玉真品我还是头一次，有点眼花缭乱，看什么都好。其中有一件玉璧形状的片状玉，在中孔的孔壁上向两面同时伸出一圈不高的凸起，这个器形我没见过。张先生告诉我说，这是一件殷商时期的玉璧，在圆孔中间两面凸出的，叫作“领”，就像脖子外面的衣领一样；也有人称之为“墙”。这种玉璧俗称“起领璧”，是殷商时期独有的一种璧造型，其他任何时期都没有（四川省广汉县中心乡曾经也出土了一件起

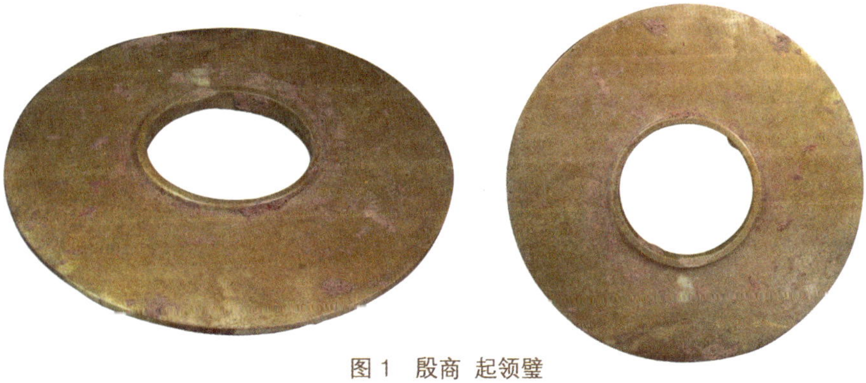

图 1　殷商 起领璧

领玉瑗，看形制应该属于西周早期玉璧，有可能是商周易代时期的殷商风格的延续）。我看着很新鲜，仔细观察这件起领璧的玉质、造型和研磨特征，最后提出想照一张照片备用，张先生很爽快地同意了。图 1 就是这件殷商时期的起领璧。

《论语 · 为政》里有这样一句话，叫作：“学而不思则罔，思而不学则殆。”意思是说，一个只知道闷头看书，不懂得思考、消化书本内容的人，很容易反被书本所误导；可是一个人如果整天山南海北地胡琢磨却不看书、不学习，那么他的社会实践就肯定会四处碰壁，一事无成。我觉得一部《论语》讲了那么多话，唯独这句说得最实在、最靠谱。

回家后，我买了一套新出版的《中国玉器全集》（下面简称《全集》），仔细、反复阅读了殷商出土器部分。发现，仅以《全集》所载的殷商起领玉璧而论，主要集中在三个地方出土，一个是河南省安阳市的殷墟妇好墓，这是盘庚以后的殷商帝都，商晚期最重要的遗址；一个是江西省新干县大洋洲乡殷商墓葬遗址；再有一个就是四川省广汉市的三星堆遗址。估计《全集》没有刊录的其他地区的殷商墓葬有可能还会有零星的玉器出土，至于会不会有起领璧出现，这就要看墓主的社会等级而定了。从这三处出土起领璧的墓葬等级来分析，应该都是社会地位很高的大墓，一般殷商时期的小墓根本就没有玉器随葬，也就更谈不上起领玉璧了。根据殷商古墓的发掘规律，在正常状态下，只有墓主的社会身份达到一定社会等级标准，他死后才会有玉器随葬，也才有出土起领玉璧的可能。我读过一部《中国古玉年代鉴别》，作者是材料专家刘如水先生，据刘先生介绍，这种起领玉璧最早见于大汶口文化和龙山文化墓葬，所不同的是，这两个文化时期的起领璧都是一面起领、一面平整，而两面起领的则一定是殷商时期的玉璧。《全集》中刊录了一件妇好墓出土的玉环，陈志达先生描述为一面平整、一面“略突起”。但是从整体上看，还是平整不起领的。

在张先生那里学到了有关殷商玉璧的感性知识，回到家里经过反复阅读有关研究性文字、图片，迅速发酵成了一种对殷商玉璧及其相关研究的理性认识，并且形成了比较扎实的记忆。这些东西放在脑子里占不了多大内存，可不知道什么时候就能派上用场，这是搞收藏人的基本功。没这点暗自积累的辛苦，你能看明白的别人也懂；别人犯迷糊的你也不清楚，那怎么玩儿！

2011 年 6 月，北京的企业家康鑫先生请我一起到江西景德镇解决一件比较棘手的事情。我们在南昌下飞机以后，由南昌的陈立立教授到机场接站，第二天又约上几位朋友一起，陪我们到著名的滕王阁转转。我们简单看了看已经没有任何发思古之幽情的滕王阁，就开始到周边的古玩铺子里溜达。康鑫先生是企业家，出手阔绰，他在当地朋友的建议下，买了一件很漂亮的乾隆青花加紫大盘，花了一万多块钱；我没有那么多钱，也不想在瓷器上有太大的投入，所以不着急，慢慢地遛，反正一天的时间都可以搭在这儿，有漏儿就捡着，买不着东西就算消遣了。

我们几个人进了一间光线很幽暗的小店铺，一进门就可以看出这是一家以经营古代玉器为主的店面，橱柜里面摆着一些生坑古玉，东西不错，价钱也不贵，可就是路分不高。店主人为我拿出了两只汉代的玉带钩，江西的玉带钩与中原的不太一样，长度大约只有 5 厘米，钩首细而长，约在 3 厘米左右。随后又拿出了环、玦等物给我们看。我感觉江西的玉器与中原玉器在造型上还是有较大的差别，观念上一时还不好接受。在不经意间，我看见最里面柜台的下面，放着一件尘封已久的玉器，我一眼就认出了这是一件殷商时期独有的起领玉璧（图 2）。

我请店主拿出来，征得同意后我拿到了外面，在自然光下仔细观察。发现这是

图 2　柜台里尘封已久的殷商起领玉璧

一件出土时间绝不会低于二三百年的老熟坑玉璧，表面笼罩着带有乌亮宝光的包浆（图 3），由于较长时间暴露在空气中没有把玩，领根处厚厚的黑色附着物有的已经开始剥落（图 4）。放大镜下观察，那些黑色附着物本来是黏附在领根没有清理下去的土蚀。高古玉出土后，表面附着的土蚀往往非常结实，硬度也很高，一旦用力剔除，很容易伤到玉器表面。高古玉在漫长的由生坑变熟坑的过程中，收藏家一般都是这样连土蚀带玉一块儿把玩儿，光润的玉质挂上了厚厚的包浆；粗粝的土蚀挂上了手上的汗渍油渍，就成了现在我们看到的这种样子。这件老熟坑玉璧大概没有几百年、多少代人不间歇地把玩，绝不可能有这种成色。

我进屋问店主：

图 3　表面笼罩着带有乌亮宝光的包浆

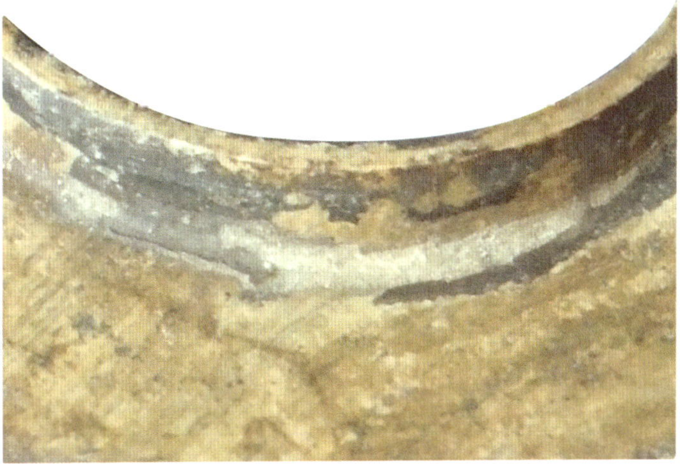

图 4　领根处厚厚的黑色附着物有的已经开始剥落

“这是什么时候的东西？”

“保证是商代的。”店主很自信地说。

“这究竟是个什么东西呢？”我故意装出什么也不懂的样子，买古玩有时要表现出是个行家里手，有时则要装成傻瓜外行才行。

“我也看不明白，找了好几个人都搞不清楚。”

看见我在不停地询问，跟陈立立教授同来的一位朋友很机灵，知道这肯定是件好东西，攥住就不撒手了，经过几番讨价还价，他抢先付了3000块钱成交了。从店里出来以后，他一面谢谢我，一面问我究竟。我告诉他这是件典型的商代玉璧。他乐得合不上嘴，请我一定要写篇文章说道说道。这顿中午饭他抢着埋了几百块钱的单。

目前据我所见，殷商时期的玉璧只有两种：一种是这种起领玉璧；另一种是被吴大澂命名的所谓“玉璇玑”。除此以外，尚没有见过典型的圆形片状玉璧。当然，所谓“没见过”这里面又包含着两种可能：一是我的孤陋寡闻，所见不广。因为我仅是收藏爱好者，不可能享有更多的出土器信息，所以我这里不敢断言“没有”，只能说我本人“没见过”；二是也有可能在一些未经科学发掘出土的殷商玉器传世品中，包含着传统意义上的片状玉璧，这种造型简单的玉璧一旦脱离了墓葬环境的印证而进入收藏领域，就很难断代。我曾买过一个直径为3.8厘米的殷商时期玉环，相信既然有这样的玉环，就很有可能有两面平整的玉璧，只是目前没有出土器提供参考罢了。据《全集》载，天津博物馆藏有一件殷商时期的片状青玉龙纹璧，直径7.9厘米。这件被断代为殷商时期的玉璧，其实只有上面龙纹的“臣字眼”带有一些时代的风格，包括刀法和所表现出的整体风格都与殷商玉器相去甚远，所以断代为殷商时期难以令人信服。同时，这样的玉璧到目前为止尚属于孤例，还没见过有相近似的出土器作为断代旁证。在征集品（也就是收购来的）出身的前提下，我们没有办法证明它商晚期玉璧的身份，因此不能作为殷商玉璧的一种存在形式的依据，更不能以此来证明其他相类形制玉璧存在的真实性。

这件殷商起领玉璧买来后，征得朋友的同意，我暂借几日，把它带到了景德镇，工作之余就拿出来欣赏研究，可以说几天的时间朝斯夕斯，最后终于看明白了。我从三个方面对它进行解读。

玉璧的命名

在玉器的分类命名中，片状圆形、中间有穿孔的器形，根据穿孔直径与圆形外径的比例，可以分别有三种称谓，这是《尔雅》的定义，我们至今沿用，没有改变。《尔雅》说：

肉倍好谓之“璧”；好倍肉谓之“瑗”；好肉若一谓之“环”。

其中：

“肉”是指外圆直径减去中孔直径除以 2 所得的数值。

“好”是指中孔的直径。

用外圆直径减去中孔直径再除以 2 所得的数值大于中孔的直径，就叫作“璧”；外圆直径减去中孔直径除以 2 所得的数值小于中孔的直径，就叫作“瑗”；外圆直径减去中孔直径除以 2 所得数值等于中孔的直径，就叫作“环”。这样有点复杂，简单地说，以中孔的大小为标准，孔小边儿大的就是“璧”、孔大边儿小的就是“瑗”、孔与边儿一般大的就是“环”。

已故著名考古学家夏鼐先生对于殷商璧、瑗、环的称谓按照《尔雅》命名，有一个考古学家的独特看法，他说：

“《尔雅》中说‘肉倍好谓之璧；好倍肉谓之瑗；好肉若一谓之环。’这是汉初经学家故弄玄虚，强加区分。”

“无论用哪一种来解释《尔雅》都和实物情况不符。发掘所得的实物，肉好的比例，很不规则。他们既不限于这三种比例，并且绝大部分不符合这三种比例。我建议把三者总称为‘璧环类’。”

——《商代玉器的分类、定名和用途》（《考古》1983 年第 5 期）

夏先生的所谓“璧环类”，实际是将殷商墓中所有片状圆形中孔玉器都概括为一类了，包括中孔大的、小的、不大不小的。紧接着，夏先生还有很关键一段话：

“商代墓中的璧环类多出于死者胸前或腰侧，其用途可能也是如此（指悬挂在身上——作者注）。但有一种璧的孔周突出一圈凸缘，便于穿带，有人以为可能作为手镯用的。”

——同上

上文“但有”之前应该指两面不起领的玉环类孔大器形；之后则专指起领璧，大概说明了妇好墓没有出土典型造型的不起领玉璧，符合玉璧标准的，仅有起领一种。

这件玉璧的测量结果是：直径 8.8 厘米　孔径 4.5 厘米　单面领高 0.5 厘米

如果按照《尔雅》的定义，那么这件玉璧的“肉”是：(8.8 － 4.5)÷2=2.15 厘米，中孔直径 4.5 厘米，“好”大而“肉”小，应该称之为“瑗”才对。

《全集》中载录了三个不同地域出土的殷商起领器，分别是：

1. 河南省安阳市殷墟妇好墓出土的起领璧（图 5），直径 18.6 厘米。

2. 四川省广汉市三星堆遗址出土的起领璧（图 6），直径 17.5 厘米。

3. 江西省新干县大洋洲乡商晚期墓葬遗址出土的起领璧（图 7），直径 18.3 厘米、孔径 7.5 厘米。

上面的三个起领璧的直径都在 17 ～ 19 厘米之间。而在四川省广汉市三星堆遗

图 5　殷商　玉璧
（中国社科院考古所藏）

图 6　殷商　玉璧
（四川省考古所藏，陈德安摄影）

图 7　殷商　玉璧
（江西省博物馆藏）

址还出土了一件玉瑗（图 8），其直径 8 厘米、孔径 5.4 厘米，与在江西南昌购买的这件起领玉璧的直径、孔径基本上差不多。由此可以归纳两点：一是殷商时期高级别大墓为数不多，所出土的起领璧的为数更少；二是通过对《全集》中的这几件起领璧的器形数据统计可知，殷商时期尽管帝都安阳与江西、四川相距遥远，甚至不可能有信息的传递，但是起领璧的制作却明显遵守着基本上统一的器形规制。这对于我们从收藏角度鉴定殷商时期起领玉璧，具有很重要的器物学价值。

图 8　殷商　玉瑗
（四川省考古所藏，陈德安摄影）

玉璧的材质

毫无疑问，这件起领璧是件熟坑器，出土时间至少应在二百年以上，通体黄褐色，包浆肥厚而自然，颜色有深浅变化。质地不是西周以后才逐渐成为玉材主流的和田玉、岫岩玉，甚至不是殷商都城附近的南阳玉。这种材质大概属于江西省新干县附近的一种美石，透过厚厚的包浆，我们仍然可以直观看到材质上面带有黑色波浪形石纹（图 9），这种材质特征在其他时期的玉器里是没有见到过的。这本身就已经证

图 9　殷商　起领玉璧上的石纹

明了这件起领璧的时代属性，假如这是件新疆和田玉材质的玉璧，则很有可能就是清代或民初的仿三代玉器。

殷商时期是一个玉石并用的时期，在一些著名的大墓如妇好墓中，出土了一些和田玉、岫岩玉雕件，这是因为妇好是殷王武丁的重要战将（有人说是武丁的妻妾），所以在厚葬中使用了当时最漂亮的白色材质。根据更多殷商墓葬的出土实例显示，一般地区只有高级大墓才有可能出现一两件和田玉，而一般墓葬几乎都是当地的类玉美石。通过考古发掘发现，新疆和田玉的使用分布，是以当时的殷都安阳为轴心，向四周扩散的，距离殷都安阳越远，使用和田玉的可能越小，所以安阳妇好大墓出土的和田玉数量比例到目前为止最大，远远高于其他地区的使用数量。据相关统计，在江西新干大洋洲的殷商大墓中，出土的和田玉只有寥寥几件，这已经是规格很高、很奢侈的墓葬了，而一般墓葬不见有和田玉使用。这件起领玉璧很有可能出自于江西境内的一座级别偏高的古墓，以美石代玉是很正常的。估计这件起领玉璧与江西新干大洋洲的殷商墓葬存在着某些制作上的血缘关系。

古玉研究学者陈志达先生在《夏商玉器综述》中说：

> 这批玉器的色泽（指江西新干大洋洲的一座商代大墓），以绿色为主，灰色、米黄色、白色次之。

我以为其中“米黄色”绝不是和田玉或岫岩玉的颜色，而是陈先生所能见到的、江西新干大洋洲殷商墓地普遍出现的一种美石颜色。由陈先生的亲历推而广之，以先生所见的这座殷商墓葬为半径，周围曾经出土的历代玉器，都有可能是这种米黄色。那么这件出土时间已经很悠久的起领玉璧，其质地颜色就是米黄色，与陈先生所言非常一致，这就证明了这件玉璧的出土地很有可能距陈先生所见的那座殷商墓葬不远。既然有这样的推断，那么这件起领玉璧就可以理所当然地被视为殷商时期江西籍地出身的玉器，没有问题了。

玉璧的工艺

这件起领璧的制作，主要在于磨削，通体素面没有纹饰，这就不能看出其刀法所能展现的时代特征。但是，我们仍然可以通过磨削的特征来完成对其时代属性的判断。

这件起领璧给我们总体阅读感觉，与其他殷商玉器一样，都有线条很硬的视觉效果，譬如我们看领的顶部平整，棱角分明，没有倒出圆角。在领与肉交界处堆积的土蚀剥落后，显露出了有半径非常小的圆角过渡，体现出了殷商时期玉制作尚方不尚圆的基本审美风格（图 10）。到了西周时期的外造型线条趋于柔美流动，与殷商是两个审美风格。还是在这种尚方的风格作用下，肉的整体厚度基本一致，只是在接近边缘处才开始明显的薄削，这是比较细节上的观察结果。

这件起领璧的中孔呈筒状，总高 1.9 厘米，如果用手仔细抚摸筒壁，可以感觉到，筒壁呈倒马鞍形，也就是中间的直径小，两端的直径微大，这是两面打孔后出现的蜂腰现象，打磨时没有彻底将蜂腰化尽，现在还能隐约感觉到榻门台阶的挡手（图 11）。这也是工艺方面很细微的特征，保存了殷商时期工艺原始的痕迹。

另外，在放大镜下观察，起领璧的肉面尚保留着较多的不规则的打磨痕迹，表现为打磨的方向、力度均表现为率意而没有规律，完全原始工艺的手工作业痕迹。这与清代以后的琢玉光工有很大的不同。

图 10　领与肉交界处的过渡圆角

图 11　呈倒马鞍形的筒壁

玉璧的价值

从传统收藏的意义上讲，收藏家收藏老三代高古玉，主要玩的是时代特征，并不大关注玉质的优劣。原因在于战国以后，新疆和田玉逐渐成为玉器使用材质的主流，可是和田玉最大的弊病就在于颜色的单一，除了主流色白色以外，只有绿、黄和黑色。可是，在地质矿带的作用下，这几种白色以外的颜色又很少见到，所以不得不在和田玉以外还要使用玛瑙、松石甚至琉璃等有色材质来填补色彩的不足。作为高古玉的收藏，以由于年份久远而形成的“物以稀为贵”为收藏原则，这只是原则之一；更重要的是高古玉由于多是地方杂玉，质地硬度偏软，数千年的埋瘗过程使得玉器表面受沁，而这些受沁的部位经过长时间的汗煨手盘，可以逐渐呈现出非常漂亮、各种玉材质所没有的多彩颜色，这才是清代、民国那些古玉收藏玩家所需要得到的把玩效果。优质的和田白玉在清代并不罕见，即使想把玩一块儿羊脂玉，只要有钱并不是什么困难的事；而与他人不重样的老三代熟坑古玉，可就未必人皆有之了。

这件起领玉璧自身所具有的可观赏、可把玩甚至可研究的信息非常丰富，玉璧的材质颜色已呈厚实的绛黄色，只能从领根剥落的地方，才能看出原来的米黄本色，在放大镜下，我们能够体味这种颜色变化所带来的时代迁移，沧海桑田。遥想这块儿玉璧出土的时候，人们长袍马褂，脑袋顶上留着长长的辫子——那时还有皇恩浩荡呢；经过了几代人的不停歇把玩，又躲过了冷热兵器的战乱战争，还有 20 世纪 60 年代的“文化大革命”时期，一直步履蹒跚地走到今天，我们在它身上所看到的，其实就是中国五千年的历史。历史的浓缩、思维的遐想，永远取之不尽、用之不竭，这才是三代古玉给收藏者带来的最大乐趣。至于究竟值多少钱，那就不是谁说了算的事情了。只要不是为投资而买玉器，还是高古玉好玩儿。

商、周玉鱼的断代

北京有位收藏界的老朋友，向来以收藏老三代玉器而闻名，他收藏有一件白玉鱼（图 1），这是一件让他非常心仪的藏品。有时我们你来我往地聚在一起聊天，每每谈到这件白玉鱼，他总有滔滔不绝的溢美言词。后来，我发现了一个问题，尽管我们的话题经常涉及这件白玉鱼，可是他却很少拿出来让我欣赏，我写的几本关于古代玉器的书都曾经用到这件藏品作图例，每次都是在我的要求下，他才拿出这件宝贝让我看看。他的“哲学”是：买古玩需要有鉴定能力的支持；而欣赏古玩则要懂得一些美学原理才行。再好的收藏品老看也有审美疲劳的时候，就像红袖添香的灯下粉黛，不管多么楚楚动人，如果“一日思君十二时”地厮守在一起，肯定早就烦了，怎么可能“相看两不厌”。把一件好东西每天都挂在脖子上、拴在裤腰带上，或者拿在手里揉搓，新鲜劲儿一过也就稀松平常了。所以他很早就注意到了兴趣保鲜，从不轻易把最得意的藏品拿出来把玩，只有在节假日休息或者有好朋友造访的时候，才翻箱倒柜地请出几样好东西供大家欣赏。每当这时，他仿佛不是藏品的主人，而更像是借光欣赏东西的客人，翻来覆去还不够他摆弄的呢。

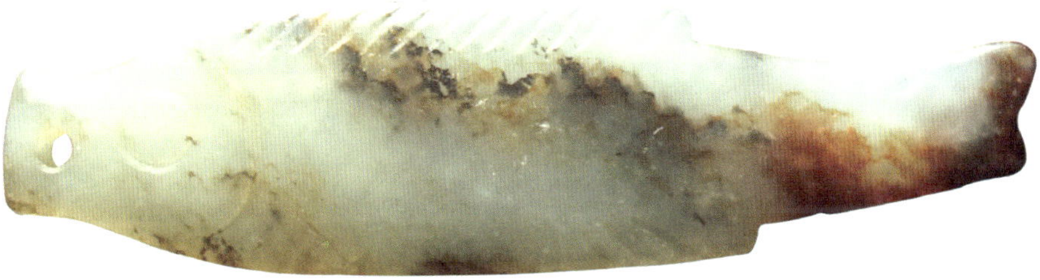

图 1　朋友收藏的白玉鱼

我们俩近来经常讨论的一个话题是，这件白玉鱼究竟是什么时候的制品。

以前，我俩的观点趋于一致，都认定这是一件开门的商晚期古玉，我在前面写的几部关于古玉的书里，几乎都使用这件白玉鱼的图片，制作时代也都注明是“殷商”。据他讲，这件白玉鱼是我国著名古玉鉴定家张兰香先生直接从美国最大的中国古玉收藏家 Alan Hartman 先生家里购得，能入这位 Alan Hartman 先生法眼、并由张先生鉴定认可的这件古玉，一定超乎寻常。Alan Hartman 先生认为这是一件殷商古玉，张兰香先生则始终以“商周”相称，而我所接受的是 Alan Hartman 先生的准确提法。

有一天，他打电话跟我说，有人提出这件白玉鱼好像是西周时期的东西，让我抽时间考证一下。直到这时我才忽然感觉到，我虽说同样非常喜欢这件玉鱼，可是对它所投入的关注并不多，也没有下太大的功夫考求它制作年代的细节，经别人一提醒，觉得这里面有可能存在着断代不清的问题。按照一般的收藏惯例来说，在传世的老三代藏品中，特别是玉鱼、玉琮、玉璜素器（这里所讲，一定是以真品为前提），更多时候是殷商、西周不分家。一些已经脱离开科学发掘现场的殷商（商晚期）与西周早期的传世品，在器形、工艺、材质等方面存在着相似乃至相同的地方，有时仅凭鉴定经验很难得出正确的断代。而在古玩交易中，商、周两代古玉的价格没有非常明显的差别，所以除了专业鉴定人员，很多收藏者都不愿意花费时间对某一件藏品完成哪怕是粗线条的考证。可是，一件收藏品除了价值变化具有一定的吸引力以外，能够提供长时间把玩和欣赏，这些正是尚待研究的种种大小课题。如果这些课题丝毫不能引起收藏者的兴趣，那么这种收藏其实就是人生的累赘，因为收藏者不能从中感受到他人所感受的别样乐趣，只能添麻烦。

商、周两代的玉鱼总体来说都是片状，其形制可以分为两种：一种是拱形；另一种是条形。

拱形玉鱼

拱形玉鱼的造型是鱼身呈弧形拱起。殷商时期的琢玉工匠具有相当高水平的审美观察能力，他们能准确捕捉到鲤鱼跃出水面一刹那的身体姿态，进而赋予了鱼的造型以充分的动感，并添加了恰如其分的夸张艺术加工。中国国家博物馆藏有一件

图 2　殷商　玉鱼（中国社科院考古所藏）

图 3　西周中期　玉鱼（宝鸡博物馆藏）

出土于殷墟妇好墓的玉鱼，身体呈半环形，仅造型的创造就带有非常充沛的艺术想象力，这是殷商玉鱼中最精彩的一件作品；而图 2 则是河南省安阳市小屯村西出土的一件殷商玉鱼，造型是鱼从水面向上腾起的瞬间定格，弧度大约是 1/4 圆，恰好是腾出水面的最高点，仍然饱含向上的耐力蓄势，很接近写实。

西周的玉鱼也有拱形造型，相比之下总显得有些缺乏艺术想象和创造激情，只是萧规曹随、亦步亦趋地跟在殷商后面。图 3 就是出土于陕西省宝鸡市茹家庄的拱形玉鱼，与殷商玉鱼的对比可以发现，整体工艺趋于简化，造型不生动，缺乏想象力，鱼的拱形弧度是 1/2 圆，表现的是鱼从腾跃最高点坠落下行的乏力。从艺术角度评判，殷商玉鱼就像一个天真、淘气却又有无穷创造力的调皮孩子；而西周玉鱼则像一个老实巴交念书、循规蹈矩做人的书呆子，挑不出有什么不好，可也找不出哪儿好。两个时代虽说前后衔接，却未必能在一个美学的层面之上理解。

条形玉鱼

条形玉鱼的身体呈一条基本上平直的造型，商、周两代都有条形玉鱼出土和传世。拱形玉鱼的实际用途有佩饰与非佩饰之分：凡是鱼吻处有对钻孔的属于佩饰器；譬如图 3 吻部没有孔、而孔在背鳍上面的究竟有什么用途，还是那句话，脱离了出土位置的记录，谁说了也不算。而条形玉鱼则一律都是佩饰玉，因为在鱼吻处都带有对钻孔。

殷商时期的条形玉鱼我只见过殷墟妇好墓出土的一件，以及几帧出土器拓片，所见实物、照片甚少。通过对拓片的观察，可见殷商条形玉鱼可以分为两种：

1. 写实玉鱼。鱼身稍厚，近似于圆雕，用瓦纹刻划出了整齐的鱼鳞，背鳍、胸鳍和腹鳍都用斜阴线刻划出来，外部结构大致齐全。

2. 简化玉鱼。整体呈窄而薄的长方条形，鱼身没有瓦纹鳞片，只用细密的斜阴线刻划出鱼的上下鳍，阅读拓片有点像剥干净肉的鱼骨架。记得我曾经在北京的报国寺古玩市场见过一件殷商时期的这种简化玉鱼（见拙作《买对了就算捡个漏· 一件商代玉鱼的巧遇与放弃》江西美术出版社出版），感觉整个造型就像在一个薄条状的玉片儿上随手找出鱼形、再雕几刀鱼鳍，率意潦草，可是保存了殷商玉器尚方的基本风格。只是摊主没完没了地用鱼在鼻子、脸上蹭油，我嫌恶心就放弃了。

西周时期的条形玉鱼，我见过《中国玉器全集》（下简称《全集》）中刊载几帧照片。在陕西省西安市长安县丰镐遗址1972年、1981年的发掘中，分别出土过两件玉鱼。图4出土于1981年，鱼身稍厚近圆雕，风格与殷商写实玉鱼差不多，只是在鱼头、鱼吻的造型上有一定差别，殷商鱼的吻部曲线是下弯后再向上翻，形成前凸的卧“T”字形；图4的鱼吻则呈下行直线，比殷商更写实一些；图5出土于1972年，与殷商简化玉鱼相近，只用斜阴线雕出鱼的上下鳍，外轮廓大概写意成鱼形，没有过多的细节修饰。需要注意的是，这件玉鱼的尾部还保留着殷商玉鱼的刻刀刀刃形状，而

图4 西周 玉鱼（西安市文物局藏，罗忠民摄影）

图5 西周 玉鱼（陕西省西安市长安县丰镐遗址出土，罗忠民摄影）

且双面开刃口，这是殷商玉鱼风格在西周的延续。

从总体风格传承上看，西周玉鱼的两种样式是在与殷商保持着最直接的传承关系的基础上，带有些许的改良。譬如对鱼外形部位描写的加强，就使原来的大写意衍变成了小写意，但是没有发生根本性的变化。这就是商、周两代玉鱼在宏观上难以截然分家的根本原因所在。经过审慎而仔细的研究，还是能够发现一些明显区别点存在的。如果说一点形而上的感觉，我觉得殷商的条形玉鱼刻划潦草，而且外形既窄又小，多少显得有些局促，不像带有折铁线、“臣”字眼玉器那样霸悍刚健，野气磅礴；而西周的条形玉鱼形体的宽度与长度之比很舒服，鱼的形态平和、安闲，不浮不躁，胜殷商一筹。

《全集》里还刊载着一帧西周条形玉鱼的照片（图 6），这件玉鱼出土于陕西省宝鸡市茹家庄，外形曲线复杂，鱼身带有一定的弧度，阴线雕出上下鱼鳍、弧线鱼鳃，撤刀法隐起圜眼，刀痕的曲线带有歧出。这件玉鱼的造型定位，应该在“写实”与“简化”两者之间，是一件雕制质量较高的作品。

既然商、周两代的玉鱼有相似处，也有不似处，那么话题回到原点，朋友收藏的这件白玉鱼，究竟是殷商的制品呢还是西周制品？

图 6　西周中期　玉鱼（宝鸡博物馆藏）

我认为把这件白玉鱼断代为西周早期作品比较靠谱。原因至少有这样三个：

1. 殷商玉鱼的吻部一般都琢制成前探的卧“T”字形，这是一个形制上的特征（图 7）。我们上面分析了，西周玉鱼是紧承殷商形制而来，没有出现根本上的变化。在鱼吻的曲线处理上，根据出土器所提供的时代特征分析，由前探的卧“T”字形向完全平直过渡的时期应该在西周的早期，而不在殷商的末端。下面五个鱼吻局部是按照由“T”字形向平直过渡的衍化排列，支持了这个判断。

其中：

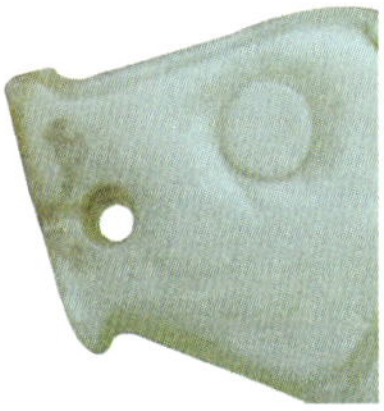
图 7

图 8

图 9

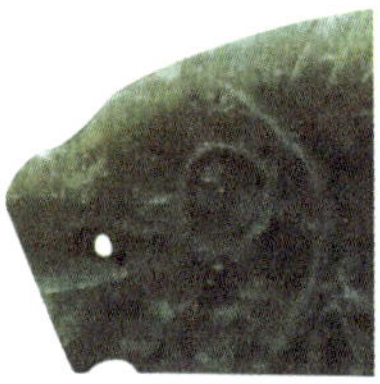
图 10

图 11

图 7 为殷商玉鱼（河南省安阳市小屯村西出土）

图 8 为朋友藏白玉鱼（传世品）

图 9 为西周中期玉鱼（陕西省宝鸡市茹家庄出土）

图 10 为西周玉鱼（陕西省长安县丰镐遗址出土）

图 11 为西周玉鱼（陕西省长安县丰镐遗址出土）

另外，我见过一帧出土于殷墟妇好墓、现收藏于中国国家博物馆的条形玉鱼的照片，鱼吻的前凸卧“T”字形轮廓线是从鱼脑部下探后微上翻，形成了吻部凸出的圆滑曲线，与这件白玉鱼比较接近，可以说明这件白玉鱼距离商代武丁时期不算太远，其制作时代应该在图 6 之前。

2. 这件白玉鱼的尾部上下两条轮廓线呈下弯后向上的弧形，这种轮廓曲线在殷商条形玉鱼中是很少见到的，殷商的条形玉鱼尾轮廓线都是平直的，整体带有方正的感觉；而西周的条形玉鱼的轮廓线都带有弧度，而且弧度的视觉很合理，看着舒服，这也可以被认为是西周玉鱼外轮廓线的一个特点。

3. 殷商条形玉鱼基本上都是小窄条，而且很薄，用料逼仄；西周条形玉鱼的用料相对宽绰，也较厚实，上下鱼鳍处都磨成圆弧，类似于圆雕。这件白玉鱼的用料就符合西周玉鱼的特点，有一定的厚度。就鱼造型来说，也可以视为圆雕。

这件白玉鱼本身保存的各种鉴定要素，都和玉鱼由殷向周过渡的各种特征相吻合，说明这件藏品应该断代为西周早期最合适，最晚也不会超过西周中期。

断代讲完了，还要再捎带讲讲欣赏。这件白玉鱼最吸引人的地方，就在于鱼尾处的红色沁斑。

中国古代对玉器的收藏，从什么时代开始讲究沁色已经不好判断，我们从宋代仿古玉上就已经出现的人工沁色判断，最晚从宋代就已经开始了对古玉沁色的需求。这种风气一直延续到了 20 世纪的 50 年代才戛然止住。民国以前的古玉收藏者对古玉沁色的要求很严格，高古玉以红色的“血沁”为贵。所谓“血沁”，其实并不是人血进入到了玉的结构里，与结构水形成置换的结果。人的血液一旦停止了流动很快就会变成黑紫褐色而凝固，与沁色的形成没有关系。“血沁”是对红色的一种形容，就像“雪白”与鹅毛大雪无关一样。血沁有两种颜色等级：一种是常见的铁锈红色，颜色红中或带有赭色，或带有橙黄色；另一种血沁的红色是微呈粉红的樱桃红颜色，色泽鲜嫩通透，称之为“朱砂沁”。“朱砂沁”是各种沁色中的极品，非常少见。这件白玉鱼的尾部所带有的，正是珍稀的朱砂沁。朱砂沁的形成除了沁色的品质以外，还与玉质有着极其密切的关系。这与翡翠的原理是一样的，翡翠中凡是硬绿，一定出在老坑玻璃种的地子上。只有地子好，上面的绿翠才能好。所以挑选翡翠，内行一定是先挑地子，再挑绿翠。还是这种带有樱桃红色的朱砂沁，如果出现在南阳玉质地上，或者出现在某种地方杂玉上，质地缺少必要的通透性，颜色的娇贵肯定显示不出来，收藏界称之为“寿衣沁”，白白糟蹋了贵重的沁色。

我在逆光的条件下，为这件白玉鱼拍了一张图片（图 12），经过剪裁得到了下面这张彩云图，左面沁色的颜色复杂，像云中的峻岭；右面的红色变化万千、云蒸霞蔚，好一幅美轮美奂的《云锦天章图》。这是让我最垂涎的地方。

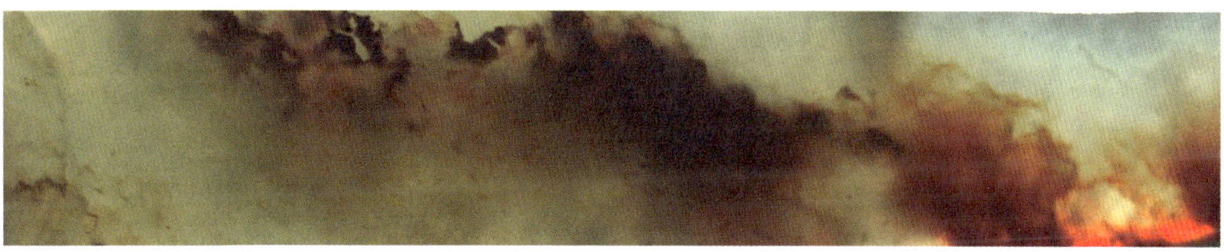

图 12　白玉鱼沁色裁图

战国早期龙形佩的断代

我在北京有一个朋友，虽说他不搞收藏，却着实收藏着几件挺不错的战汉时期的藏品。据他讲，他的祖父往上几辈儿家境殷实，古玩不算什么，经过了“文化大革命”时期，传到他的手里就剩下这几件了，自己虽说没有能力置办新的古玩，但是可以守望着传家的旧东西，绝不会转让。出于老兄对我的信任，他的收藏品我可以随时随地借到家里摩挲把玩，到了归还的日子，我肯定要准时璧还，风雨无阻，这就是“好借好还，再借不难”。图 1 这件战国时期的龙形佩，就是他有数的几件藏品之一。因为我对这件藏品的研究比主人还深刻，所以在我的几部关于古玉器的拙作中，多次作为图例使用，甚至在外出讲学中，也带到课堂作为战国玉器的教学实例。

有一次上课讲战国玉器的器形特征，我就用这件龙形佩做实物展示。下课后有一个学生问我说，这件玉器究竟是战国早期呢，还是中期、晚期。说实话，这个问

图 1　战国　龙形佩（正、背）

题有些出乎预料，把我问住了。回来后开始做功课，有了点长进。

收藏玉器的人，有时多少会带有些不求甚解的毛病，因为玉器在很多时候断代不会，也没有办法像瓷器那样精准。瓷器的断代必须精准到某一位皇帝，甚至把某皇帝的一朝分为早、中、晚三个时期来划分。譬如清代的康熙在位 61 年、乾隆在位 60 年，帝祚时间超过半个世纪，瓷器制作工艺发展速度很快，特征也就不尽相同，所以在断代上，就一定要细致地划分成早、中、晚三个时期。对于尤其是明、清两代的瓷器来说，那些只能判断到朝代的断代结论，显然是不具有重要的鉴定意义的。因为尽管“雍正”与“同治”都是清代的皇帝，可是两朝瓷器的品质、价值却存在着很大的差异，完全不在一个等级上。

而玉器断代的线条就相对粗疏得多，仅一个“清中期”或者“乾隆工”，至少包含着乾隆、嘉庆两朝以及道光的早期，我们好像没有足够的依据来确认一件清中期玉器究竟是乾隆晚期还是嘉庆早期。玉器的加工工艺从古至今几千年来，始终沿着用转动的铊轮研磨静置的玉石这样一条极其固定的轨迹发展，没有发生过颠覆性的变化。所不同的是，铊轮的转速越来越快、直径越来越小。作用在雕件上，所留下的工艺痕迹——阴线也就有着不同的时代烙印，而且时间越往后，工艺发展得越缓慢，断代标准也就越不明显，这就是对于一件玉器的精准断代难度极大，有时几乎不可能精准断代的原因之一。譬如断代一件典型的清代玉器，谁也没有办法指出是同治还是咸丰，所以只要符合清代的基本特征，就笼统地称之为“清代”。这种看似有点稀里糊涂的断代，其实在客观上为玉器收藏的研究提供了一个更大的作为空间，要想把一件心仪玉器审美兴趣的保鲜时间延长到足以陪伴我们一生，就必须在这些没有人走的地方慢慢蹚出一条路，在没人关注的、稀疏的缝隙里寻找本不算问题的问题，然后依靠个人的学识和时日的积累，默默地把学问做深做透。这样，一件藏品所能提供的玩儿的兴趣才有可能更久远。

西周及其以前玉器的纹饰，主要表现手段就是阴线，譬如良渚文化玉器羽人兽面纹的细阴线、殷商玉器饕餮纹、云纹的折铁线、西周玉器卷云纹的一面坡压地刀法等，都是依靠不同的阴线刀法来完成，很少或者基本没有见到过有在单位面积上做减地平凸的浮雕工艺处理。这就是西周及其以前各历史阶段的玉器与之后的东周

（春秋、战国）时期在纹饰雕琢工艺上的最直观的分野。

所谓的“减地平凸”（又称“减地”），就是把没有图案的地子全部铲低到一定的高度，使地子的高度降到图案以下，使图案形成浅浮雕的效果。减地平凸在春秋晚期横空出世般地突然被广泛使用，我们完全找不到其传承的轨迹，甚至找不到之前的任何工艺征兆——也就是说，这种工艺的出现犹如天降，不知从何而来。

春秋早期玉器纹饰的琢制，主要继承了西周阴线工艺的使用，区别在于：西周所用，基本上都是单阴线，而东周的春秋早期则以平行的双阴线作为最普遍使用的表现手段，西周通常使用的单阴线纹饰这时反倒比较少见。即使有单阴线纹饰，线的品质也明显因为属于非主流表现手段而相对粗糙一些。图 2 是 1957 年在河南省三门峡市上村岭虢国墓地出土的一件春秋早期的龙形饰，上面的单阴线刀法简单粗糙。局部图上面的一段大半径圆曲线，如果出现在西周玉器中，应该是一个很漂亮的弧线；而在春秋早期的玉器上则出现了莫名其妙的忽宽忽窄变化，可证春秋早期单阴线质量是低于西周时期的。

春秋早期用复杂的双阴线琢出勾云纹或者兽面纹，被用作主要的纹饰。双阴线纹饰表现的困难之处在于，两条距离很近的平行阴线自始至终都必须保持基本平行的宽度，在设计很复杂的纹饰中，屈曲、密集的双阴线交互叠压既不能乱，也不能出现两条阴线并刀成一条粗阴线的败笔。我们可以欣赏一下图 3，这是一件 1983 年

图 2　春秋早期　龙形饰（中国国家博物馆藏）

a 勾云纹

b 兽面纹

图 3 春秋早期 兽面牌饰
（信阳文管会藏，宋海洋摄影）

出土于河南省光山县宝相寺黄君孟夫妇墓的春秋早期兽面牌饰，牌饰分为上下两部分，上面是勾云纹，下面是主图兽面纹，全部是双阴线组合完成。如果仔细观察可见，每一条阴线都有细小的变化，两条阴线挤出的一条阳线细而劲挺，非常精彩。

自春秋晚期开始，玉器的纹饰出现了减地平凸的工艺，主要施用于对蟠虺纹、谷纹、卧蚕纹和勾云纹的塑造上。图 4 的图案就是选自春秋晚期的一件龙形佩，出土于 1988 年山西省太原市金胜村，是一件非常精美的春秋晚期龙形佩。这件龙形佩上面的纹饰是蟠虺纹，使用的就是减地平凸工艺，纹饰上的每一个小颗粒形图案都是凸起来的，有很强的立体效果。

减地平凸最终的呈现效果主要决定于后期光工水平的高低之上，通过观察图 4 局部可以感到，这件玉器凸起的小颗粒状纹饰个个光滑饱满，真正达到了“珠圆玉润”的最佳观赏效果，同时又不失春秋琢玉刀法的精神所在。因此可以这样认为：减地平凸看似雕琢匠人在一点一点辛苦而认真地铲地，其实作品最后的成功与否，很大程度上在于打磨工艺的精度。光工的精美，决定了作品

图 4　春秋晚期　龙形佩（山西考古所藏）

的精美，这是一切减地玉器很重要的欣赏点。

观察图 4 需要注意的是，凸形蟠虺纹之间的距离相对较大，且减地有一定的深度，这是春秋晚期玉器减地平凸的一个特征，与战国有所不同。

以上就是有关春秋玉器中的一些本文所涉及的特征。下面说战国玉器。战国玉器与春秋玉器有着十分明确的工艺传承关系，这里只分析与图 1 有关的一些问题。

图 1 是一件战国时期的龙形佩，这种造型俗称“S 龙”，我断代为战国时期的真品，经过研究进一步认为是战国早期的作品。比较重要的依据是下面两点。

图 5　春秋晚期　龙形佩（山西省考古所藏）

图 6　战国晚期　龙形佩（湖北省博物馆藏）

造型

如果比较熟悉春秋晚期蟠虺纹龙形佩的造型特点（图 5），就能感觉到春秋晚期与战国早期的龙形佩（图 1）之间，有着明确的、更接近的传承关系存在，对比之下甚至可以得到两者几乎一脉相承的结论，而且两者之间相距的时间并不太远。因此在造型上，图 1 的制作仍处于萧规曹随阶段，还没有来得及形成造型上的时代风格。图 5 也是 1988 年山西省太原市金胜村出土的一件春秋晚期龙形佩，如果图 5 出土于春秋晚期墓葬，出土器断代不存在问题的话，那么图 1 的制作肯定是在距春秋晚期较近的战国早期。

那么有人提出疑问，图 1 这件龙纹佩为什么不断代为战国晚期呢?

在战国晚期，这种龙形佩造型出现得比较少，而且形制也出现了明显的变化，尽管龙体也是呈屈曲状，但是整体塑形都发生了根本的变化。假如抽象一点给予评价，战国晚期的龙形佩就像一只大对虾一样，弓腰驼背，远没有春秋晚期和战国早期龙形佩那种龙腾虎跃的勃勃生机。图 6 是一件 1965 年湖北省江陵县望山出土的战国晚期龙形佩，通过并案对比，我们认为图 1 尽管与图 6 同属战国，可是论时间距离明显与图 5 近，而与图 6 相距较远。这是判断图 1 为战国早期制品的重要依据。

古代玉器的造型，对于断代（而非鉴定）具有十分重要的意义，因为如果你不能确切判断出具体的时代，只要有足够的出土标准器作为比对参考，至少可以得出大概的判断。如果能把这些标准器的器形熟稔于胸，就能够迅速对被鉴定器做出相应的判断，不管你的判断是对是错，都会言之有据，“虽不中不远矣”，而不是在那儿天南地北地胡猜瞎想。但是，造型对于鉴定玉器的真伪则没有太大的实际意义，因为就现在琢玉的工艺水平来说，仿制古代玉器的造型是一件再简单不过的事情。我曾经到某地出差，见过有很多用电脑控制的立式铣床（图 7），可以很轻松快捷地把任何一件古代玉器的器形、纹饰仿制得八九不离十。因此古代玉器真伪的鉴定绝不能以器形论定，与出土器一样的器形未必真；遍观出土器没有出现过的器形未必不真，这就是古代玉器鉴定的特点。

图 7　电脑控制的铣床琢刻玉器

纹饰

战国玉器纹饰常见的有蟠虺纹、蒲纹、乳丁纹、卧蚕纹、勾云纹等几种。图 1 战国早期龙形佩上面装饰的就是最常见的蟠虺纹。

蟠虺纹的“蟠”，就是“盘曲”、“盘绕”的意思；“虺”（读 huǐ），当“小蛇”讲。《国语 · 吴语》里有这样一句话：“为虺弗摧，为蛇将若何？”意思就是说，如果连小蛇都不能制服，那么遇到一条大蛇该怎么对付呢？蟠虺纹的形状是一头儿像谷纹一样圆圆的脑袋，另一头儿甩出一条或直或曲的尾巴，就像蝌蚪一样（图 8a 第一行右上角即是）。春秋时期的蟠虺纹就已经以非常成熟的纹饰姿态出现，琢制的质量很高，表现为颗粒大，光润而饱满。在图案的整体分布上，以蟠虺纹为主，适当地夹杂少量的卧蚕纹、勾云纹、勾连云纹作为填充。发展到了战国早期，蟠虺纹与勾云纹的比例开始倒挂，两头卷起的勾连云纹、卧蚕纹的数量有所增多，而蟠虺纹的数量则开始减少（图 8b 第二行左上角即是），如果计算比例，更像以非蟠虺纹为主要纹饰，用蟠虺纹作为

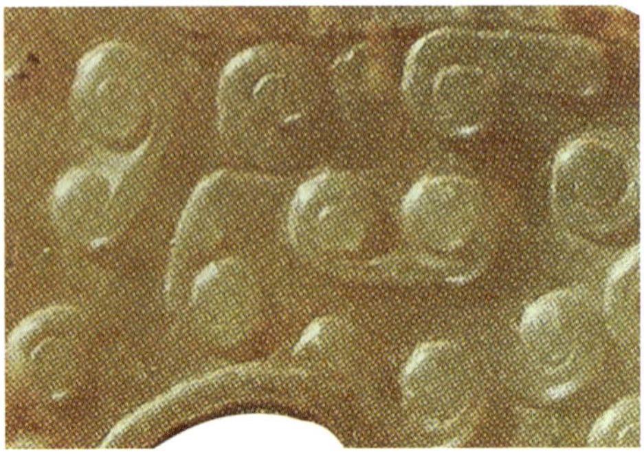
a 春秋晚期

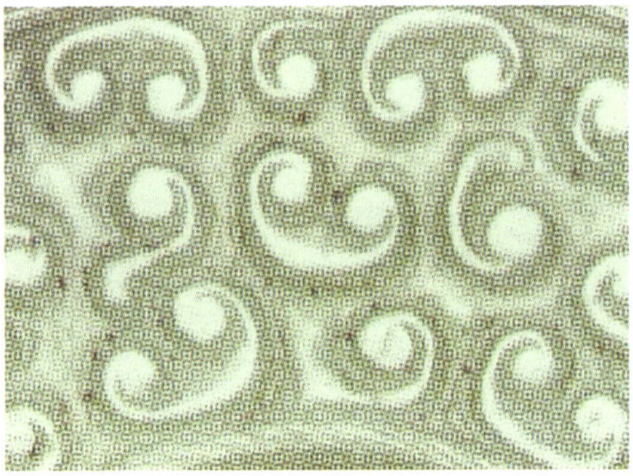
b 战国早期

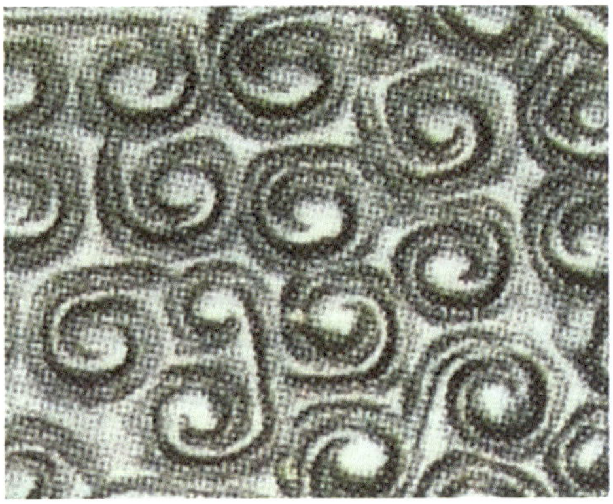
c 战国晚期

图 8　春秋战国晚期 蟠虺纹

填充，这是战国早期蟠虺纹饰的一个特点。战国晚期的蟠虺纹已经有了变形，不再是光润圆满的粒状，而是有了相对规整的造型（图 8c）。图 8 就是一组各时代的蟠虺纹，其中：

a. 春秋晚期龙形佩，1988 年山西省太原市金胜村出土；

b. 战国早期玉璧，1978 年湖北省随州市擂鼓敦曾侯乙墓出土；

c. 战国晚期龙形佩，1965 年湖北省江陵县望山出土。

经过对比，可以有一个感性认识：

从琢玉的刀法上分析，战国时期的蟠虺纹可以分为两种刀法：一是浅层隐起蟠虺纹，这种刀法的使用贯穿于战国的早中晚三个时期；二是减地半凸蟠虺纹，主要出现在战国早期，带有春秋特征，战国中期以后逐渐减少。

战国早期蟠虺纹玉器比较容易与春秋晚期相混淆，而与战国晚期的风格差别较明显。春秋晚期的蟠虺纹铲地很深，而战国早期较浅；春秋晚期蟠虺纹颗粒饱满，但是排列稀疏，战国早期的蟠虺纹铲地较浅，或者很浅，而颗粒间的排列较密；春秋晚期的蟠虺纹多、非蟠虺纹少；战国早期的蟠虺纹少而非蟠虺纹多。

这些就是判断春秋晚期和战国早期蟠

a 春秋晚期

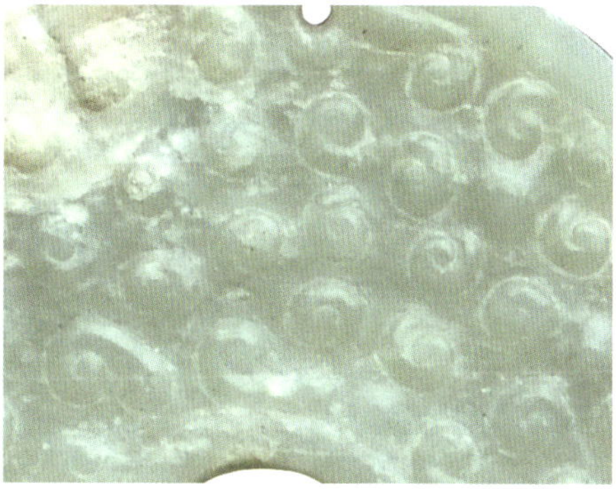

b 图 1 龙形佩局部

c 战国晚期

图 9　春秋战国晚期 蟠虺纹

虺纹的基本着眼点。

再把图 1 的蟠虺纹与春秋晚期、战国晚期相比较，断代为战国早期就没有任何疑问了（图 9）。

关于图 1——我朋友收藏的那件龙形佩的断代问题讲完了。有点意犹未尽，还要再啰嗦两个小问题：一是老三代玉器上的鸡骨白；二是关于汉劘。

先说第一个。图 1 这件战国早期的龙形佩，上面带有大小四五块儿鸡骨白（图 10），在这件龙形佩为真的前提下，上面鸡骨白的存在就是合理的。因为掩埋的时间跨度达到了鸡骨白生成的时间要求。图 11 是我用逆光的方法，把龙形佩最高点的鸡骨白拍照下来，这也是用强光电筒从背面打光观察的效果。通过观察可见，鸡骨白的形成也有其自身规律，最重要的有两点：一是白色的深浅有变化，块儿状边

图 10 战国早期 龙形佩鸡骨白（常光）

图 11 战国早期 龙形佩鸡骨白（逆光）

缘不规范；二是靠近边缘的深、越向里越浅。这两点都可以通过仔细观察图 11 得到印证。如果能符合这两点的鸡骨白，基本上可以判断为真。

再说第二个。汉劘，本来是一种非常原始的开料工艺瑕疵，由于开料工艺原始，难免有跑偏的时候，而且不跑偏的少。在玉器的整体设计时，总要把带有汉劘的一面设计在没有纹饰的背面。有些跑偏后可以通过光工把锯痕化净，所以观察老三代片状玉器，薄厚有时相差挺明显，除了开料跑偏以外，为消除汉劘而过度减地也是一个原因；有时由于锯口跑偏太大，光工不可能磨平，就会留下打磨后仍然处理不

掉的锯痕。常见的汉劇分为两种，一种是局部形成的“啃肉”，譬如本藏的那件殷商时期的玉环（图 12）；另一种是呈直线状。在清代的古玉收藏者中间，据说曾经出现过以汉劇的有无来判定是否老三代玉器的荒唐玩儿法，直接导致了清仿的老三代玉器都东施效颦地做出汉劇来保真。

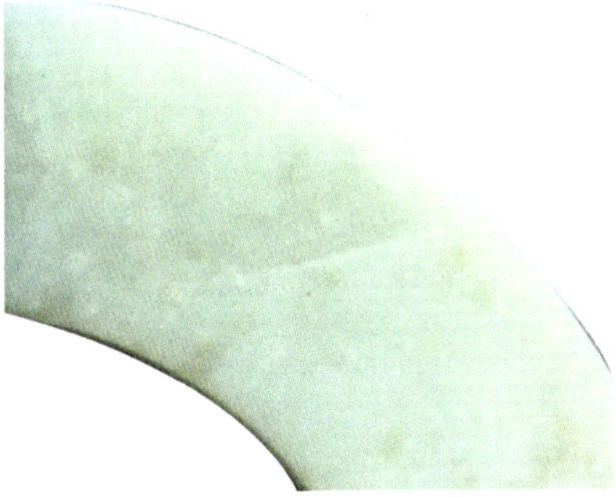

图 12 殷商 玉环上的汉劇

图 1 这件战国早期龙形佩的背面也有一条自右下向左上贯通的直线状汉劇（图 13），与 1978 年湖北省随州市擂鼓敦曾侯乙墓出土的战国早期双龙出廓素面璧（图 14）特征极其相似，汉劇的线左右贯通、笔直，线上带有很自然的崩碴儿，素地上明显带有光工的磨痕，可是汉劇的崩碴儿却依然故我地存在，这就是战国时期汉劇的基本特征。

图 13 战国早期 龙形佩汉劇及局部

图 14 战国早期 双龙出廓璧汉劇及局部（湖北省博物馆藏）

战国早期蒲纹璧与玻璃光

收藏品的鉴定有两个具有关联性的技术保障：一个是材质的鉴定，另一个就是制作时间的推断，也就是断代。“材质的鉴定”与“制作时间的推断”应该分别担负着鉴定整体程序的两个截然不同的职能，都是对收藏品质量的技术保障，谁也替代不了谁。

“材质的鉴定”，我以为相对简单些，只负责甄别藏品材质的真与非真，负责解答“是什么材质”这个问题，为第二步“制作时间的推断”提供来自于材质方面的准确讯息。材质鉴定是鉴定的基础，任何一点微小的失误都足以影响后面断代的准确性。在高古玉器的鉴定中，材质鉴定能起到一定的辅助作用；而收藏清中期以后的玉器，鉴定的主要任务就是对材质的判断。对材质的深入研究更是瓷器鉴定的不二门法，现在鉴定一件瓷器，上手的第一件事一定是亮底看瓷胎，重量级藏品还要上仪器检测，可见材质鉴定的重要性。可是，现在太多的收藏者过不了材质这一关，以玉器收藏而言，他们看不懂玉质，总是在器形、纹饰上面喋喋不休，不敢触及鉴定的根蒂。我认识一位在新疆开采和田山料出身的玉器鉴定家，面对一块儿和田玉，他甚至能指出这块儿山料在矿带上的位置。尤其能令人信服地讲出乾隆时期某山料作品的位置来源。我感觉在他面前，你拿一件仿乾隆的玉器蒙他，光材料这一关就过不去。

“制作时间的推断（又称‘断代’）”，是通过对藏品本身所保存的各种时代工艺特征进行观察、分析，判断出藏品准确的制作时代，也就是回答这件藏品“是什么时候制作的”。我们平时经常挂在嘴边上的“赝品”，主要应该针对材质的不真而言，只要材质没有问题，它就不应该是“赝品”。譬如昨天新仿制出来的乾隆青花赏瓶，作为“瓷器”，它的胎、釉完全符合瓷器的标准定义，并不假。只不过它的制作时代不是“乾隆”，而是“当代”。假如你把它当作了乾隆时期买入，只能说明你的断代有问题。有人说这件仿品上面有“大清乾隆年制”的款识，就是赝品的证明。我说，既然是仿古，就必须连款识一起仿出才算完整，这不能算是褒贬。再说，即使仿品的器底无款，也有可能会与官窑重合，因为明、清两代也有素底的官窑瓷器。

断代又可以分为两种：一是宏观、二是微观。宏观上的断代是粗略地判断藏品制作的基本时代；微观上的断代是指对跨度较长的朝代和帝祚时间所进行的时代细化，譬如西周东周两朝，共延续了八百五十多年，我们要根据琢玉工艺的继承与发展，总结出两个时期各自的时代特征；而进入到东周以后，则要进一步对春秋、战国的鉴定特征有所判断；春秋、战国还要再分别细分为早、中、晚三个不同时期。清朝康熙皇帝的帝祚长达 61 年、乾隆皇帝 60 年，因为时间跨度超过了半个世纪，就必须细化为早、中、晚三个时期。只有这样，才能最科学、最详尽地体现、凸显出藏品本身的内在价值，对于收藏者来说，也才能获得更多的欣赏内涵与合理的价值评估。

我对我收藏的，或者朋友收藏的藏品，只要能放在我手里摆弄时日，无不从断代入手，因此总感觉有挖不尽的内涵徐徐贡献出来，这就是我的习惯玩儿法。

我有一位老朋友穆先生，在 20 世纪 90 年代初期为了酬谢一个挺大的人情，需要买一件礼品馈赠，问我买些什么礼物好。我有一个朋友家里收藏着一块儿战国精品玉璧，品相完好，而且正背面都带有完整的、绝难一见的玻璃光泽，漂亮至极，堪称罕见。我曾经见过一次，印象很深。据朋友讲，他是在 20 世纪 80 年代初咬牙花了一万五千块钱买的。在我的人情面子关照下，好朋友急人之所急，竟以一万五千块钱的原价转让给了穆先生。当时的一万五千块钱能买一堆民国珠山八友的瓷器！

所不幸的是，穆先生在送礼之前，抖机灵先去沟通了一下，谁知人家不懂玉，再好也不稀罕。好在他本人也喜欢收藏，正好有个理由，跟夫人又凑了一笔款项买了别的东西。歪打正着，这件玉璧算是自己笑纳了，一直保存了下来（图 1）。

我为什么把这块儿玉璧判断为战国时期的呢？

玉璧从新石器时期的红山文化、良渚文化、齐家文化就有，可以说是最早的玉器形式之一。殷商和西周时期的玉璧相对少见，不属于重要的器形。千万不要轻信《周礼》所言什么“苍璧礼天”的奇谈，那都是汉儒们自己闭门造车杜撰出来的玄学，至少我们到现在还没有看见作为祭天礼器的依据是什么。在考古学如此发达的今天，尚不能证明玉璧有丝毫的礼天之用，两千年前的汉代儒生们，他们能有什么比考古更直接的证据，支持他们的这个观点。倒是有史书的记载证明了历史上确实有“苍璧”，以及苍璧的功用，《史记 · 平准书第八》里面涉及了苍璧：

> “今王侯朝贺以苍璧，直数千，而其皮荐反四十万，本末不相称。”

说的是至少在汉武帝的时候，朝廷的那些王侯贵胄向汉天子朝拜，进贡的礼物就是下面垫着白色鹿皮、上面摆放着一件深绿色的苍璧。上面的苍璧价值几千钱，下面垫着的白鹿皮却值四十万。可见，在汉代苍璧本来就不是什么祭天的礼器，而是朝贺汉天子的贵重的礼物。汉儒们张冠李戴地把他们认为很值钱的玉器说成最神圣的礼天祭器，至今仍得不到正本清源。《周礼》所说的“苍璧”，我以为就是图 1 这种材质、这种工艺制造的玉璧。据我估计，在战国初期到西汉初期不到三百年的时间里，图 1 这种流行于战国时期的玉璧，在西汉初年甚至是《周礼》撰写的时候尚没有彻底绝迹，儒生们完全有可能找到，作为前朝玉璧的标本而加以论述。因此可以推断，图 1 这种玉璧在西汉时期肯定还会有流传。

“苍璧”之“苍”，应该理解为是一种草绿色，《说文》：“苍，草色也。”草的颜色根据节气不同，又可以分为春天的嫩绿色与秋天的深绿色。根据图 1 的颜

图 1 战国早期 蒲纹璧（朋友被动收藏的）

图 2 战国早期 蒲纹璧
（曲阜文管会藏，敦竹堂摄影）

色推断，“苍璧”所说，指的就是这种近黑的深绿色。图 1 这种玉璧材质的特征很明显，与新疆和田玉相比较，脂性较低而通透性稍高，颜色呈深绿色，学术界称之为“水苍玉”。我们注意到，水苍玉的使用时间仅限于战国与两汉之间，之前与之后绝少、甚至没有出现。我们在所能见到的春秋出土器中，没有见过这种材质，因此可以断前。1978 年山东省曲阜市鲁国故城出土了一件战国早期的蒲纹玉璧（图 2），其玉质、纹饰、工艺与图 1 基本相近，只是表面缺少难能可贵的玻璃光。通过与出土器的对比可以充分肯定，图 1 是一件战国早期的蒲纹玉璧没有任何疑问。

图 1 与图 2 这两件玉璧的近似处在于，都是在内、外圆一定宽度的位置上，用单阴线琢出同心圆，在蒲纹的乳凸上面复用单阴线琢刻出“ ⟲ ”形卧蚕纹（图 3），玉璧上面乳凸的间距都较大，仍带有春秋蟠虺纹那种宽松的间距风格。所不同的是，图 1 的“好”（穿孔）比图 2 要小，而且乳凸的研磨工艺更加精致，与地子混为一体，没有突兀的乳丁感觉，在玻璃光的包裹作用下，颜色更加漂亮、高贵。1965 年在湖北省江陵县出土了一件战国晚期的蒲纹玉璧，黄色玉质，上面隐起的乳凸较早期的小而致密，由早期在乳凸上刻单阴线卧蚕纹发展到隐起卧蚕纹（图 4）。我们在前面已经讲过，战国蟠虺纹饰的排列密度要比春秋大，图 4 与图 1、图 2 的比较可以证明这一点。1986 年在河南省永城县芒山镇出土了一件西汉时期的蒲纹玉璧，这件西汉时期的蒲纹密度又较战国晚期更大，而且已经从战国早期的乳凸上面刻有单阴线卧蚕纹，发展到战国晚期的隐起卧蚕纹，最后到了两汉时期干脆简化成了隐

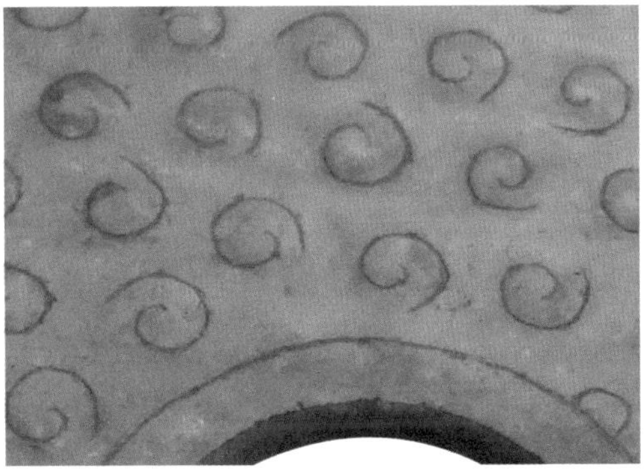

图 3　战国早期　蒲纹上面的单阴线卧蚕纹

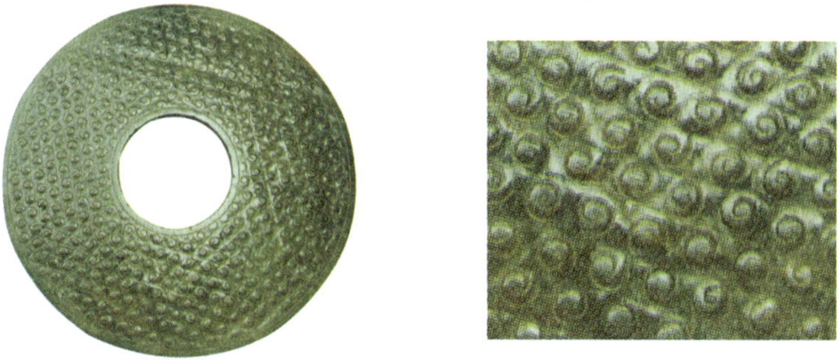

图 4 战国晚期 蒲纹玉璧（湖北省博物馆藏）

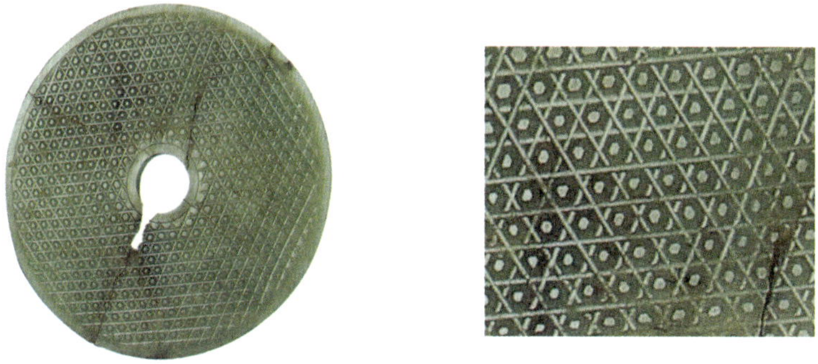

图5 西汉 蒲纹璧(河南省商丘博物馆藏)

起乳丁纹（图 5）。

通过上面对出土标准器的研究，可以归纳出战国时期蒲纹玉璧的基本断代规律，进而推论出图 1 具备了战国早期蒲纹璧的特征。

最后说说前面提及的“玻璃光”。所谓“玻璃光”，也有人称之为“玻璃沁”，是指在玉器表面覆盖着一层反射能力很强的光面，好像玻璃一样光可鉴人。玻璃光的形成与“沁”的形成不是一回事，就像乾隆玉器所出现的蜡样光泽一样，都是光工工艺处理的效果存在。

在中国玉器史上，有两个时代的玉器有可能出现玻璃光泽，一是战国时期，二是明朝。这两个时期的玻璃光泽有一定的区别：战国玉器表面的光泽真像玻璃一样，带有一种水头充沛的感觉；明朝玉器的玻璃光更像是一种涂上油脂的反光，脂感较强；战国的玻璃光多出现在水苍玉质的玉璧上面（图 6），明朝的玻璃光多出现在新疆和田玉上面。不管是哪个时代的玻璃光，有一个共同的弱点，就是都非常娇气。在私人收藏中有一些比较忌讳的地方：

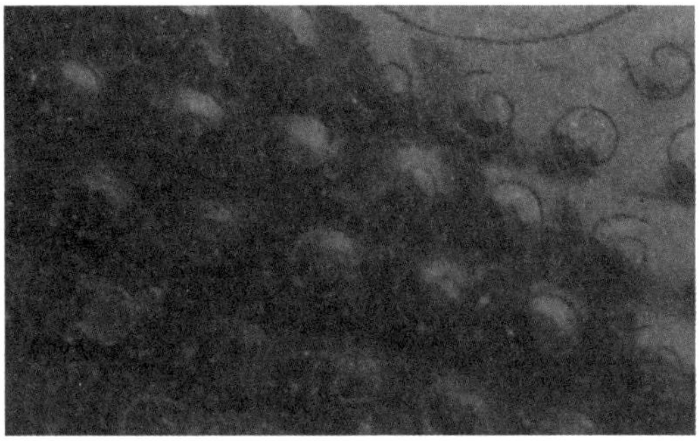

图 6　战国早期 水苍玉璧玻璃光

1. 忌讳经常用手摩挲，尤其是汗手。手上带有油渍汗污，如果经常用手接触玉璧的玻璃光面，很容易导致失光，而且一旦失光就是不可逆的结果。传世的战国水苍玉璧绝大多数都已经失光，失光后的玉璧黯然失色，所剩仅是历史所赋予的文物价值，美感折扣殆尽。

2. 忌讳经常擦拭。玻璃光的层面很薄，不管使用多么柔软的棉布擦拭，都有失光的危险。所以尽量不要对光面触碰，更不要随便擦拭。那么，怎样才能保持玻璃光面的清洁而避免擦拭呢？只有一个办法，那就是少展示。不得已而为之，取、放时一定要佩戴手套。

3. 忌讳长时间暴露在空气中。现在我们所呼吸的空气成分很复杂，里面一定带有一些腐蚀性较强的酸性物质，长期暴露在空气中的钢铁都很容易被腐蚀氧化。在这种严重污染的环境下，经常使玻璃光暴露在外，毫无疑问会产生致命的伤害。所以收藏带有玻璃光的玉器一定不要经常拿出来展示，更不要长期暴露在空气中。以前收藏高级别的古玩都要“束之高阁”，那是一种自私的秘不示人的心理；现在的“密藏”主要是为了保护藏品不致受到自然环境的侵害，是积极的行为。

从收藏的角度来说，战国时期的水苍玉蒲纹璧并不算是罕见品，以前的大型拍卖会上有时会遇到。但是，具有保存相当完整的玻璃光的战国蒲纹璧，却十分罕见。我问过一些古玉收藏者，他们有人甚至连“玻璃光”都没有见过，这种光泽的珍贵程度可见一斑。收藏到带有玻璃光的玉器很难，而能把这薄薄一层光泽完整地保存好，传给下一代，大概更不容易。

听老鉴定家讲明成化青花

大概是在2005年的时候，有一次北京的一位收藏瓷器的人开车来天津，托人找到我，带来了一件青花四方大瓶，底款是："大明永乐年制"，这么贵重的瓷器摆到我的面前让我看。说实话，我非常不喜欢明清瓷器，尤其是青花，更不擅长看真伪，除了在北京故宫以外，就没有见到过标准的永乐青花瓷，一点准儿都没有。于是借了本耿宝昌先生的那部《明清瓷器鉴定》，看见先生在永乐青花的叙述中，有这样的文字：

> 青花绘画的纹饰多带西亚色彩，线条有粗有细，或粗细兼用，借以表现青花纹饰的浓淡层次。不论着色深浅，青花色泽都极为绚丽鲜艳，清晰明快，线条的纹理中常带有钴铁的结晶斑，呈星状点滴晕散，浅淡处结晶斑点较少，浓重处则凝聚成黑青色、藏青色或呈现金属锡光，甚至下凹深入胎骨，迎光侧视或用手抚摸可辨凹凸不平之状。

我觉得在这件瓷瓶上该有的永乐青花特征都具备，比如青花上面的深陷胎骨的铁锈斑、锡光、深蓝近黑的青花颜色，以及淡青釉面等，看底部的露胎处还有一些呈橘红色的窑红。我们边喝茶、边聊起这件方瓶的来历，那人说他的曾祖父曾在景德镇当官，最后留下来的仅此一件好东西，他现在用钱，想找人问问行情。我对他讲的故事一点都不相信，因为与这件瓷瓶的鉴定结果无关，只是仔细端详着这件方瓶，既不能指出其真，也说不出来哪儿不对。于是，我就领他到了一家名叫"悦古斋"的古玩店，听听明白人是怎么说的。

这家古玩店的老板是一位老先生，跟我很熟悉，当时约莫有七十多岁，从事瓷杂鉴定一辈子，为人低调，不求浮名，丰富的鉴定经验使他周围聚集了一批收藏爱好者，经常聚到一块儿问这问那，有合适的东西再买一两件回家。老先生为人谦虚、善良、实诚而少言语，为朋友鉴定东西好与不好有一说一，从不含糊其词。我特别愿意在他那儿买东西，保证没有欺骗。

我们来到了“悦古斋”，请老先生帮忙鉴定一下。老先生仅瞄了一眼就说是新仿品，大约有十几年的时间。老先生说：

“像这样的永、宣官窑大器，在民间出现的机会几乎没有，如果是真的，您绝不可能拿着它满街跑。出门起码要有一个班的武警押解着。”

我说：

“我跟耿先生那本书写的特征核对过，都对。”

老先生说：

“就是照着书上仿的，能不对吗？”

老人说话从柜子里找出一个青花折沿碗（图 1），对我们说，这个碗是成化时的民窑，是真的，上面也有铁锈斑，再看看锡光，你们对对。我把两件东西一对，就立刻看出端倪了。跟这件标准器相比，方瓶的赝品特征就显露无遗了。

我把那件仿品放在了一边，请老先生给我讲讲这个碗，老先生说：“这个碗的学名叫‘青花折沿碗’，从前我学徒时，这样的碗挺多的，成摞地进货，卖价很便

图 1　明成化 民窑青花折沿碗

宜，没有人拿它当成好东西收藏，我们都叫它‘草帽碗’。现在不行喽，这种真正的成化青花，已经很难见到真的了。先说成化青花，你看这碗上的青花是淡蓝颜色，这就是成化青花与永乐、宣德、弘治、正德的主要区别，尤其是区别于永、宣两朝。

“成化青花的蓝色很淡，但是它所呈现的色度仍然很饱满，这就是成化时期青料本身的特点，仿成化为了追求这种淡雅，而把蓝色调浅，成为不饱和的浅蓝色，这种颜色看起来没有精神，蓝色发飘，没有经验的人不容易区分，我们一看就知道，这个碗仅从颜色上说，就够上成化。”

当我问及铁锈斑的时候，老先生说：

“都说只有永、宣的苏料有铁锈斑，其实成化时期青花的铁锈斑也比较普遍，多见于中低档的民窑青花上，制作精美的官窑和高档民窑一般看不见铁锈斑。青料中都含有一定的铁成分，如果在使用前对铁的剥离不彻底，烧成后的青花就会产生铁锈斑。官窑和高档次的民窑使用的青料含铁量已经很低了，所以青花发色纯正均匀，没有铁锈斑；普通的民窑的钴料中铁成分含量高，所以容易出现。

“成化时期所用的青料不是永、宣时所用的苏麻离青，而是一种名叫‘平等青’的青料，平等青又叫‘陂塘青’，这种青料一直沿用到嘉靖时期。平等青也有好坏之分，好的不含铁锈斑，发色青亮均匀，一般的平等青出铁锈斑，次的则发色偏灰。这个碗就是标准的民窑平等青的发色样品，特点除了颜色淡雅以外，还有两个特点：一是可见部分地方有铁锈斑，你看看这种铁锈斑的颜色是深蓝带有些闪紫黑的颜色，而仿品的颜色是用专色点出来的，颜色单纯发黑；二是图案中的细笔道比较清晰，没有模糊不清的晕散，这是与永、宣青花相区别的重要一点（图 2）。

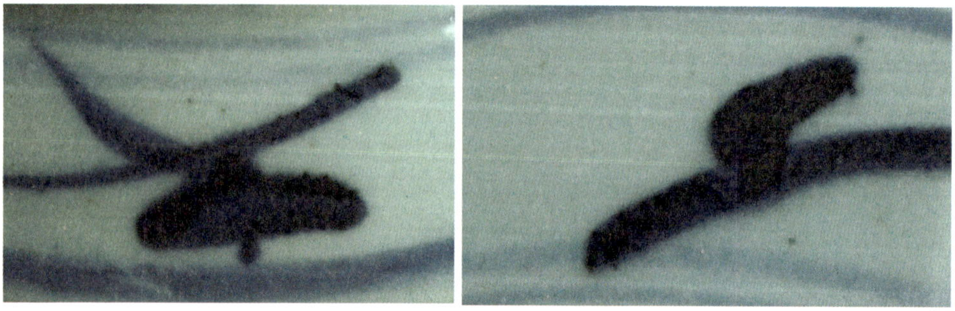

图 2　折沿碗上的铁锈斑与清晰的笔道

“刚才我说那件方瓶不是永乐的，你看看，苏料都带有晕散的特点，这个方瓶的笔道干净利落，没有苏料的特点。”

我端详着这个碗，觉得胎很薄，就问，为什么这碗的胎明显的薄呀？老先生说：

“我也是看书上说的，成化时期懂得了把瓷胎的氧化铝含量提高，瓷胎在窑内高温下就不会变形。所以我们现在能看到成化时期的碗有很多是薄胎的，这样不仅可以使瓷器轻巧美观，同时也能节省瓷土和燃料，成化的薄瓷是建立在制瓷技术提高的基础上的。”

老先生还告诉我，成化瓷器的釉在放大镜下，可见小而密集的气泡，分布均匀。而永乐、宣德时期的气泡大小不一，呈团状，气泡大的一团，气泡小的一团。

听老先生的讲解，我明白了有关成化青花的一些知识，由于是拿着这个草帽碗讲的，所以印象特别深刻，几乎不能忘却。我跟老先生说，您能不能把这个碗匀给我，当作一件标准器保存？老先生开价500块钱，说，按说不应该这么贵，但是一来这种真正的成化青花现在很少见了；二来这个碗没有使用的痕迹，品相非常好，少见；三来现在就是一件清代的普通民窑，也不止这几个钱。我非常感激老先生对我们后辈的爱护关照，付了钱，告辞。

那个朋友一路上低头不语，可能是有所思。

我想，这位老兄大概是花大价钱买了这件假永乐青花方瓶，心疼了。后来听说他平常喜欢收藏，也很用功，买了、也读了不少有关瓷器收藏的书，常常是按图索骥地买了一件东西，回家就与图录对照器形、纹饰，按照书上的文字找特征鉴定，自以为成竹在胸。他的打眼是早晚的事，究其原因，罪魁祸首在于现在各种水平参差的收藏书。

现在的收藏大军浩浩荡荡，相关出版物也多如过江之鲫，无遮无拦。我感觉对于一般水平的收藏者来说，有两种书不能读：

1.内容没有确定作者的，譬如“×××编著”或不包括专业文集在内的“×××主编”。书中的内容都是些张冠李戴的大杂烩，观点前言不搭后语，相互抵牾，这样会很严重地误导读者。这种书不管版式多么漂亮，也绝不要读。

2.真正专家写的学术专著，譬如耿宝昌先生的那部《明清瓷器鉴定》，那是耿先生毕生鉴定经验的结晶，语言简单明了，任何人好像一看就懂。其实从严格意义来说，这部书就不是送给一般水平收藏者的入门金针，一般人真的没有读懂这部著作的能力。对书中所讲的每一个鉴定特征的理解，都要有几十年的鉴定阅历作为阅读支持，没有大量的过眼器物作为基础，是没有办法从中受到教益的。随着读者的阅历不断加深，就一定会对这部著作产生越来越强烈的敬畏感和崇拜感。耿先生所讲的每一个局部特征，其实都是立足于对整体特征驾驭的基础上的，没有了对整体特征的把握，这个局部特征则无用。上面说的那件永乐青花方瓶，就是在缺乏对整体判断的基础上的局部判断，看哪儿都对，综合到一起就变成了哪儿都不对。耿先生的这部著作的阅读对象很单一，就是从事明清瓷器鉴定、研究的学者，或具有丰富鉴定经验的专业人员。对于一般收藏爱好者，我不建议阅读类似这样的专著，那绝对是一种危险的躐等行为，因为阅读后很有可能会以这部著作的文字为标准，对号入座地买东西，就像那位“永乐青花方瓶”的主人一样，那一定惨到家了。

盛肘子的大盘

在天津我的师友中，有位年龄长我一辈的老先生，跟我是忘年之交，现在已经仙逝。此老胶东人，善书法，尤以大篆、甲骨文书写极佳，收藏有不少古籍善本。只是先生厌倦世事，隐遁于民间，寡朋少友，每天读书写字，自得其乐。若干年前，我到先生的府上拜访。午间，先生留我吃饭，师母端上来一个绿色的大盘子，盛着一只香喷喷、闪着油光、冒着热气儿的红烧肘子。先生一生酷好这一口，年近八旬的高龄，仍吃得满嘴流油。先生告诉我，每两个礼拜过一回嘴瘾。对于肘子，我虽说同样感兴趣，可是更吸引我注意力的，是这个盛肘子的绿盘子。我跟先生说，您这个盘子真不错，大概是个老龙泉窑。先生说，他年轻时家里这样的盘腕不算什么好东西，赶上节年祭祀的时候，用来盛放供品。“文化大革命”时期毁了不少，现在就剩下这一个，一晃他已经使用一辈子了。先生说他只知道这个盘子是他家几代人传下来的，很有些历史，其他瓷器上的专业问题，他就不知道了。他总觉得用这

图 1　明　龙泉窑折沿大盘

个盘子盛肘子，有红有绿地很漂亮，看着心情好，家里人称“肘子盘儿”。等到师母洗刷干净，我把盘子要过来仔细看看，是一只非常漂亮完整的明代龙泉窑折沿大盘（图1）。先生说如果感兴趣，可以让我拿回去看，看够了再给他送回来，别影响下次盛肘子就行。我没敢轻易往家里拿，生怕有点闪失对不住先生的信任。之后，我又来过两次专门看这件盘子，并照了几张相片，答应先生一定要写文章介绍。

龙泉窑瓷器创烧于北宋时期，现在发现的窑址在浙江省龙泉县大窑村，只因为没有作为贡瓷的机会，南宋时期的龙泉窑屈尊在五大名窑之下，属于民间在野窑口里最重要的一个，那是龙泉窑最为辉煌的一个历史阶段。元代龙泉窑的制作开始下滑，到了明代中期以后，龙泉窑日渐衰落、一蹶不振，清代中期以后就彻底停烧了。

图2　口沿釉薄露胎

龙泉窑颜色可以分为粉青釉和梅子青釉两种，粉青釉使用的是石灰釉，在高温焙烧过程中，石灰釉的流淌性大，烧成的釉面薄，显得灵性有余而厚重不足；梅子青釉属于石灰碱釉，在高温焙烧中流淌性低，所以成品的釉面浑厚润泽，带有玉的质感。从颜色上看，图1这件大盘的颜色更接近南宋时期石灰釉的粉青。通过盘子口沿的边缘可见（图2），这件盘子的釉层较薄，口沿边缘的釉汁在焙烧过程中向下流动，造成了盘壁的釉厚，盘口处釉汁渐薄，口沿边缘甚至已经露出白色瓷胎颜色，就像清代郎窑红的“脱口”现象。

明代龙泉窑的釉面与宋代相比，有一个很明显的不同：宋代的釉面厚实、温润如玉；明代的釉面玻化感很强烈，更显艳丽光彩，同时釉面开有厚玻璃炸裂那样的细小碎片，这是宋代龙泉窑所没有的。宋代的龙泉窑也开片，只是没有这样细碎，釉面的通透度也不高。图3是北京故宫博物院收藏的一件夏锡忠先生捐赠的南宋龙泉窑穿带瓶，上面的开片以纵向为主线，片纹较大。反观这件明代龙泉窑大盘的开片（图4），片纹细碎，在强烈的玻璃质感的衬托下，显得有些凌乱，这是宋、明两代龙泉窑开片上的区别。如果用高倍放大镜观察片纹，可以发现老瓷器的片纹不是平的，所有的边都向上翘；而新瓷器开片的片纹是平的，这是新老瓷器片纹的区别。

这件龙泉窑折沿大盘是明代江西景德镇的仿浙江龙泉窑。为什么称之为“仿”？这里的“仿”不是赝品的意思，龙泉窑的发祥地在浙江省龙泉县，南宋龙泉窑胎土采用龙泉县大窑村当地的瓷土，属于一元配方；明代的龙泉窑的产地是江西景德镇，胎土是瓷土加高岭土的二元配方，盘子的瓷胎既厚且重，颜色洁白纯净（图5），密度高，带有明代瓷器特有的味道。

这个盘子底足的竖墙直立挺拔，泥鳅背形墙足做得十分规矩细致，裹釉饱满。底部有一圈赭红色涩胎，是窑工入窑前刷的护胎釉，经过长年的使用现在已经浅淡了下来（图6）。

这件盘子最值得玩味的，是盘子表面上有三颗又大又圆的点状物（图7），不可思议。我曾与老先生讨论过，先生说可能是施釉时釉汁不慎滴落上面，烧成后就成了这个样子。我觉得没那么简单，因为釉汁滴落后，在当时可以擦掉，而且滴落的釉汁不可能聚得那么高。再有，这个盘子是石灰釉，即使是滴落的釉汁，

图3 南宋 龙泉窑穿带瓶（夏锡忠捐献，北京故宫博物院藏）

图4 龙泉窑大盘开细碎片

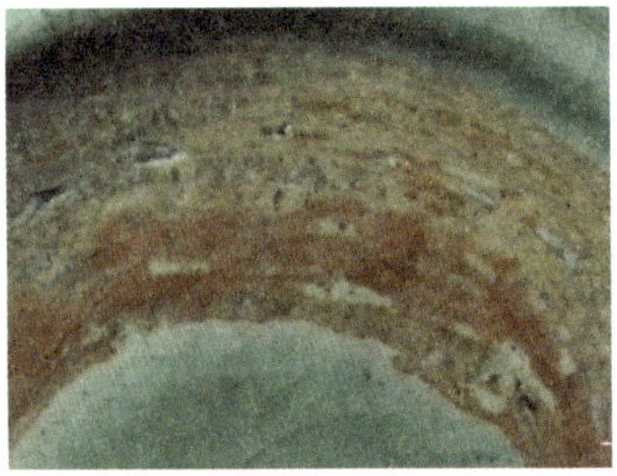

图5 瓷胎洁白纯净

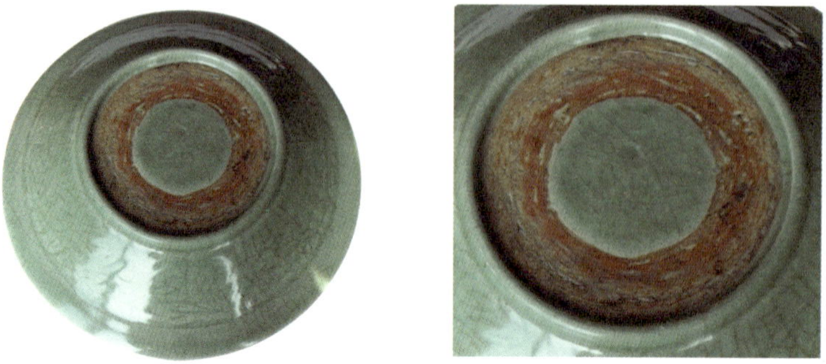

图6　明 龙泉窑折沿大盘盘底及局部

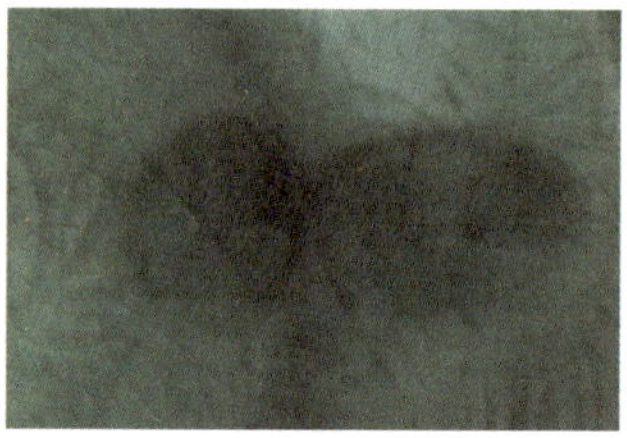

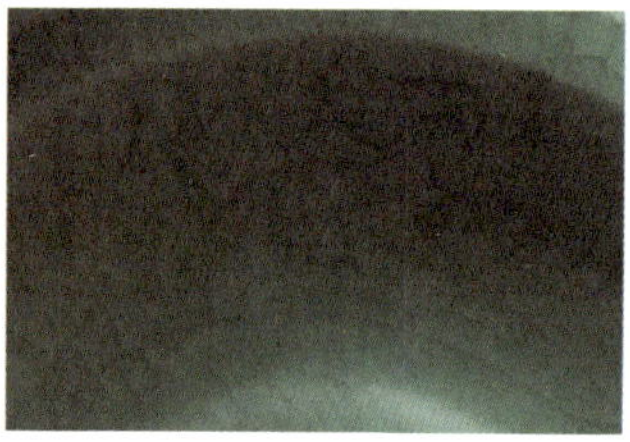

图8　刀刻纹饰

图7　盘表面的点状凸起

也会在焙烧时流走，不可能在盘壁上形成这样的凸起。这三颗点状凸起呈一条直线排开，而且两密一疏，正好符合绘画的构图原理，说明这是人为的定制，含有某种寓意，不是偶然得之。先生听后，似有所悟，表示赞成我的分析。

在盘子的内壁上，采用的是宋代瓷器的“刻花”装饰手段，在盘的内外壁上用刀刻出凹陷的花纹，然后施釉，由于纹饰的凹陷处积聚的釉多，所以颜色重，花纹就此凸显出来（图8）。

这件明代的龙泉窑折沿大盘在明代的单色釉瓷器中，算是件精品。我们一般人得之，一定会像宝贝一样藏之阁中。可是，出身于高门第的老先生，一辈子就没拿它当过什么值钱的东西，吃红烧肘子必须用这个盘子盛才香，这是何等的享受！现在这个盘子流落何处，就不知道了。

珍稀难得的早期流派印

“早期流派印章少于汉青铜印”这种说法可能有很多的人不太理解，认为汉代青铜印的存在历史距今两千多年，而明代自文彭（1498 ~ 1573）开始算起，距今也不过就是四五百年的时间，流派印章的数量维持绝不会低于汉代的青铜印，因此不同意我的这个说法。没关系，咱们慢慢分析。

中国古代印章按照材质分类，先后出现两个主要有影响的系统：一是战国、秦、汉时期，以铸、凿为制印手段的青铜材质系统，我们称之为“古玺印”；二是明代以来在文人的参与下，以刀刻为制印手段的石材质系统，因为形成了较为复杂的风格流派，所以称之为“流派印”。在这两个系统之间，还有其他多种材质印章存在，譬如有金、银、玉、玛瑙、水晶、黄铜、竹、角、木等各种材质，这些材质印章的数量少，在印学史上不占有主流地位，本文忽略不计。

战国、秦、汉时期的青铜印章，从内容上可以分为三种：

图 1　战国　“司寇之鈢”印

图 2　秦　“曲阳左尉”印

图 3　汉　“广汉大将军章”印

1. 官印。官印上面的文字是各级官职名称（图1至图3）。官印主要是由中央政府颁发给各级官员，作为官阶职权的凭证，所谓“认印不认人”。

2. 私印。私印上面的文字是印章主人的姓名（图4）。

图4 汉 “牛武之印”印

3. 其他内容。私印中的其他非姓名内容，譬如吉语印、肖形印等（图5）。

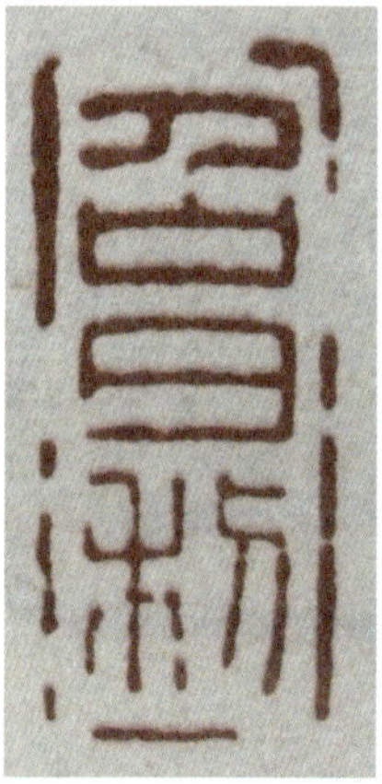

图5 汉“召日利”（吉语印）

我们主要讨论前两种。

古玺印中的私印在民间流传很多，但是收藏价值较低，因为毕竟是一方私人用印，所负载的内涵较少，除了搞篆刻的人愿意收藏以外，一般古玺印收藏者只是适当收藏几方即可。官印，是古今古玺印收藏者梦寐以求的藏品，按照官印的用途划分，可以分为两种：

1. 中央政府颁发的实用官印。印面上的文字与受印者的官职相对应，譬如三国时期的关羽，朝廷封他的官职是“亭侯”，管辖的地域是汉寿县（今湖南省常德市东），那么中央政府颁发给他的青铜官印的印文就是“汉寿亭侯”。受印者的官职有了升降变更，或者该人死亡之后，原来颁发的官印必须上缴回有司，不得私自存留。正是这个原因，导致了后世很少有国家颁发的高级官员的实用官印流传。而传世较多的实用官印，反而是中、低级军官。因为高官身份的变迁不外官职的升降或死亡两种情况，都不影响官印的正常上缴，所以不会在民间有流传；而中低级军官，尤其是武将，身上带着官印厮杀疆场，战死后连同尸体一起埋入地下，所以真正国家颁发的官印的发现一般不大可能在墓里，多是在郊野的土层下面。

2. 殉葬的冥印。官僚死后，按照规定要把原有的官印上缴，为了对逝者有个交代，国家允许家属按照逝者生前使用的官印另行制造一方以殉葬。在汉墓里出土的青铜官印，绝大多数都是这种冥印。大多数冥印的印文制作粗糙，艺术性不高，一般不被古玺印收藏家看重；而少数冥印的铸造、凿刻非常精细，具备了很高的艺术特性，是汉印中的精品。图 6 是一方标准的汉印，无论篆法还是章法，都是汉印的精品；而图 7 很明显非常粗糙，只能为篆刻者提供一种篆法风格，收藏价值偏低。

因为汉印是一种专业性很强的收藏品，一般收藏爱好者多不涉足。明清以来，大多数汉印都集中在很少数的一部分人手里，譬如在晚清时期，山东潍坊的大收藏家陈介祺，仅一人就收藏有六千多方古玺印，号称“万印楼”。估计在所有出土或未出土的存世战汉古玺印中，六千多方肯定占有相当的份额。从明代开始，收藏古玺印的人逐渐多了起来。到了清代，利用家藏古玺印出版的各家印谱五花八门，品种繁多，显示出一时古玺印收藏的热度，在学术和收藏界产生影响最大的，就是清末收藏人家陈介祺以他所藏古玺印钤拓的《十钟山房印举》。随着时间的斗转星移、社会结构不断发生巨变，经过了民国至今，现在大部分传世的古玺印都保存在国有机构中，因而彻底断绝了这批古玺印进入交易渠道流通的可能，少数人手里只能维

图 6　汉　“校司马印”印

图 7　汉　“长沙丞相”印

持较少的一部分。所以尽管古玺印看起来很稀罕，其实总体数量并不少，只是形成了一种畸形的收藏格局罢了，但是没有数量上的消失。

而明清时期的流派印章则不同。明清时期的流派印，是这两个时代的文人篆刻家在石质章料上自篆自刻的印章，他们所用的石材最常见的有两种：一是福建的寿山石；二是浙江的青田石。其他的石头均不适合篆刻。明清时期的流派印章有一个特点，就是很难穿越四五百年的时空而流传至今，那时的篆刻作品并不能被后世人们像对待古玺印一样珍藏保护，很有可能流传途中，或者刻印未久就遭到了更替性的破坏。原因有二：一是现在有名的一些明清时期的篆刻家，在他们生活的时代未必同样享有大名，所以，他们篆刻的印章没有得到时人的重视；二是当时的石材运输成本很高，从福建、浙江运到北京，千山万水，非常困难。高昂的运输成本必然导致了时人使用石质印章的吝啬，一般都是磨旧以刻新，除了篆刻名气很大的篆刻家比如文彭、何震、丁敬、邓石如、吴让之、赵之谦等人的作品被人珍惜、保存以外，一般的印面都会根据所有者的需要把原印面磨掉，再刻上新的内容。譬如一方寿山石的章料，最早在明代就被人篆刻成章，到了清代、民国甚至现代，经历了多次刻了磨、磨了刻的更替循环往复，现在我们看到剩余的章料还是明代的那块儿寿山石，可是印面文字早就不是明代人的篆刻，有可能换成了现代的张三李四。古玺印是青铜质的，只要不入炉熔化，就会长期地完整保存下去，不会有什么形态上的改变，这就是古玺印虽少，但是存世量相对稳定的原因；而明清流派印虽说曾经有过无数的篆刻作品出现，可是绝大多数印面被随时磨掉更新。这就是早期流派印章能保留至今，数量要比战汉古玺印更加稀少的原因。

说实话，现在只要有钱，收藏一方战汉时期的官印并不困难；但是想淘换一方明代或者清早期的流派印章，钱的力量往往不行，更重要的还要有运气。这种年份的流派印章能够看到实物都非常困难，更遑论收藏。我在逛地摊、古玩店的时候，非常注意有年份的老石材质印章，注意印面的文字，发现绝大多数都是民国时期的篆刻，文字也都是些人名，除了对那块儿石头感兴趣，印章的收藏没有什么意思。真有不少人搞了一辈子篆刻，也没有见过一方明清印章真品，这绝不是危言耸听。

运气总是这样捉弄人，我就瞎猫碰死耗子般地赶上了一方。

有一次我逛北京琉璃厂东街，走进一家很少的小古玩店，看见柜台里杂乱地放着旧货，有各朝的制钱、象牙、小玉件、料器、掐丝珐琅、铜烟袋嘴儿等，满满当当地堆在那儿。我不动声色不动手，站在那隔着柜台玻璃一件一件观察，看见里面有一方石头印章（图 8），我请店主帮我拿出来，也没有多看就马上问价，店主没顾上犹豫就告诉我要 100 块。我也没犹豫，掏出 80 块钱就把印攥到了手里，全过程大概不超过 3 分钟。

我之所以这样果断地买下，是因为我透过柜台玻璃看到这方印表面包浆很厚实，判断必定是方老印，心理价位在三百块钱以内。如果拿出来后我反复观察，最后决定买下，就会引起老板的警觉，开价也可能是五百、八百，随他信口一说。这方印究竟值多少钱我至今不清楚，但确实是方年份好的寿山石印，我相信捡到了一个不大不小的漏。

为什么我自信捡了一个漏呢？从印石的外部特征上看，这方印的材质从内向外透着苍老的气息，整体颜色被厚厚的包浆包裹，推测应该是一方传世年代久远的老寿山芙蓉石。

这方印的印面尺寸是 1.5 厘米 ×1.6 厘米，算是一方不大的小印。从印文所表现出的时代气息上可以判断，这方印应该篆刻于清代康熙年间，因为虽然没有边款，

图 8　清早期“一日思君十二时”寿山石印章

刀法、篆法也都乏善可陈，可是印面（图 9）所保留的时代风格与清代康熙时期的篆刻家童昌龄很近似。通过与童昌龄的印蜕（图 10）相对比，可以看出两方印的刀法、篆法风格基本上属于同一时代的如皋派，只是刀法显然不如童昌龄，表现出的是篆刻技法上的稚嫩。

本藏的这方清早期流派印章，篆法表现出战国鉨印的影响还没有彻底消退，譬如“思”字下面“心”（图 11）的篆法就是在战国鉨印写法的字形（图 12）上稍加变形，整体上还带有强烈的战国古鉨的味道。

从印章存世量角度看，本藏印章的稀有程度所携带的收藏价值，应该超越了一般等级的汉代青铜官印，这是它存世量的稀有所决定的，就像我们收藏和欣赏古鉨印一样，印面本身篆刻艺术的高低已经不再重要，它自身的价值已经体现出来了。

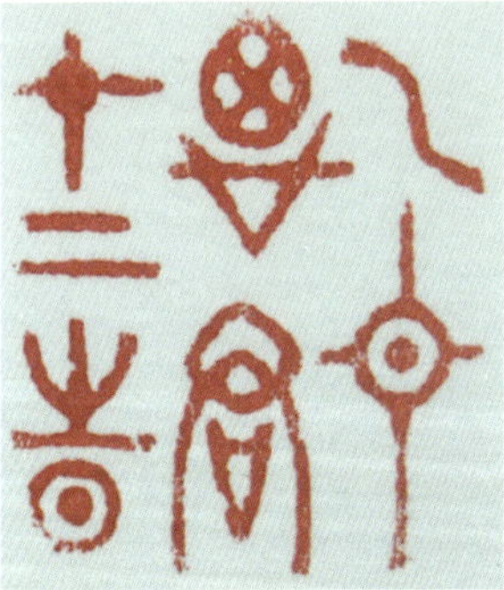

图 9　清早期　“一日思君十二时”印蜕

图 10　清　童昌龄“柴门老树村”印蜕

图 11　“思”字

图 12　战国　“孙忌”印

从书画帮手谈到砚铭的鉴定

古今书画的收藏无一例外，都得有两个方面的讲究：第一，藏品一定得真，仿品再好也不成。现在流传的很多古代书画包括一些博物馆里的馆藏品，不乏晚清、民国时期的仿品，比如“后门造儿”、“苏州片儿”等。谢稚柳、徐邦达是当代古书画鉴定的南北两大权舆人物，若干年前还不是因为一幅高价位的石涛山水画拍品是否为张大千所仿，二老的意见截然相左而彼此伤了和气，笔讼你来我往，忙得不亦乐乎；第二，藏品的传承最好有绪，尤其是一件重量级的藏品，比如中国最早的名家传世墨迹陆机的《平复帖》，一定要出身名门，而且有清楚的来龙去脉记录，如果旱地拔葱一样蓦然冒出一件晋唐名家的书画，恐怕谁都有点含糊。至于一般古代书画藏品无题无跋，缺少传承脉络，有时倒也是美中不足的一点遗憾。这里又涉及两个问题：

1. 什么叫“传承有绪”？有很多人把“绪”字写成了“序”，是不对的。“绪”，《说文解字》解释为：“丝耑也”，就是茧上蚕丝的头儿；“序”字《说文解字》的解释是：“东西墙也”，本意是指一间正房的东、西两面墙，后来引申为次序、顺序。对于一件古代书画藏品而言，“传承有绪”，就是指历史上对该藏品的收藏、鉴赏、鉴定等过程，能在画面上留下准确、清晰的由来痕迹记录。这些历史信息的堆积可以帮助后来的收藏者、鉴定者完成对藏品所经历的历史回顾，从而能够准确地为藏品自身价值的判断提供重要的旁证依据。

2. 怎样才能证明“传承有绪”？口说无凭，主要是留在藏品上面的三种记录：

（1）书画家的款识及印鉴。书画家的落款、盖章和题写的上款，记录着作品的作者是谁，为谁书画和书画的时间，这是最重要的藏品考据证据。

（2）历代收藏者的题跋和收藏印。在比较重要的古代书画作品上，所有的收藏家都愿意以边跋的形式记录收藏经过，同时钤盖上自己的收藏印章，以表示此物曾经属于自己，也希望传诸后世，子孙永保。

（3）历代鉴定者的跋语和鉴定印。这是用来证明该藏品的真实性和艺术价值。大凡古代重要书画的收藏者，都要延请当时著名的书画家观赏、鉴定，并题跋钤印以证。可是，古代书画上面的跋语都具有很大的片面性，不可全信。按照人之常情，如果鉴定者认为是真迹，一定乐于题跋；如果以为不真，一般不在画面上留下自己的意见。所以古代凡是带有题跋的书画，鉴定意见一定是一面倒，这就是古代书画上面题跋的片面性所在。现在的老一代书画鉴定家比如启功、史树青、谢稚柳、徐邦达等先生，在人情难却的条件下，对赝品只题“某某敬观”的“观款”，不言真伪，实际上已经表明了他们的鉴定结果，对这种带有观款的古代书画，需要格外注意。

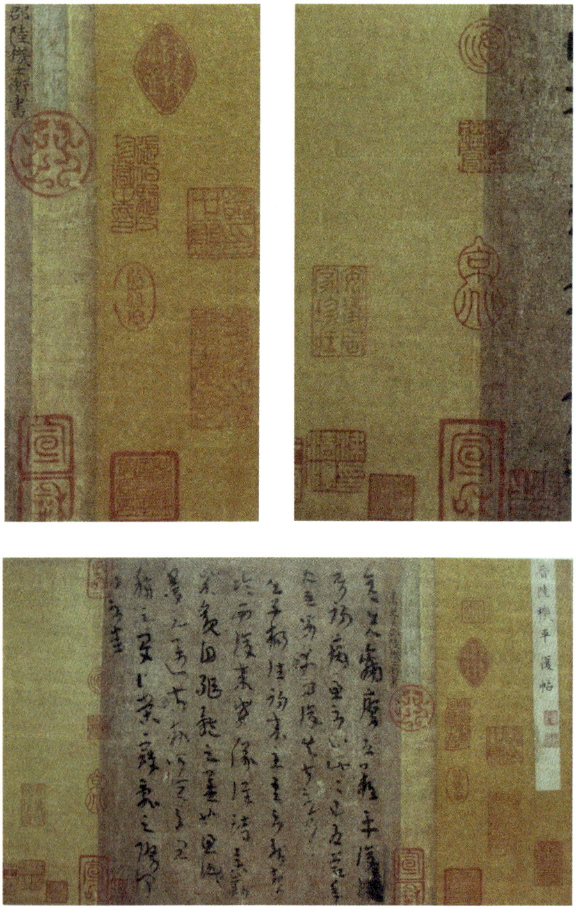

图 1　晋　陆机《平复帖》及局部

书画家本人的款识是鉴定作品最直接，也是最重要的依据；收藏者和鉴定者跋语、印章的堆积，是藏品流传路径唯一的原始记录，而对于真伪的甄别反倒显得不那么重要。收藏界把这些书画家款识以外的各种考据俗称为“帮手”。我们可以以张伯驹先生捐献的《平复帖》为例，看看藏品流传的路径。（图 1）

图 1 是中国最早的书法作品、西晋时期陆机的《平复帖》真迹，原藏品上面钤盖了历代收藏者的收藏印章，比如：

宋代的“政和”“宣和”（宋徽宗）。

明代的“韩世能印”、“韩逢喜书画印”、“张丑之印”。

清代的“诒晋斋”（成亲王）、“皇十一子永瑆鉴赏古书真迹珍藏之印（成亲王）”、“安岐之印”、“梁清标印”、“曼陀罗室（陈鸿寿）”。

民国的“心畬居士溥儒珍藏”、“张伯驹父珍藏之印”。

其中张伯驹就是《平复帖》私人收藏的终结者。

通过对上面收藏章的缕析，我们可以知道这件藏品在宋代因为有宋徽宗的两方小印，可以判断曾为宫廷所藏；元、明两代没有朝廷收藏印，只有民间收藏家的印章，可以认为这两个时期藏品流入民间；清代经安岐、梁清标等民间收藏家的收藏后出现了乾隆第十一子成亲王的收藏印，说明清代乾隆时期此件藏品再次成为宫藏品，而民国时期又再次从宣统皇帝的堂兄溥心畬手里流入民间，到了张伯驹手里。这样十分清晰的藏品流传路径记录，所依靠的就是历代收藏者钤盖的收藏印，以及各朝鉴定者的题跋、记录（图 2、图 3 、图 4）。

正是因为书画家、收藏者、鉴赏者在藏品上留下的款识、题跋、印章如此重要，所以历代古董商始终在这方面不遗余力地动心思、做手脚，经常使用的障眼法就是“乾

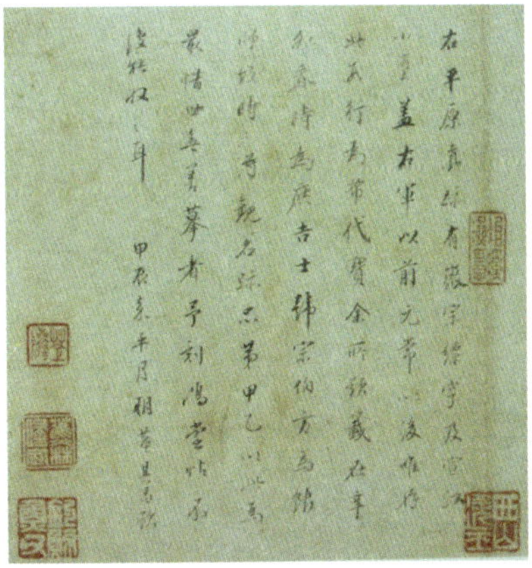

图 2　明　董其昌跋语

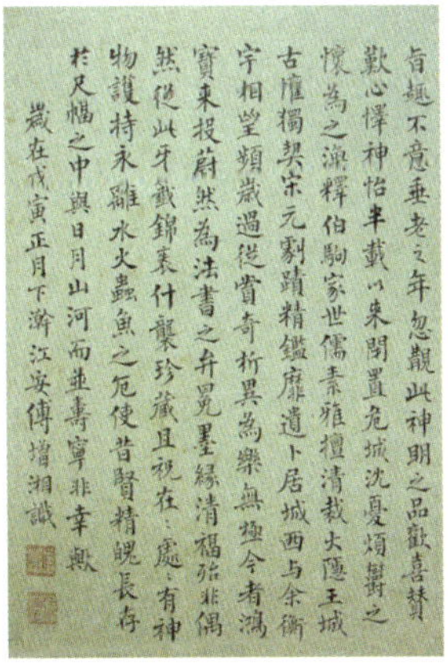

图 3　近代　傅增湘跋语

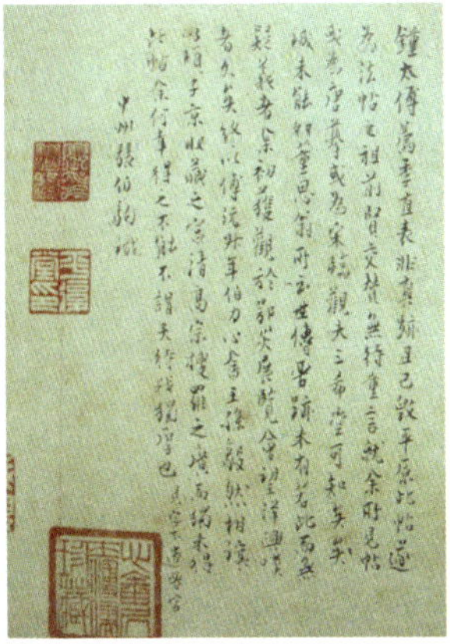

图 4　近代　张伯驹跋语

坤大挪移”，比如把画家的款识从画面上裁割下来拼接在假画上，而真画的上面又题上假款识；把历代观画的题跋、鉴定印章与真迹割开而与赝品合裱在一起，形成了“真画假题”或“假画真题”。真款识、真题跋一旦天衣无缝地被拼接在赝品上面，就会产生极大的欺骗性，很难识破。即使一些富有实战经验的鉴定人员，也极有可能会形成错误判断，整个鉴定过程绝对如履薄冰，眼力稍差一点就会掉进冰窟窿里死无葬身之地。在鉴定的实际操作中，款识、题跋、印章有时挺给力，足以让真迹锦上再添花；可闹不好也容易掣肘，甚至助纣为虐。所以，一个真正有水平的鉴定者，他的鉴定意见主要来自于对藏品本身的观察，不受款识等因素的影响；而一般人对藏品的认识，则主要来源于款识、题跋等“帮手”的帮助。

在古代书画的鉴定过程中，“帮手”经常会使一些涉世不深的鉴定者、收藏者产生鉴定心理上的某种依赖，很容易简单地把书画家的款识和前人的鉴定结果作为唯一的判断依据。我们姑且不讲这种借力鉴定是否合理，至少在其他收藏品类中，像这样套用对帮手的倚重来证明藏品的某种传承和身份，那绝对是非常危险的做法。

在非书画类的其他收藏品中，有两种藏品上面的款识绝对不真：一是宣德铜炉。凡是炉底上赫然写着“大明宣德年制”年款的铜香炉，北京故宫明代遗留下的原藏品如何我们不敢说，包括所有北京故宫旧藏和经过征集获得的铜炉在内，没有一个是真的明代宣德年间铸造的铜炉，因为到目前为止，还没有经过研究确认明代宣德炉的标准器是什么样子；二是玉子冈（子刚）牌。古代玉匠琢玉基本上不落款，所以带有款识的玉器非常少见，可不像现在多如过江之鲫的所谓“工艺大师”，动辄都要在作品上琢上自己的姓名，为的是仗着名号多卖俩钱儿。陆子冈是明晚期的一位著名的琢玉匠，所见款识只有北京故宫宫内原藏的一件青玉方壶（图 5），在壶盖的纽座底面，琢刻着“子冈”两个字落款。由于盖、纽始终被黏合在一起，这个落款一直没有被发现。直到有一天盖纽从盖上脱落，才发现纽座下面刻着“子冈”两个字（图 6）。这个盖纽落款就是“子冈款”的标准器。对照那些包括具有明代风格的子冈牌上面的“子冈（子刚）”款，都与标准器有区别，说明带有明代琢玉风格的子冈牌都不是真的出自陆子冈之手，而上面带有额头的四六牌那是清代的玉牌子形制风格，陆子冈早死多少年了，跟他一点关系都没有。

书画的款识之所以相对标准，是因为书画家的书写动作在一段时间内是相对固定的，所用的毛笔与纸之间的关系也很固定，所以款识书写的风格特征相对稳定易辨。除了书画以外，其他任何工艺品上面的款识，都因款识琢刻工艺的复杂而不具有标准性。这是书画与其他任何藏品之间关于款识识别的区别。

图5 明 青玉方壶
（北京故宫博物院藏）

问题是，现在有更多的收藏者对其他类别收藏品上出现的款识，仍然怀有与书画相同的款识依赖心理，宁愿相信上面的款识是真的。比如收藏铜手炉，只要看见镌有“张鸣岐”的凿款就认为是真张鸣岐的作品，而一些鉴定人员又往往简单地把手炉中做工精细、开合手感好等一切制作优点都集中在张鸣岐一人身上。其实，张鸣岐的手炉虽好，但绝对达不到天下唯我独尊、鹤立鸡群那样的登顶境界。在民间，比张鸣岐手炉制作更好、更精美的肯定存在，只是工匠的名气不如张鸣岐大，卖不过张鸣岐，所以在手炉上寄托张鸣岐的名款。就像近代著名画家陈少梅，他在47岁时就去世了。热炒中的价位很高，导致了赝品的泛滥。其实陈少梅作品的韵味很“薄”，基本上就是灵气的支撑，艺术上距离炉火纯青还差得很远很远。现在不少高仿陈少梅，水平都高于真迹，只是造假人的名号不亮，卖不上高价，落上“陈云彰”的款就可卖大价钱。这就是款识鉴定中隐含的一些不确定因素。

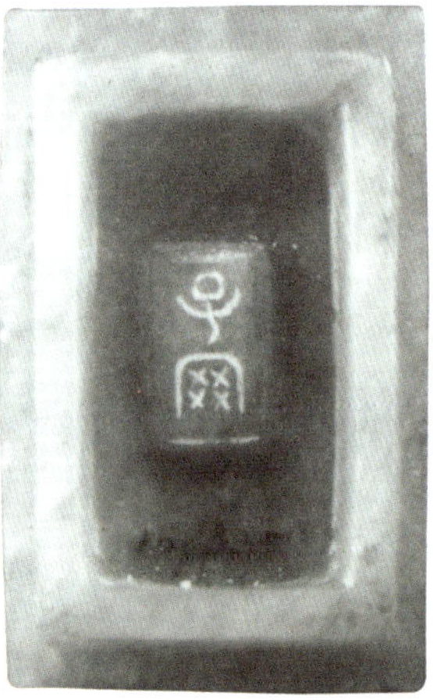

图6 纽座下的“子冈”款

而对砚台的鉴定更是如此。

砚台上面镌刻的字称为“砚铭”，可以分为两种：

1. 制砚工匠的姓名款识，相当于现在的注册商标，比如著名的砚工款有顾二娘、陈端友、梁仪、汪复庆等。理论上讲，砚工款相对简单易辨，因为这种款识是砚工个人的专款专刻，常年不变就这两三个字，结体、用刀等镌刻因素相对固定，变化较小。在鉴定过程中只要熟悉某砚工标准款识的书写镌刻特征，一般不会出现明显的鉴定纰漏。比如我们可以仔细观察并牢记国内一些大型博物馆展出的带有砚工款的砚台，可以作为标准器在鉴定中对比使用。可最大的问题在于我们一般人没有机会对这些大博物馆的藏砚作近距离的观察、确认，当谁也无法固定哪种款识为鉴定标准时，那么有关这个砚工款识的鉴定标准就会出现各自为政的紊乱，现在民间流通的镌有“顾二娘”名款的砚台数不胜数，只要不吹牛，谁都不敢掉以轻心。

2. 镌刻在砚墙、砚底上有关使用者或者收藏者的名款，以及对砚台流传由来等内容记录的砚铭。名款多集中在朱彝尊、纪晓岚、黄小松等几位历史上著名的藏砚名人身上，甚至还有刻着苏东坡、米芾、严嵩等人名字的劣质破砚台。

鉴定砚铭的真伪，其复杂程度绝对要超过对书画真伪的鉴定，因为书画鉴定自有其固定的标准，比如鉴定一幅齐白石八十岁的作品，只要对创作这幅画时齐白石的风格比较熟悉，就能够完成鉴定。问题是对于绝大多数收藏者来说，不可能对某个画家熟悉到这个程度，所以术业有专攻，只有鉴定齐白石的专门人员才能胜得此任。而鉴定一方砚铭，不管是谁，都一样缺乏可供对比的标准砚铭。比如几年前，北京有一位朋友，花几万块钱买了一方带有“画禅室”砚铭的端砚，上下有很讲究的紫檀天地盖儿，请我帮忙看看。“画禅室”那还了得！是明末大书画家董其昌的斋号，这三个字带有浓郁的董其昌书法味道，但是坐下来细审，就感觉出刀法不像有功力的人刊刻，推想大概有两个可能同时存在：一是由董其昌亲自书丹，再请砚工镌刻。由于砚工不谙书法，所以镌刻后走了神气，就像一位不懂书法的人搞篆刻一样，印面经营得再好，也跟图章铺里刻的“戳子”一个味儿，就是“戳子”而不是“篆刻”。如果是这样，那么这方砚台就是出身于董其昌名门望族，“画禅室”款是真的；二是也可能这方砚跟董其昌一点关系也没有，是好事者或古董商把董其昌在书画作品上的落款摹下来后，再描到砚台上镌刻的。这种事情也经常有，如果是这样，那么这方砚铭就是假的。好多年前，我在一个拍卖公司的预展上，见过同时陈列着几十把名人书画的紫砂壶，每把壶上都有中国清代以后至今书画大名家的连书带画，郑板桥、蒋介石、于右任、陈立夫、张大千、傅抱石等应有尽有，很明显都是从其他作品上摹刻下来的，对于紫砂壶来说，上面的书画都是赝品。

这方“画禅室”款砚台的鉴定难点，就在于我们缺少在这两种可能中选择一种的理由支持。除非有朝一日，我们发现并发掘了董其昌的墓葬，里面出土了一方带有“画禅室”铭文的砚台，这样也许可以为我们提供可资参照的标准器。即使那样又会出现另一个问题，就像一个不会篆刻的书画家，他的用印很有可能先后出自多个篆刻家之手一样，如果董其昌不会铁笔镌刻，那么假如他有十方带有铭文的砚台，很有可能会是不同人镌刻的结果，砚铭的字里行间会携带有不同的表现风格。砚与砚主人之间的关系是肯定的，可是砚铭的镌刻风格却是各异，那么鉴定的标准样式还是没有办法解决。这就是砚铭鉴定中真伪的不确定性。

在砚铭的鉴定中，有这样 3 点相关心得：

1. 在砚台上镌刻铭文，属于个别文人的一种偏好，并不是所有文人都喜欢这样。所以在鉴定的实际操作中，对于有些刻有耳熟能详的大名头砚铭，就应该格外注意，极有可能是寄托款。比如我见过一方料头宽大厚重的麻子坑一字砚，砚底镌有一首行书五言绝句，落款：“天池道人”。字体潦草而少章法，不像是出自一位明代大书法家之手。同时，还有两点可以证明砚铭不真，一是明代大书画家徐渭生前几乎是穷困潦倒、烦事缠身，既没有闲钱购置这样的好砚台，更没有闲心镌刻砚铭遣兴；二是麻子坑是清代才出现的坑口，明代没有这种材质。所以这方砚台材质的好坏先放一边，肯定与明代的徐渭无关，砚铭是寄托的，也就是假的。

2. 一方砚台材质的优劣与有没有砚铭没有必然的关系。当然，质地太低劣的砚台一般不会有书法水平稍高一点的名人砚铭，如果有也是低级的伪砚铭，骗不了谁。当下走红的很多古代文人，在他们生活的那个年代里未必个个都是挥金如土的富翁，很多人生活贫穷、衣食无着，甚至死无葬身之地。典型的就是晚清重要的文人画家、生前与吴昌硕齐名的海派画家蒲华，据说他去世时没剩下多余的财产，还是老朋友吴昌硕筹资为他办理的后事。更多书画家的作品只是受到现代人的喝彩，而当时的生活困顿，境遇堪比荷兰画家凡·高。所以，在材质一般（但不是低劣）甚至偏低一些的砚台上面出现某些名家款识，有时反倒正常。鉴定砚铭真伪的关键，在于鉴定者对砚铭书法的欣赏与判断。我认为，一方带有名人砚铭的砚台，材质未必一定是贵重的老坑大西洞、坑仔岩，但是砚铭的书法一定是唯美的，以古代名人的文化修养，既可以自书自刻，也可以书写后请他的朋友铁笔捉刀，但是绝不可能让一个粗通文墨的人在他的砚台上随便糊涂乱刻。我的朋友有一方家传几代的端砚（图 7），材质中等偏上，镌刻在砚墙上的砚铭是“乾隆庄有恭家藏”七个字（图 8），另一面砚墙刻有“石桥”印章铭（图 9）。经查：庄有恭（1713 ~ 1767），字容可，号滋圃。祖籍福建晋江，后徙居广东番禺。乾隆四年（1739）因廷试第一而被钦点状元，累官至江苏、福建巡抚、刑部尚书。据史载，庄有恭为官清正，勤政爱民，有很好的清廉口碑，现在广东仍有很大的影响。这方砚台尽管出自这样一位状元的府中，但是从材质上看，完全符合历史对他官誉的评价。因此可以断定，这方砚的出身是庄有恭案上文房应该没有问题。另外，砚墙上的七字砚铭“庄有恭家藏”书法出入唐代的虞世南，同时镌刻者也明显是一位谙熟于书法的大家，他用刀爽利、准确，每一刀都能刻到笔画最恰当的位置，圆转自如，方折劲挺，是我所见到的所有砚铭中最具功力的七个字。而且，观察字的刀口同样带有与表面相同的包浆，无论从哪

图 7　清　庄有恭家藏款端砚

图 9　清　庄有恭家藏款端砚“石桥”印

图 8　清　庄有恭家藏款端砚砚铭

图 10　明万历　云鹤纹端砚

图 11　明万历　云鹤纹端砚砚额

图 12　明万历　云鹤纹端砚砚铭

个角度观察，都可以确定砚铭是真的。

3. 砚铭也是砚台收藏的一个重要组成部分，有时通过对冷名头砚铭的分析，能判断出砚台的年代。比如北京收藏家卢明先生收藏一方端砚（图 10），砚额雕有云鹤松枝纹，有明嘉靖以后道教工艺品的味道。从雕饰的刀法上看，符合清早期或者明晚期的特征（图 11）。砚底的铭文上书："朱正和珍藏　大明万历贰年"（图 12）。铭文的镌刻极具功力，刀法非常精彩，而书法也属一流，书丹镌刻肯定是一人所为，一般制砚工匠没有这样的修为，入刀更老辣、凶狠，每刀都直接杀到肉里，毫不含糊，带有十足的铁笔书写的味道。这样漂亮的砚铭本身就是艺术精品，无须寄托大名头，所以可以判断应该是明代万历年间的砚台，而不是后人的制作。

砚台的收藏其实很好玩儿，也比较简单，与收藏玉器一样，入门的关键是要认识材质，进而认识石品，从市场价值来说，只要材质好、带有讲究的石品比如端砚的蕉叶白、鱼脑冻、朱砂钉；歙砚的眉子纹、金星、刷丝罗纹等，不管时代如何，都能值个好价钱。可是如果纯粹从文人把玩儿欣赏的角度来看，还是收藏有年份、有历史、有传承的老砚台，材质的好与不好那是另一个玩儿的课题，如果上面镌刻有书法、刀工俱佳的砚铭，也是把玩儿一生的长久之物。我和朋友在一起聊砚台的时候，有人不同意我这个观点，认为砚台，主要玩儿的是石质、石品，千变万化才有意思；我则以为，石质、石品是大自然一成不变的造化，一方砚台再好，说到底就是一块儿石头。与和田玉、寿山石、青田石、巴林石乃至雨花石、大理石相比，端石、歙石在大自然当中都远远算不上一流的美石，只有经过了文人因素的赋予，制成了砚台、在上面镌刻了铭文，才在这块儿石头上增加了其他再美的石头也不具备的人文情愫，才美，才有它的价值。所以，砚台的铭文才是这块儿石头片儿的灵魂！

关于仰韶文化橄榄形陶罐、罐座及其他

以前曾经看过一档电视节目，节目的主要内容是主持人与考古学界的一位某嘉宾一起介绍史前橄榄形陶罐（包括小直径的陶瓶）。我藏有两件这一时期的彩陶罐，所以对这个话题很感兴趣，就注意了。

先是由主持人讲，仰韶文化时期的橄榄形陶罐原来都被视为汲水器（图 1、图 2），后来当真有人做了实物实验，发现小口、尖底、大肚的罐子并不适合在河里汲水。道理很简单：第一，小口不便于将罐子里的空气排出，水也就不能顺利地置换进来；第二，当陶罐在水面处于平置状态（漂浮）时，那些置换进来的水就会与外界同出一个水平高度，这样就不能使罐体在水中正向直立，也就不能使陶罐迅速调整方向下沉充满，因此橄榄形陶罐最多只能盛半罐水。这个节目的成功之处在于，告诉我们通过实验否定了橄榄形陶罐是汲水器这样一个传统的主流猜测。如果节目就此打住，这档节目做得科学而有说服力，恰到好处。问题是没有就此打住，后面话题的问答就有些戏谑性了。

主持人先是设问了一个问题：这种橄榄形陶罐既然不是为了汲水所用，为什么还要很费周折地制作成两头尖、中间鼓的橄榄形呢？随后主持人很郑重而认真地自答，说之所以做成这样的造型，是为了便于背着运输。

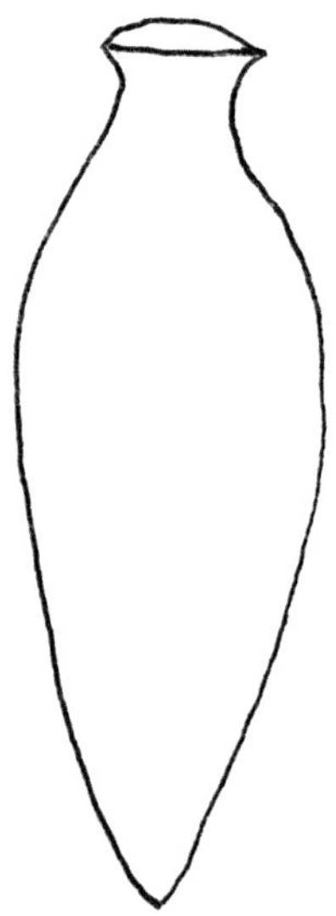

图 1　仰韶文化 庙底沟出土橄榄形罐图

图 2 马家窑文化 出土彩陶罐

这个回答也是另一种主流猜测，可以在不少有关的书中见到，但显然是一个不合情理的臆说。因为我们不能还原古代器物生产和使用的历史环境，所以对于史前许多出土器物的实际用途我们并不了解，有些器物的出土位置比较固定，我们尚可以据此来判断、猜测它的作用和名称，譬如红山文化时期的马蹄形玉箍，它的出土位置经常是在死者的后脑部，我们可以根据这一位置特点推测极有可能是当时的发箍，但仍不能判断是冥器还是逝者生前使用的玉发饰。目前发掘出来的更多器物的使用规律现在还不清楚，这些都最好避开用途暂且不论。即使可以对一些器物的用途进行猜测推衍，那么至少也要符合现代人最基本的行为常规，而不能天马行空地肆意演绎。就以橄榄形陶罐来说，人的后背负载是有基本规律的，很多人未必注意归纳，但都有相同的感觉：凡是需要背（bèi）背（bēi）的东西，与人的脊背接触面积越大越舒服，越小越硌得慌，譬如在同等重量的条件下，背一袋面粉就比背一袋核桃舒服；背一袋核桃又比背一袋西瓜舒服，因为一袋面与人的脊背是整体的面接触，而一袋核桃则是若干个点的接触；再譬如野战部队的炊事班在行军中，凡是背铁锅的人都是让锅沿一面贴在后背上，从来没有见过有谁反过来，把锅底顶在后脊梁骨这样的背法。同理，能把陶罐设计成相对复杂橄榄形的史前先民们，他们体力劳作的时间和强度远高于现代人，因此对于劳动工具改善的内容往往也是多元的，而其中提高劳作的舒适程度、减轻由于劳作工具的不适而引起身体的痛苦一定是非常重要的一项。他们在改善和使用劳作工具方面的智商绝不会低于我们现代人，从某种意义上来看，可能还要更高一些。相信任何一点由于劳作工具的不合理所带给他们的痛楚，都会比我们对工具的不适应更刻骨铭心。所以我坚信，先民一定不会把这种耗费更多工时才能制成的橄榄形陶罐背在背上负重。

主持人重复的已有主流猜测是不合理的。

对于主持人的这种与常理相悖的猜测，我以为大可不必当真，因为主持人尽管没有事先做足功课，没有多问几个为什么，但是我们仍然可以原谅他在这方面的不专业，术业有专攻，我们只当是平添了一道茶余饭后的消食茶点罢了；而对于作为考古界嘉宾的某先生的讲话，就不能不认真了。因为他是这个方面的专门研究人员，他是在从专业的角度普及一门一般人并不熟悉的科学，所以我以为他的专业地位决定了他的话语权，同时也决定了话语权的分量。

不管这种橄榄形陶罐的制作初衷是什么，都有一个更直白也更专业的问题不可回避，那就是这样的陶罐应该怎样稳定地放置。陶罐所容纳的肯定是非固体的流质物，这就需要正向立置，而圆锥形底部肯定不能立置，至少不能稳定地立置。那么，先民怎样厝置呢？这位嘉宾从专业的角度讲了他的研究成果。他认为，这样两头尖尖的橄榄形陶罐一定是放置在一个木墩上，而在这个木墩上一定挖有一个与陶罐底部锥度相适合的锥形凹槽，这样，罐子就会稳置了。他同时又说，至于用木墩子挖的罐座之所以至今不见发掘出土，那是因为木头质地容易腐烂，不可能像陶罐那样保存几千年。

如果主持人重复前人的猜测因为不专业而显得有些可笑的话，那么考古专业的嘉宾的讲解，我们就要怀疑他的专业水平了。

尽人皆知，史前的仰韶文化时期还处在石器时代，没有金属利器，要想用即使是经过磨制的如石锛、石斧之类石质刃具，在相对坚硬的木墩子平面上挖出一个直径小（与罐体直径相符合，不能大了）、而又有一定深度和锥度的凹槽来，那绝对是先民不可能完成的作业。譬如我们植树，要挖成一个直径、深度均是 1 米的树坑，尽管劳动强度大，但还比较容易操作，一把铁锹就成；如果要挖成 20 厘米直径、1 米深的像烟囱那样的细长深坑，就是智慧多多的现代人，光凭这一把铁锹无论如何是不行的。同样，在没有金属钻、凿的参与下，我实在想不明白如何让仰韶时期的先民掏成这个带有一定的锥度、直径又小又深的木头窟窿。如果嘉宾要想让我们对他的说法信以为真，就必须拿出出土的实物作为支持；如果考古出身的嘉宾以上述木头容易腐烂为理由拒绝了有出土器出现的可能，那么你的猜想必须要合情合理、符合可以实施的操作工艺；还有一个不用矫情的笨办法可以验证，那就是请嘉宾学学那个橄榄罐的汲水实验做法，用石质刃具自己先挖成这样一个木头座，看看一年之内能不能在较软的松木墩上面挖成一个这样尺寸的木头漏斗，等挖成了再公布成果也不迟，不成功也没关系，至少不会在大庭广众之下留下笑柄。

关于橄榄形陶罐如何竖置的猜想，并不是哥伦布竖鸡蛋那种依靠灵活的脑力激荡就能解决的简单智力题，对它的揭示必须以考古结果的参与说明为前提，否则无解。在没有出土器的参与下，五花八门的各种推测猜想都是“隔山买牛”，只是看哪种猜测更近于当时的社会环境、更趋于合情合理。一种比较令人信服的猜测，至少也要达到于情于理没有明显乖悖的自圆其说，可能未必准确，但是绝不至于滑稽。

因为史前橄榄形陶罐我也有收藏，所以有过一段时间的思考，我的看法是这样的：史前先民在半地下穴居中生活，没有桌椅箱柜，坛坛罐罐只能铺放在地上，很容易因为容器的重心过高或放置位置不稳而翻倒、损坏。我猜想有没有可能是先民把土地刨个直径、深度适当的坑，再把带有一定锥度的罐子卧下去。这样，罐子的重心就会接近地面，比较稳当了（图 3）。从仰韶、马家窑等史前文化的遗址出土陶器来看，他们生活所用的陶器按照器形可分为三种：第一种是底部面积大，三足岔开，具有较强的稳定性的器形，譬如鼎、鬲等；第二种是小口，大肚，尖底、细长的橄榄形

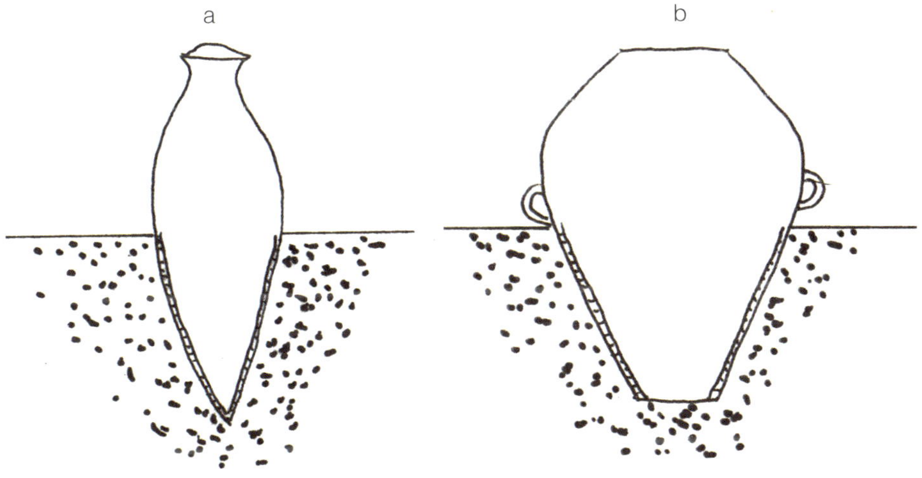

图 3 橄榄形罐放置示意

罐或瓶，最大直径在罐的中间或偏上部位；第三种是直径大、较为低矮的器形如盆、缸等，这类器形的口沿直通或外侈，近底部收缩呈倒梯形。第一种器形显然是用于加热食物的炊具，高足下面可以点火，用来将鼎、鬲里面的流质加热，所以设计三足高高叉立；第二种陶器是必须竖直栽入地下才能稳置的容器，不可能再有其他的稳置方法；而第三种陶器的直径大，相对稳定，所以既可以直接放在地上，又可以浅浅地栽在坑里。

如果我的猜测比较合理，那么有两个问题需要解释：

1. 为什么上述第二、三种陶罐的下部是圆锥形、倒梯形而不是圆柱形？

如果真的要把罐子的一部分栽进地下，那么就需要在地上刨一个有一定深度的坑，最简单、省力的坑形就是上大下小的圆锥形，估计陶罐底部的圆锥形是为了与坑形相吻合而设计的；同时由于是相对松软的土地，陶罐带有锥度的部分栽进坑里，即使锥度有些不符，只需稍稍用力左右转动研磨两下，两者就会结合得很严密，大概这就是陶罐锥形底部的设计因素之一吧。

2. 为什么陶罐的上部也呈圆锥体？

常见橄榄形陶罐基本上都具有一定高度，也可以称之为“陶瓶”，最大直径在中间。如果罐的上部不收缩，尽管下面的锥体部分埋在地下，其重心仍然不会有效地降低在地表附近，所以不能彻底解决由于不稳定而带来的放置危险。只有将陶罐的上部同样设计为圆锥体的造型，一旦罐的下部圆锥体栽进地下，罐中间的最大直径处就会接近地表，而与裸露的上部形成一个稳定的正三角形，安全问题解决了。

在古代器物的孑遗中，有些东西现在我们叫不出名字、看不懂用途，这都是再正常不过的事情了，有很多属于无证无解的，这并不能说明学问不到家。有些东西即使距离现在不太遥远，时过境迁之后的今天我们仍然搞不明白，有些东西的时代比较近，还能有迹可循；古代，尤其史前的东西，释读起来就没那么方便了。为了探索未知，提高收藏的兴趣，我们对于古代器物的用途、名称完全可以进行某些方面的探索和诠释，也可以做一些比较合理或能自圆其说的猜测，只是不要脱离了器物当时的使用环境和使用的基本规律，如果信马由缰地“天地玄黄”一通，就不免会闹出笑话。

凭什么说汉代梳妆台、玉凳是赝品

——由汉代玉凳引出的鉴定思维乱弹

2011年1月9日，北京某拍卖公司于“古玉雅集古代玉器专场拍卖会”上，以2.2亿元人民币落槌成交了一套汉代“青黄玉龙凤纹梳妆台与坐凳”，从而刷新了中国玉器拍卖的世界纪录。

图1　价值2.2亿元人民币的汉代玉梳妆台和玉凳

古往今来大凡热衷于收藏的人都本分谨慎，绝不愿意声张喧哗。一来收藏本属悠闲清雅之事，有三两同好品茗赏器已足矣，无须兴师动众；再者可免树大招风的梁上不测。所以收藏是社会上层有钱有闲人玩的高级游戏，却始终也没见到有多么高的社会关注被记载下来。

可是进入了21世纪的第11个年头，收藏界好像变得沸沸扬扬地不安分起来，把头顶上的臭氧层捅了个小窟窿，好事者都看热闹不嫌事大地翻动着网页，等着看一出出闹剧的幕启幕谢。其中最热闹的要数玉器一项，先是一套据说是旧片新缀的金缕玉衣被估价24个亿，几位享有厚望的文物鉴定权舆稀里糊涂地为他人裁缝出了一件能骗贷6个亿的皇帝新衣裳；接着又是汉代玉梳妆台、玉凳（以下简称“玉凳”）风波，这回不是估价，而是槌落有声地成交了2.2亿元（图1），沉寂了将近一年的舆论哗然井喷，来自于社会各方面的质疑没头没脑地倾泻下来，让人有点莫名其妙。

那套金缕玉衣想都不用想，就是个骗局。如果是真的，谁有这么大的胆子，盗挖了一座这么高规格的汉墓还敢如此执仗招摇，就不怕枪毙了他？据说从目鉴到估价，全过程竟然没有给老先生们提供一次零距离上手的机会，很明显是挖了个陷阱让老先生们往下跳，史树老、杨伯老这些老先生个个都是敦厚可亲的仁人长者，没有足以与可畏后生相抗衡的那些不上路的贼心眼，被推下陷阱虽说有点冤，却也没有什么好说的——毕竟不同于被绑了票。而那套汉代玉凳同样可以仿照追查谣言那样，捋着传递的线索一路刨到根儿，真假顷刻就会大白于天下。从鉴定技术上验看，凡是有一定鉴定高古玉经验的人，鉴定结果“对”与“不对”一般都不会有太大的偏离。可是为什么社会各界的各种论证（包括“挺”方）都显得那么苍白、那么说不到给力的点上，我想这大概还是与隔靴搔痒，没有从古器物鉴定的一般规律着眼有关。

这家拍卖公司拍卖的这套“汉代青黄玉龙凤纹化妆台、坐凳”的起拍价为1.8亿元，最终以2.2亿元落槌成交，刷新了中国玉器拍卖价格之最。按照常理推论，对这套天价拍品的真伪最关心的应该是买卖双方：卖方白纸黑字地标明“汉代”，按常规，拍卖公司对一般小额拍品可以不保证真伪，但像这样的天价拍品，如果被坐实确属赝品，那么很可能就不是简单的真假问题了；而买方一旦打眼，也可以立马彪炳汗青，做一个具有划时代标志意义的“大冤头”也不是没有可能。至于局外人，除了凑点热闹、加把柴火、看热闹不嫌事儿大之外，真假对于他们的利益无足轻重。假设这是一件汉代的玉礼器或者什么佩饰拍到了如此天价，那就绝对算是一包“猛料”了，极有可能引起收藏界一连串持续的汉代玉器的高价位动作，包括汉代玉器藏品的交易畸形与价格迅速地拉动。前几年的那件元代鬼谷下山青花大罐在香港成交后，不就把内地整个元青花的交易价格提升上去了么？然而，这套价值2.2亿元的收藏品恰恰对于一般收藏者或收藏家不具有任何实际的价格指导意义，无论是拍品还是成交价格都距离一般收藏者太遥远，除了隔岸观火以外，谁都不会真正往心里去。所以无论是鉴定当事人的信誓旦旦，还是其他各路人等的质疑，都没有引起太多人的业内人士，尤其是收藏者的反响。据网闻，有人已经不打自招承认了是玉凳的制造者，而举牌者之后又没有付款提货，顶多领牌的押金不要了，大概没有造成什么太大的经济损失，这出闹剧也就稀里糊涂地落幕了。

时过境迁之后再对玉凳真伪的讨论显然已经不具备实际的意义，但是从科学的立场来反刍这场风波就会发现，现在所能见到的各种质疑，并不能从鉴定特征上铁证玉凳就是赝品，所以在这里我想再请教一下，凭什么说这套玉凳是赝品？尽管网上消息说造假的人已经招了，可那不是我们所需要的鉴定结果。

据统计，公开指证玉凳是赝品的主要理由有三：

第一，有人认为汉代是低坐时代，史书上面没有有关凳子、椅子等高坐器的记载描写，所以这套高坐家具与史籍描写不合，可以就此判断玉凳为赝品。

我说，这不是理由。中国典籍记载与社会实际之间的关联往往是松散而写意的，尤其是汉代以前更是如此，譬如殷商王室的世袭状况表，在《史记》中的名称、排列就有多处不准确，王观堂（国维）、郭鼎堂（沫若）等前辈在20世纪初按照甲骨刻辞的顺序给予了勘定。如果我们以古代器物为起点，逆向考察典籍所相对应的记载，往往能发现地下出土器物与地上典籍不能相对应，所以王国维先生提出了研究历史必须采用地上典籍与地下出土物互证的双重证据法。根据双重证据法我们可以质疑：典籍上有记载的就一定真吗？现在遍地可见的玉器赝品如玉璧、玉璜、玉琮等，绝大多数都是见诸典籍记载的典型器形，但并不能改变这些赝品身份的事实；而典籍没有记载描写过的就一定没有其物吗？那也未必，玉器中的“玉璇玑”在各种史书上面就没有过明确的记载，还是清末收藏家吴大澂先生给起的名字，而我们却可以列举出具有明确记录的出土器作为真器的证据。因此，史书里有没有记载，都不能作为考辨玉凳真伪的终端理论依据。相反，如果这件玉凳通过其他有效途径可以证明是真的，为什么不能视之为填补历史、博物空白的一件重要文物呢？

第二，有人认为汉代人的起居方式是席地而坐，高坐的凳子与当时的礼制特点不相符；也有人认为，高坐的胡床是在南北朝以后才开始的，汉代不可能出现梳妆台和凳子。

我说，这也不是理由。即使我们承认历史典籍的记载全真，那么对汉代低坐礼仪的诠释只能是当时历史学家对之前礼仪的记录，无论如何也不可能预料到身后有没有高坐，并且是否符合礼仪。这就如同我们绝不可能把现在的握手礼与我们百年后出现的某种未知的礼仪作比较一样。再者，典籍的文字有哪些涉及到了座位的高低与礼仪的关系，观点的执有者并没有提供，看来这个说法到目前为止还需要进一步考证。根据二重证据法，我们同样可以寄希望于出土器的支持，但是目前还没有汉代木质家具出土的报告。没有木质椅凳的出土并不能说明汉代一定没有木质的椅凳，这与没有汉代的鞋子出土，不一定汉代就是无鞋赤脚时代是同样的道理；同时，汉代的起居也没有像《韩熙载夜宴图》那样被用图画的形式保存下来，在没有出土器与原时代图画证据的支持下，我们仍然不应该固守传统的“低坐”观念而拒绝新的信息出现，进而对汉代玉凳的存在进行简单的“有”或“没有”的判定。我同时也注意到，“胡床”的论者也同样没有提供确凿的证据证明，中原的椅凳就是南北

图2 汉 车马画像墓砖拓片

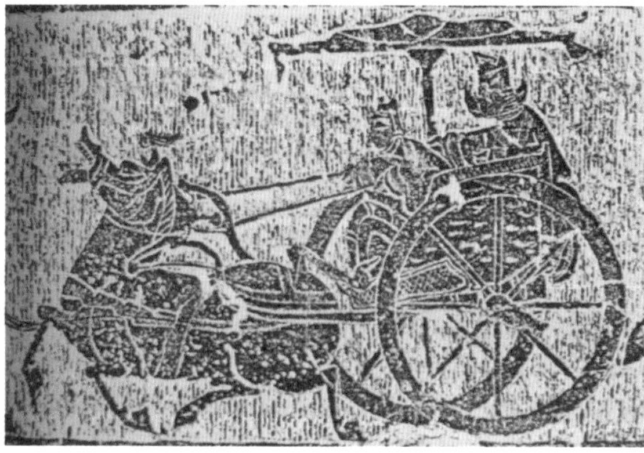

图3 东汉 乐舞杂技画像石（山东嘉祥隋家庄出土）

朝胡床的衍生物，而不是两种渊源有自的坐器。

我注意观察了带有车马图案的汉画像墓砖（图 2）和山东嘉祥隋家庄出土的东汉乐舞杂技画像石（图 3），可以发现汉代马车车帮的高度与车的脚踏板高度同样适合于垂足而坐，因此不能排除乘坐者高坐、两脚垂在座下的可能。

第三，研究服装史的学者认为汉代人多穿开裆裤，因为高坐不雅所以低坐。恕我才疏学浅，我真的不清楚开裆裤除了简化大小解的程序以外，比缝裆裤还有什么优势让独尊儒术的汉朝人依依不舍？穿着开裆裤低坐就雅吗？行走于闹市就雅吗？裤子之于人，御寒是第二位的，主要是为了满足社会两性道德的回避需求和两性秩序的维持。想象一下昔日的飞将军李广、关羽、赵子龙，他们身披金盔银甲，纵马疆场，下面却穿着一条开裆裤，难道不冷、不磨得慌吗？汉代人宁可忍受着开裆裤所带来的种种不合理，也不把裤裆缝上，大概没有道理吧。我还可以再发问：如此推论下去，泱泱五千年的中华文明是先缝上了裤裆才有了高坐的椅凳呢，还是到了南北朝以后有了高坐的胡床后，为了遮丑我们才不穿开裆裤了呢。尽管如此，我仍视之为这是个人的研究结果，但未必是公认的汉代实情。以一种真实性未经证实的结论做标准，去评判另一个事物的真实性，所得到的结论不管是什么，都一定没有意义。

显然，上述三个观点对于汉代玉凳的质疑都难以成立。已故的著名语言学家王力先生曾经有过一句治学名言，先生说：“言有易，言无难。”说“有”，只要有一点就够了；说“没有”则需要搜集相当数量的论据才有可能形成驳论。譬如一件玉璧，你可以仅从造型出廓这一点上认为是汉代真品；我要试图说服你这件出廓璧是赝品，可能要用一本书的容量来证明其伪，才能使你相信。那么，尽管已经有人招认了玉凳是假的还不够，从鉴定的角度来说，我们需要弄清楚的是，怎么样才能证明玉凳是假的。

在 20 世纪的 80 年代，一位海外华裔富商来到大陆，要找他离散几十年的儿子，消息传开了，老邻居说是张某某从小没爹，经历很像；富商说李某某长得很像，还有刘某某声泪俱下地前来主动认亲，最后谁说了都没用，还得是基因 DNA 说了算。同理，要想从鉴定学上揭示玉凳的真伪，任何脱离玉器鉴定的观点都是间接的，不具有专业说服力，必须从被鉴定物本身所具有的特征入手，去寻求形成正确判断的论据。而鉴定学其实就是对比学，重要的是标准器的确立。对于有争议的相邻学科的关联譬如汉代起居的高坐低坐、穿的裤子是否开裆等，都是玉器鉴定本身以外的旁证参考，不能直接取代对玉器本身的专业鉴定而形成“真”与“伪”的结论。以玉凳出身地周围地域出土的同时代玉器作为标准器进行比对，才是论证“真”与“非真”的重要手段。

首先比对墓葬等级。这样庞大豪华的玉器在汉代绝不是平民的居家用品，我们可以调阅南北各地汉代高级大墓的发掘报告，看看有没有相同或相近规制的玉器出土。这样大型豪华的玉质家具大概只能出现在汉代皇帝一级的墓葬中，因为其他诸侯王墓的出土器到目前为止，都不见有这样规格的玉器出现。譬如河北省满城的西汉中山靖王刘胜（汉景帝刘启之子）及妻窦绾的墓，是半个世纪以来发掘的极其奢侈豪华的大墓，出土器共一万余件，其中有40%被视为珍贵文物，举世闻名的“金缕玉衣”、“长信宫灯”、“错金博山炉”、“朱雀衔环杯”就是这个墓的出土器。即使如此，也没有这样一件如此庞大的玉器家具出现，所以只能把目标锁定在汉代皇帝的大墓上面。如果玉凳真的是出自一座汉代皇帝大墓，那可不是一件小事，在出土地的周围区域肯定还有伴随出土的其他的高等级出土品，发现这样准确的旁证或间接证明，就可以继续纵深研究；如果什么相关证据都没有，至少出身来源不明确，那么即使是真器，在脱离了科学发掘现场之后，也会是一笔永远掰扯不清的糊涂账。

其次比对玉质。就一个地域而言，每个时代的玉质都有其比较相近的质地特征，尤其是汉代及其以前的高古玉，更多使用的是地方杂玉，一个地域内出身的玉质基本接近，如果玉凳的玉质与周边出土器基本一致，那就可以在材质上排除赝品的可能性；如果完全不一样，譬如玉凳的出身地是江苏邳州，而玉凳的材质是这么一大块儿新疆和田玉，从当时社会的运输能力来考虑几乎不可能；但是如果周边确有过同时代大件新疆和田玉器的出土先例，仍可以继续研究；如果仅是孤例，那么怀疑它有赝品的可能，但不能算望风捕影。

第三比对刀法。严格地讲，玉器上的刀法表现是玉器断代的最重要的硬标准，每个时代的工艺发展不同，都能突出地反映在刀法上。汉代琢玉的砣轮是人工的，转速缓慢；现代雕刻机的转速飞快，两者在刀痕上的区别很明显，对于有经验的古玉鉴定人员，这是基本功，只要能零距离地观察一下，判断结果基本上不会有错误，现在的新工除非倒退到汉代使用人工旋转铊轮，否则时代特征是不能掩盖的。

第四比对沁色。汉代及其以前的高古玉所用多是地方杂玉，质地硬度低于和田玉，在长期埋瘗（yì）过程中一定要产生各种沁色，这些沁色的颜色、分布、深浅呈现是有着自身规律的，与出身地土壤的燥湿、有机成分都有着直接的关系，对各种沁色的状况分析同样是专业鉴定人员的基本手段，不存在什么技术障碍。现在高水平的假沁一般都出现在小件玉器上，在大面积玉器上做假沁会存在着很多的不方便条件，不会比小件的假沁色更逼真，因此只要玉凳上面有沁色，就不会出现反差很大的判断结果，除非是老料、老沁、新工。

下面的三幅照片就是被质疑的“汉代青黄玉龙凤纹化妆台、坐凳”局部（图4），是张月玲女史于2012年岁杪（miǎo）借一次全国收藏家在北京饭店召开藏品实物展示、学术讨论会的机会直接拍照的。关于真品还是赝品的讨论，凡是具备高古玉收藏经验的人而不是外行，都一定会觉得站在实物面前好像问题并没有那么复杂，不一定非要绕很大的弯子来间接论证。

除此之外，还可以从纹饰的设计、刀口的锋利程度、光工的工艺特征等几个方面与汉代出土玉器做综合比对，这些都是古代玉器的客观存在，为现代人力干预所不及。在与标准器的比对之下，抛开存疑不确定的结果不计，剩下的答案真伪昭然若揭，没有矫情。所以我说，鉴定这件玉凳原本并不是件大不了的事情，之所以变得如此复杂，好像不完全是鉴定技术上的问题，那就是另一码事了。

图4　被质疑玉梳妆台和玉凳局部（张月玲摄影）

别玩瓷片

古代瓷器的收藏不同于其他藏品，主要是因为瓷器收藏本身至少具有两种重要的属性，一种是工艺性，另一种是完整性，缺一不可。我们收藏瓷器，首先要看工艺，工艺所表现出的语言是藏品断代、欣赏与辨伪的根本标志所在，譬如以碗来说，唐、宋、元、明、清各时期的拉坯、修胎、施釉、支垫、烧制等工艺都存有各自的时代标志，从工艺角度看，越到后来工艺越成熟，质量越高，从而形成了古朴与惊艳的美学层级分野，于是才有了在各种审美主导下的收藏层次。所以说瓷器收藏首先要看工艺，从工艺上品味时代的气息；其次要看瓷器的完整性。一件古代瓷器所具有的工艺优势只是其收藏价值构成的一个方面，另一方面则是瓷器在传世过程中所具有的完整程度，而且完整程度越高，存世量也就越少。可以做这样一个比方：一个人在从生到死的百年里，没有不摔跤的，摔跤后的伤筋动骨一百天就会痊愈；但是，一件完整的古代瓷器在传衍到今天的几百年甚至上千年的历史中，不允许有一次“摔跤”的经历，伤筋动骨轻则“长毛”（裂璺）、重则粉碎。如果说一个一生从不摔跤的老人就是神仙附体的话，那么我们手里每一件完整无损的古代瓷器，也应该以“神仙”视之。在古代瓷器的收藏中，最重要的是对整体完整性的挑剔，任何一点冲璺、磕碰都会影响它的价值存在。注意：这里所说的“价值”，是指收藏品的等级价值，不会影响藏品的工艺属性。

我们再说说瓷片。

近十几年来，民间的瓷片收藏如日中天，在北京的潘家园、报国寺等交易场所中，瓷片交易规模很大，便宜的撮堆儿论价；按块儿交易的从几十到万把块钱不等，这是中国收藏历史上最让人感到滑稽、最让人感到糊涂的一幕。就收藏品的基本性质和功能来说，瓷片并不好“玩”，因为它是以支离的、残损的状态呈现，不能给收藏者提供一个完整的欣赏空间，至少缺乏一种陈设品所必需的整体美感，譬如我在北京曾经看到过这样一个专门陈设瓷片的展室，尽管布展者用尽心思，但是整个展室还是显得七零八落，好像走进了景德镇窑址，所展示的多是些带有明清官窑款识的瓷片。我置身其间，也有一种被撕裂、摔碎的感觉，很不舒服，完全没有置身博物馆的那种放松、惬意和专注，可见瓷片不具备陈设展示美学意义上的功能。我与展室的主人交流了看法，他以为我真的不懂瓷器，就告诉我说，他的瓷片都是官窑，很值钱，自有一种“残缺”之美，代表的是另一种美的形式，并列举了断臂美神维纳斯。不用深谈就可以断定这位老兄没有什么墨水儿，所谓的残缺美理论肯定来自于谬种误传的道听途说，他绝对是一个外行中的内行、内行中的外行！维纳斯所具有的“残缺美”，仅是人们对其两臂复原乏力后的一种无奈的自圆其说，并不是为了美才把美神的胳膊敲掉。如果残缺真的可以比健全更能体现艺术美感，那么，同样是著名雕塑“大卫”、“思想者”的胳膊大腿还留着作甚，都给他敲掉得了！况且，即使“残缺美”是一种美学现象，也绝不适用于对瓷片美学续貂的诠释。一个真正能够从瓷片上享受美感的人，一定是建在不能得其全器的无奈之上，即所谓：“没有朱砂，红土为贵。”譬如宋代的汝窑瓷器，罕见到了绝大部分古代瓷器收藏者甚至终生都没有一睹芳容的机缘，更遑论完整器的收藏了。在这个大前提下，对于宋汝窑的痴迷者来说，能有一片宋代汝窑的瓷片（必须是采自窑址的出土品或者是传承有绪的传世品，不能是近年的交易品）就是聊胜于无的宝贝。尽管没有完整器的尽善尽美，但仍可以欣赏由瓷片带来的手感、视感和心理感觉上与众不同的享受，而绝不会在意那种尽管值几个钱但触目皆是的官窑大路货。

也听人说过，收藏瓷片是为了提高古代瓷器的鉴定水平，这是一个甚至连自己都说服不了的理由。真正收藏瓷器的人都知道，瓷器真伪的鉴定是多种因素综合以后的判断结果，这里面至少包含着器形、纹饰、胎质、釉面、颜色以及各种制作工艺等。瓷片所能提供的鉴定信息仅是局部、片面而支离的，这些信息对于一般收藏者来说，可利用的价值远不如完整器更多、更准确。放弃在博物馆陈设的完整标准器不去学习利用，反而向支离破碎的瓷片讨学问，这就像唐代孙过庭在《书谱》中说的那样："易雕宫于穴处，反玉辂于椎轮"，意思是说，从雕梁画栋的宫殿里搬出去，去住在洞穴里；放弃美玉装饰的豪华的车子不坐，非要坐最原始的破车！这些都是违反常规的荒唐事。

瓷片存在价值更多地体现在研究层面上，老一辈专家如赵万里、冯先铭等先生，他们往往利用在窑址上搜集到的瓷片来研究瓷器的历史，譬如南宋官窑的窑址究竟在什么地方，要解决这个问题，只能通过勘察窑址，利用所采撷的瓷片来研究论证，他们搜集瓷片的目的是考证而不是鉴定。相反，老一辈鉴定家孙瀛洲、耿宝昌等先生的权威鉴定，所依靠的则是对一生各种过眼器物特征的总结和积累，无非是器物的器形、纹饰和胎质，瓷片在实际鉴定中，真的起不了什么作用。想想看，瞅着完

图 1　南宋　褐彩莲花草纹炉瓷片

图 2　刘晓玉复原线图

图 3　南宋　褐彩云纹炉瓷片

图 4　刘晓玉复原线图

整器都整不明白的真真假假，看一小块儿瓷片就能明白了？在瓷器收藏史上，从来没有参考着瓷片鉴定这一说。

2014年夏天我去了趟景德镇，见到了刘晓玉女士，她是研究和复制宋代吉州窑的年轻学者，送给我一本她写的书，名为《吉州窑彩绘瓷品鉴》，里面最吸引我的内容就是她用线图复原了宋代吉州窑残器、残片上的纹饰（图1、图2、图3、图4)，为我们鉴定鉴赏宋代吉州窑提供非常重要的器形纹饰资料；而对于她们这些专业人员来说，瓷片线图的复原完成了一次对吉州窑纹饰器形的重要探索。刘晓玉女士此举，把宋代吉州窑瓷片的学术价值发挥到了一个很高的水平。这就是瓷片对于专业人员的重要作用，体现出了无可替代的研究潜质。我真的不清楚，那些芸芸瓷片收藏者是否都能把藏品派上这样的用场。

其实，我们仅从命名的动词上，就可以了解瓷片收藏者的类型以及瓷片的价值所在：学者型的收藏称之为“蒐集”“捃集”，在他们积累的大量瓷片中，绝大部分出自于窑址，每片上面都标有详细的采撷信息，如明确的出土窑址、层位和时间，甚至附有报告说明，最重要的价值在于这样的瓷片等同于考古学意义上的出土器，具有标准器的功能。瓷片就是资料、就是信息；非学者型的收藏则称之为“玩”“收藏”“淘换”，他们的瓷片基本上都是非窑址所得，或窑址所得后没有详细的信息说明，因此不具备标准器功能，更不能等同于完整的古代瓷器价值。命名不同，用途迥异。说得再俗一点，学者手里的瓷片才是宝贝；“玩”者手里的瓷片么，就是瓷片。

鉴 JIAN 赏 SHANG 篇 PIAN

从羽觞看汉代酒文化的一个特征

羽觞是古代的一种饮酒器，相当于现在的酒杯。

不少人一提到羽觞就认为这是只在汉代使用的酒杯，其实从科学发掘的出土实物上看，羽觞这种器形出现的时间跨度相对较长，大概是从东周时的战国开始，一直到魏晋南北朝以后才逐渐消失。两汉时期是羽觞使用的高峰阶段，我们一般所见到的羽觞，不管是什么质地的，更多的是具有两汉的制作特征，代表了这种器形的基本规律，所以从收藏的实际操作上看，人们的目光基本上都集中在对两汉羽觞的研究之上。

汉代是中国酿酒历史上最重要的一个分野时期，此前商周时期所酿造的酒，应

图 1　商　灰陶簋

该是一种盛放在青铜容器之中，只用来祭神祇、祖先的专门供奉用品，不是人们日常可以饮用的酒精饮料；汉代以后的酿酒则逐渐进入了人们生活的饮食序列，最直接的物证就是这两个时期饮酒器的不同。商周时期的饮酒器主要有爵和斝，都是青铜质、圆形或椭圆形、深腹、三腿高足。青铜在商周两代是一种很贵重的有色金属，大量青铜的获得途径基本上源于商王、周王的赏赉，受赏者往往都是商周天子的廷前重臣，或是骁勇战将比如商代武丁时期的妇好、西周时期的毛公等，他们用天子赏赐的青铜铸成带有炫耀和铭记性质的庙堂供器用于祭祀和陈设。而这种青铜获取条件下的青铜饮酒器，很明显不可能是实用器。从我们收藏的一些商代的器皿可以发现，商代的基本用具是灰陶，这种灰陶的质地比较坚密，吸水性不强，应该是日常的饮食用具，譬如图 1 的这件灰陶簋就是典型商代的器皿。但是到现在为止，好像还没有发现有商周非青铜质如灰陶的饮酒器出土，那么我们可以这样认为，商周时期的酿酒不是一般意义上的饮品，至少不是寻常百姓的饮品。原因很简单，我们不知道那时的实用饮酒器究竟是什么。

可是，不管是出土器还是传世器，我们却能比较多地见到带有鲜明汉代工艺特征的饮酒器——羽觞。汉代羽觞作为当时的饮酒器，我们完全可以从当时文学作品的描述中得到证实。三国时期的曹植在《七启赋》中有这样的描写：

于是盛以翠樽，酌以雕觞；浮蚁鼎沸，酷烈馨香；可以和神，可以娱肠。此肴馔之妙也。

《汉书·外戚传下·孝成班倢伃》：

顾左右兮和颜，酌羽觞兮销忧。

颜师古注引孟康曰：“羽觞，爵也，作生爵形，有头尾羽翼。”

这里的“翠樽”与“雕觞”对文，一是贮酒具，一是饮酒器；“酌羽觞”即“往羽觞里斟酒”，都说明了汉代的酒已经成为一种大众可能享受的酒精饮品，而能说明这一点的，除了当时的文字描述以外，最直接的物证就是实用羽觞与羽觞冥器大量的出土和传世。所以说，汉代是中国形成一种与酿酒有关的文化或文化催生的重要历史时期，羽觞就是重要的证据之一。晋代的羽觞仍保留有两只羽翼，到了之后的南朝时期，羽觞的两只羽翼耳被简化掉，整体形状也朝着短而深的形状有所变化，形成了酒

图 2　南朝　青瓷羽觞
（侯宝璋捐献，北京故宫博物院藏）

杯的原始造型。北京故宫博物院藏有一件侯宝璋先生捐献的、被断代为南朝的青瓷羽觞（图 2），这是饮器羽觞自汉代以来的一个重要的变化过程。

现在所能见到的汉代羽觞材质主要有漆木质、玉质、陶质、铅釉四种，漆木质羽觞因为在地下很难得到妥善的保护，出土时尽管是一件完整器，如果不马上实施脱水等技术处理，很快就会彻底氧化殆尽，所以除了国家考古机构有一些保存以外，一般民间的传世品很少。我们有机会见到并有可能收藏的、具有汉代典型工艺特征的羽觞，是陶质和铅釉羽觞两种。

陶质羽觞以红陶为最常见，这是西汉比较典型的陶胎颜色。我们知道，就釉器的颜色而论，西汉早期的釉色最常见的是黄色或黄褐色，胎质主要是红色陶胎，大概陶土在氧化焰低温的焙烧条件下就会呈现出砖红色，所以我们习惯于将具有典型汉代特征的传世红陶断代为西汉早期。从制作的精细程度而论，汉代红陶羽觞的制作都比较粗犷写意，表现为胎壁较厚，吸水性强，不具有作为饮具的使用性质，更有可能的就是随葬冥器。我藏有一件西汉时期的红陶羽觞（图 3），收藏的原因在于，这件红陶羽觞非同寻常，在外墙、外耳和外底部，都充满了模塑的凸起线条作为装饰，线条所组成的图案很抽象，我理解好像是带有波浪的海水，在海水凸起下面的凹陷里，还裹挟着更抽象的图案，目前以我的学识尚不能读懂，但是作为随葬冥器的性

图 3　西汉　红陶羽觞

图 4　汉　绿铅釉羽觞

质则是完全可以肯定的。对西汉陶器的收藏，一定要有非常挑剔，要有非常明确的收藏理由，否则，西汉的陶器很多，都买回家来没有什么意思。这件红陶羽觞我主要看中的，就是外壁上的凸起线条纹饰，非常少见。我虽说看不出图案有什么美感，但是“少见”就是收藏的最充足的理由。

我还收藏有一件汉代的绿铅釉羽觞（图 4）。这件绿铅釉羽觞是汉代人用来饮酒的实用饮具。我们观察这件羽觞的实用特征主要表现在三个方面：

1. 本藏的这件羽觞的胎壁很薄，这样可以最有效地减轻盛酒后羽觞的重量，这一点很重要，是这件绿铅釉羽觞作为实用饮器而区别于冥器的重要依据之一。通过实物测量我们知道，这件绿铅釉羽觞的胎壁厚度仅 1 厘米，这只能是在陶釉工艺提高之后，才有可能出现的产品。

任何陶胎的熔点都很低，在焙烧中都容易熔融或变形，所以我们看汉代以前的陶器，胎壁一般都有一定的厚度，譬如本藏的那件西汉红陶冥器羽觞，壁厚在3厘米以上。看来，汉代人并非不知道薄壁器的美观程度要好于厚壁器，只是工艺落后，没有办法解决罢了。本藏的这件绿釉羽觞在不足1厘米的陶壁上内外挂铅釉，铅釉熔融的温度要高于陶胎融化的温度，这是一个很难调和的矛盾，而在这件绿釉羽觞上面得到了完美的统一。当瓷器制作进入了明代，薄胎瓷，甚至脱胎瓷的制作已经

图6 汉 盘口尊

图5 铅釉的绿色蓊郁

图7 汉 盘口尊局部

不算什么难事，而汉代釉陶的收藏，薄胎与厚胎是有着很大的技术难度区别的，从总体来说，传世薄胎的铅釉器还是相对少见。

2. 本藏这件绿铅釉羽觞是在湿坑的环境下，有着两千多年的掩埋历史，全身满布云母般的银釉。银釉的釉层厚而丰富，遍闪七色蛤蜊活光，在器口处有铅釉原质的天窗，可以观察到铅釉的颜色非常美丽，绿色浓翠蓊郁，有些近似宝石祖母绿的颜色（图 5），可以想见这件羽觞在当时一定是一件档次很高的饮酒器。汉代绿铅釉器的收藏，主要是银釉的收藏，素有“百绿不抵一银”之说。而银釉的质量水平呈现与所覆盖的铅釉品质有着直接的关系。往往绿铅釉的釉质越肥厚，上面的银釉釉层也就越厚、越丰富，铅釉的质地品质越高，上面银釉的颜色也就越漂亮。我的一位朋友家里收藏着一尊汉代绿铅釉的盘口尊（图 6），征得他的同意，我用其局部（图 7）与本藏的这件羽觞进行对比，就能发现无论是绿铅釉的釉色、釉质，还是银釉的云母色、层，羽觞与盘口尊的质量差距非常明显。

3. 在与本藏红陶羽觞的造型相比较之下可以发现，绿铅釉羽觞造型突出的特点是窄、长、浅，这种造型保证了用壶斟酒的准确性。汉代贮酒器都是圆肚直颈，器物学上称之为“壶”，很像后来的天球瓶造型。由于汉代酒壶没有“流”（壶嘴），向外倒酒时的流出面积宽大。所以汉代饮酒器羽觞的造型设计是椭圆形而不是后来酒杯的圆形，窄而长的羽觞更适合于这种直脖酒壶。羽觞较浅是为了减少酒的容量和盛酒后的重量，是出于实用设计考虑后的结果。

汉代的酒文化与其后的各代有不太一样的地方，从贮酒器与饮酒器的横向质量对比上可以发现，图 6 这件汉代的盘口尊带有盘口弦纹装饰，但是从上面的局部照片可以看到这件盘口尊的釉色浅淡，釉层很薄。对比之下可见，本藏绿铅釉羽觞的施釉厚重，颜色纯正深邃，很明显两者不在同一个质量标准之上。我们所见到大量的汉代绿铅釉壶、瓶，有一个共同的特点就是表面釉层既浅且薄，而且釉色相当不纯净，多数闪黄。而绿铅釉羽觞的釉质都很肥厚、纯净，表面云母层银裹的层次多，而且色彩丰富。由此可以推断，汉代的座位坐姿、饮酒方式，决定了重饮酒器而轻贮酒具的特点。因为汉代的起居是筵席而坐，宾主的水平视线较低，体积较大的贮酒器如果放在主要位置，肯定会有碍宾主之间的交流，主人也不可能每每站起来抱着高大的酒壶斟酒，所以贮酒器一定由仆人掌握着，放在某一个专门的位置之上。一件没有欣赏因素参与的器物，在设计制作上受到漠视是一种必然，所以汉代起居的低坐方式，决定了贮酒器的制作质量不高这样一个事实。而作为饮酒器的羽觞，相比之下则是另一番风景，它是饮酒者直接手握、随时欣赏的饮具，主人的地位、身价等各种社会因素都会在羽觞的品质、等级上面得到展现，所以设计水平和制作质量一定都在贮酒器之上，这不难理解。

图 8　隋唐　双龙柄壶

至少从隋唐开始，社会对贮酒器设计制作所表现出的关注程度开始高过了饮器，主要是从根本上改变了贮酒器的造型，在原来的盘口壶上面装上壶嘴、壶柄、壶盖，这就是我们现代意义上的“壶”概念。譬如隋唐时期在贮酒器加上了一只或两只“执”（壶把。图 8），唐代又在颈的高位处加上了“流”（壶嘴。图 9）。赵宋时期更是根据唐代的酒瓶设计出了非常具有美学意义的贮酒器，随后迅即演化为后世陈设立件的梅瓶。至于后世的诸如“玉壶春”、“抱月瓶”等器形，都是由贮酒容器转化成的陈设器。而作为饮酒器的酒杯，好像从南北朝羽觞逐渐绝迹以后，形式始终没有发生过根本的改变。

图 9　唐　青釉盘口壶

重视对贮酒器造型美学意义的开发而忽略饮酒器，是汉代以后酒文化进程中的一种特别的现象，它反射出的不仅仅是酒文化观念的进步，也是社会大文化视野不断开阔后的必然结果。

铜镜，东汉最具魅力的收藏品

在收藏界，平时口头上总说的“老三代”本来应该指夏、商、周三朝，可是实际上的夏朝几乎没有给收藏界留下什么断代很明确的东西，所以人们往往把这个“头儿”截去，后面再续上汉代，也算是满足了中国传统上喜欢“凑三”的习惯——什么都是“三”或者是“三”的倍数。

那些喜欢老三代的人，假如仔细说一下这几个朝代都有什么最具特征的东西，不用说，商朝是甲骨刻辞、周朝是西周的青铜器加东周的玉器，那么汉朝呢？西汉有简牍、印章，东汉则一定是铜镜。

中国古代铜镜的历史可以分为三个重要的时段，第一是战汉时期；第二是唐代；第三就是宋代。在战汉时期里，东汉的铜镜无论从哪个方面权衡，都超过了战国和西汉，堪称汉以前铜镜制造的最高峰。

古代的铜镜在清代以前并没有引起人们收藏意义上的重视，据说直到20世纪中期，古代铜镜还是很便宜的古董，属于实在没有经济实力玩儿青铜器的人玩儿的低价位收藏品。直到21世纪初期，古代铜镜才开始了辉煌的价值攀升征程，高价位的古代铜镜主要出现在两个时期：一是东汉时期大直径的人物故事镜；另一个是唐代的海兽葡萄镜和金银平脱镜；至于宋代的铜镜，因为在铜镜上面铸有铜镜作坊的商标，开启了铜镜商品市场化进程而具有重要的时代意义。人们对西汉与战国时期铜镜的评价一般，宋、辽、金及其以后的各代铜镜更是等而下之，基本上不入铜镜收藏家的法眼。作为一种铜镜文化的系统收藏，自然最好从殷商时期的脉叶纹、芒纹、平行线纹镜开始；战国时期的铜镜铸造非常精美精致，只是普遍直径小、镜身薄，而且多带有比较严重的锈蚀，所以收藏难度较大，找到一件精品非常不容易；而西汉的铜镜尽管铜质质量普遍好于战国，但还是略逊于东汉铜镜。东汉是铜镜历史上最漂亮的时期之一，无论是镜背纹饰所凸显出的内容张力，还是铸造的工艺精度，我以为都在唐代的海兽葡萄镜之上。而其影响最大、最受收藏家追捧的，则是镜背以浅浮雕形式铸造的古代故事（包括神话故事）、人物场景纹饰，被称为“故事画像镜”。

古代铜镜的历史很悠久，从出土器的年代上比较，最早的铜镜出土于新石器时期青海贵南的齐家文化遗址。当然，这种出土铜镜对于个人收藏来说，已经没有太大的实际意义。商代和西周两代都有少量的铜镜出土，说实话，这两个时代虽说青铜器都很迷人，可是铜镜却乏善可陈，主要是从出土器的外观来看，铜镜的完整性大大低于收藏品的品相要求底线，因此我不建议古代铜镜收藏的时代超过战国。

战国时期最流行的是带有“山”形图案的所谓“山字镜”，山字镜以“四山镜”（图 1）最多，四个“山”字纹等距离分布在镜背，而以“三山镜”、“六山镜”为最罕见。正是因为数量较多，所以收藏四山镜，必须用非常严格的标准衡量，否则尽管是战国铜镜，收藏价值也不大。

铜镜制造进入了汉代，才算开始渐入佳境，西汉铜镜的直径大小与战国相差不大，只是有四个明显的区别：

图 1　战国　四山镜

1. 西汉铜镜的厚度大于战国，战国铜镜基本上都算是稍厚的青铜圆片儿，手头较飘；而西汉铜镜尽管直径差不多，但是分量明显要重。

图 2　西汉　四乳铜镜

2. 战国铜镜的纹饰基本上都是用很细碎的小纹饰铺满地子，上面再覆盖大而醒目的主题图案；西汉铺地图案细小而不零碎，比较完整。这两个时代铜镜的纹饰特征从图 1 与图 2 的对比中可以认识。

3. 战国铜镜由于镜体较薄，所以可以使镜的边缘向上卷起；西汉铜镜厚重，有的边缘宽而平直，有些则有向下的抹角呈圆弧；到了东汉大直径铜镜，边缘由内向外斜铲出坡（图 3）。

4. 战、汉两个时代铸镜所用青铜材质的配比不同，战国时期铜镜所用材质基本上与当时的青铜器差不多，在鉴定时可以参考同时期的青铜器；而从西汉开始，好像提高（或者开始羼入）了铅、锡成分，所以西汉有些铜镜的质地光泽泛银白，被称为“水银沁”，与战国截然不同（图 4）。

a 战国铜镜的边缘向上卷起　　b 西汉铜镜边缘宽而平　　c 东汉铜镜边缘由内向外斜铲出坡

图 3　铜镜边缘特点

古代铜镜收藏的鉴定并不复杂，因为形制、纹饰、直径、纽式等都有一定的规矩，甚至重量、手头、叩音都有大概的标准，相对于其他青铜器容易操作。比较困难的反而是入藏的标准。有的人不懂铜镜收藏的基本标准，逢镜必买，尽管藏品数量不少，也是真品，可是没有一件足以拿出来炫耀的精品，这样的玩儿法就显得稍微“外道”了一点。收藏必须要根据藏品的类别、存世量确立一个标准，同样是青铜器，对于战国时期的鼎、禁之类的藏品，尽管有些损坏甚至残缺不全，假如价位合适也要买，因为青铜器是很难得的收藏品，存世量很少；而铜镜的存世量较多，所以标准就要放得高一些才行。我以为，一件收藏级别的古代铜镜，基本上要满足下面这六个基本标准。

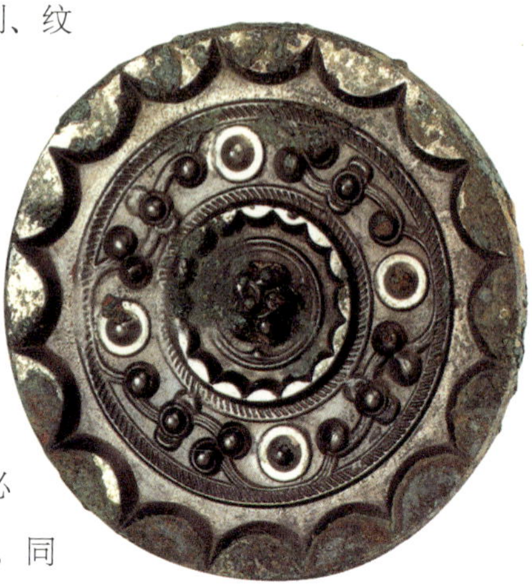

图 4　西汉　星云纹镜

镜面的直径标准

镜面的直径大而完整是评判铜镜一个标准的两个方面。收藏古代铜镜，直径越大越好，因为在古代各种青铜器中，只有铜镜的铸造技术难度最大。镜背的纹饰还好办，稍微有些瑕疵，只是影响美观而不影响使用，而对镜面的要求就很高了，不仅不能有砂眼，而且进入东汉中期以后，镜面从传统的平板式发展成为微凸式，在非常平滑的基础上，还要带出一点球面弧度，相当于一面低度数的凸透镜，在照耀时，可以把人像些许的放大。这种精密铸造在战国、西汉那种小直径的镜面上比较容易实现，而对于东汉时期这种大直径的镜面，就会出现很大的制作难度。所以凡是直径大的铜镜，存世量就比较少，有来自两个方面的原因，工艺难度是一个方面，另一方面是难于完整保存至今。我们都知道，古代铜镜的传承只有一条通道，就是地下埋瘗。地下墓室对于铜镜的存在来说，尽管可以避开土层以上的天灾人祸，可是两千多年的掩埋会悄无声息地伴生着很多毁灭性的，而且会随时发生的灾难，譬如来自地下的震动（地震）或者地上的强烈震动干扰，墓室一旦坍塌，砖头瓦砾的坠落就有可能把铜镜砸碎，铜镜的面积越大，被损伤的概率就越高；即使有幸躲过被损伤的劫难，如果坍塌的墓室有某一处因见天而漏水、漏气，或者地下水的灌入，也有可能让铜镜在水里或氧化环境中长时间受到戕害，导致铜镜出土后锈蚀得不成样子；即使在地下没有受到任何意外伤害，出土以后在收藏过程中稍有不慎，譬如有了人为的磕碰或者强烈的震动，都会给铜镜造成不可逆的灾难，直径越大，越容易受伤。在十年前的拍卖会上，我见过不少东汉大直径的铜镜都有长长的裂璺，非常可惜。

镜面镜背的锈斑标准

客观地说，一面战国或者汉代的铜镜，正、背面没有一点锈斑痕迹肯定是不对的，可是如果锈斑累累也不行。春秋、战国时期的铜镜基本上都是在枣皮红上面再压盖着蓝色或绿色的锈斑，带有蓝色锈斑的铜镜多出于潮湿的墓穴，又称“湿坑”（图 5），这种蓝锈色非常艳丽漂亮，但是铜镜上面所带有的蓝锈很有可能会深入胎骨，对铜镜形成致命的伤害；浅绿色的锈多是出于相对干燥的墓室，只有封闭极好的墓室才会形成恒温恒湿的保存环境，对铜镜产生氧化作用非常有限，这样的墓室环境被称

图 5　春秋　蟠虺纹镜

为“燥坑”。如果一面铜镜的周边带有浅浅的尚未侵入胎骨的蓝绿锈斑，而且面积较小，那是最理想的锈斑。

铜镜对锈斑的生长位置也有着严格的评判标准：锈蚀的面积一定要小，而且位置最好长在镜面不重要位置。譬如有一块儿直径 1.5 厘米大小的锈斑，长在镜面或镜背的边缘处，而且红斑绿锈都有，就算是块儿好锈；假如长在镜面的中心处，或者镜背人物画像的脸上身上，这个镜子的一部分价值就算是糟蹋了。需要注意的是，即使锈斑长的地方不好，也千万不能动手，一旦把锈斑剔除下去了，极有可能伤到了铜镜的表面，对镜子价值的影响更大。

镜面所呈现的光洁度标准

评价一面铜镜的等级，尤其是像东汉、唐代这两个时期的高收藏级别的铜镜，纹饰的清晰与否、镜体的完整程度是一个方面，另一个重要方面就是镜面的平整光洁程度。由于东汉开始调整了青铜与锡、铅的比例，镜面对光的反射有了一定程度的提高，所反射的人像比西汉、战国更加清晰。这种精密铸造的产品为我们的收藏建立了一个非常高的评判标准，镜面经过两千多年的地下掩埋，表面氧化层所导致的反射率降低是很正常的事情，但是如果还能够维持一个较高的反射度，也就是说仍然能够比较清晰地映出人影，那么，这种铜镜的收藏价值要高出许多。在实际收藏中，更多的铜镜并不能达到这一标准，所以这才是一个很高的收藏铜镜的标准。

铜镜正背面的整体颜色标准

古代铜镜最漂亮的颜色有两种，一种是“水银沁”色，另一种是“黑漆古”色。“水银沁”是一种银白色，多见于西汉的诸如百乳镜、四乳草叶纹镜、星云纹镜，唐代绝大多数高级铜镜都带有水银沁色；“黑漆古”色是一种均匀地覆盖在镜体表面的氧化层，颜色有黑色、黑灰色，多见于东汉大直径铜镜上面的包裹层。现在有些仿东汉铜镜，上面的黑漆古做得均匀而漆黑，在真品中不能说没有这种颜色的黑漆古，但是不多见，常见的黑漆古是黑灰色。黑漆古是铜镜独特配方经过某种特殊地下掩埋环境而形成的一种氧化层颜色，尽管是覆盖在铜镜的整体上，但是不会有刷油漆那种包裹的效果，这与仿黑漆古是有感觉上的区别的。需要注意的是，不管是水银沁色还是黑漆古色，表面的这层氧化层都比较娇气，禁不住长时间地摩挲。带有这种氧化层的铜镜，也不要长时间地裸置在空气中，因为现在的空气成分很复杂，很有可能对氧化层形成危害。

铜镜的模次标准

凡是古代铜镜的收藏，一定要讲究的就是镜背的纹饰质量。除了商代和西周前期出现的几面素面镜以外，其余的古代铜镜都是镜背带有不同内容的纹饰。作为一种对历史的追溯，我们可以不去讲究纹饰的质量；如果对于收藏来说，纹饰的质量往往决定着铜镜收藏价值的高低，是非常重要的一种质量表现。按照铸造常规，铜镜的铸造一定先有一个雕刻好的模具，然后用模具进行翻砂成形。战国时期发明了“失蜡法”，工艺是用原始的母范模具翻出蜡模，再由蜡模翻砂出型，用失蜡法翻砂浇铸出来的铜器，纹饰能够达到精细入微。这就牵扯到原始母范的质量：新雕刻好的母范翻出的蜡模，线条清晰爽利，有挺拔的力度，哪怕是细节处也能交代清楚；经过一段时间的使用，母范的线条出现了磨损，表现为线条变粗、地子变浅，翻出的蜡模线条很浅，圆混而模糊，甚至并线，有些模次更晚的会使图案糊成一片，什么也看不清。譬如上图 2 就是西汉时期的一面四乳铜镜，镜面的纹饰包括四个字都已经没有办法辨识清楚（图 6），这样的铜镜收藏价值就比较低。相反，如果线条质量非常高的铜镜，欣赏起来赏心悦目，收藏价值就会很高。

图 6　模糊的纹饰线条

铜镜的完整程度标准

前面我们讲了，由于铜镜在墓室保存过程中，有可能会出现各种意想不到的状况，譬如坍塌、浸水或者因长期裸露在空气之下而过度氧化等，都会给铜镜带来不可逆的伤害。对于考古学、历史学来说，有些出土器即使是残器也很重要，因为可以说明、填补历史物证的不足，譬如甲骨刻辞，有时仅有三四个字的骨板也有可能是一级文物。但是作为收藏品的铜镜，就必须讲究器物的完整性，哪怕出现了一点点裂璺，都会大大降低收藏价值，这一点与博物馆对器物的要求不太一样。古代铜镜的损伤主要有锈蚀、折断和裂璺这三种，前两种都是明显的，只有裂璺的检查比较费周折，唯一可行的办法就是用绳子穿过纽孔后悬空，用木棍儿轻轻敲击，如果声音悠扬，就没有问题；如果声音喑哑，就一定有裂，这与检查瓷器的方法原理一致。关于铜镜声音的分析，有人说可以检测出铜镜的新老，老铜镜因为埋在地下几千年，分子结构已然发生了变化，所以叩击后的声音不响亮；如果声音很响亮悦耳，就是新仿品。这种说法似是而非，并不全面，如果一面铜镜的内部分子结构松懈到严重影响到声音传导的地步，那么这面铜镜也就“酥”了。事实上，保存条件好的古代铜镜，声音只是没有新仿铜镜那么清脆洪亮，依然悦耳悠扬，譬如那柄 1965 年出土于湖北省荆州市江陵县望山的越王勾践青铜宝剑，剑身如新，其保存之好，不用叩击也能想象到其声音的悠扬悦耳，一看就知道绝不会有什么分子结构变化之虞。我以为战汉时期青铜镜的叩击声未必一定喑哑。况且，汉代铜镜的埋瘗环境千差万别，我们即使有可能去叩击出土的东汉铜镜，那么如果不能证明被鉴定物与标准器的掩埋环境完全相同，那么两种声音就不可能形成科学而合理的比对，单靠声音还是解决不了问题。所以说，古代铜镜的声音是什么动静，收藏鉴定者只能相信自己的经验，而不存在一定之规。

图 7 是一面东汉时期东王公西王母纹神人车马画像镜。从各个角度来评判，都算得上是一件东汉画像铜镜中的精品。镜背有半圆馒头纽，下配柿蒂纹，方双框纽座，内区的四角有四乳丁，借以区隔镜背的四组纹饰。按照图 7 的放置，内区的下面是东王公，前有金童陪侍，后有玉女摇扇；遥相对应的是西王母，前有男优抱琴，后有女伶吹笙，好一派歌舞升平的太平景象；右侧是三匹马驾着一辆篷车飞奔，这是西王母的“紫云车”（图 8）；左侧是一只抟扶摇而直上的青鸟，脚踏滚云。外区是一圈云水纹，两区之间有并列着短直线围绕区隔。铜镜的边缘由内向外斜铲。

整个画面显然都是围绕着西王母这个神话人物安排。西王母的传说是汉代非常流行的民间故事，据《山海经》里面记载，西王母住在“西海之南、流沙之滨、赤

图7　东汉　东王公西王母纹神人车马画像镜

图8　紫云车

水之后、黑水之前”的昆仑之丘，“蓬发戴胜”，“豹尾虎齿而善啸”，是一位“司天之厉及五残”的权力之神。传说中西王母与历史上的多位皇帝国君都有交往。晋代的张华在《博物志》中记录了这一传说：

“汉武帝好仙道，祭祀名山大泽以求神仙之道。时西王母遣使乘白鹿告帝当来，乃供张九华殿以待之。七月七日夜漏七刻，王母乘紫云车而至于殿西，南面东向，头上戴七种，青气郁郁如云。有三青鸟，如乌大，使侍母旁。时设九微灯，帝东面西向。王母索七桃，大如弹丸，以五枚与帝，母食二枚。帝食桃辄以核著膝前，母曰：'取此核将何为？'帝曰：'此桃甘美，欲种之。'母笑曰：'此桃三千年一生实。'"

这面铜镜的直径约在 18 ~ 20 厘米之间（因为没有拿在手边观摩，所以没有办法测量准确的直径）与标准的东汉同类铜镜直径尺寸一致。这面铜镜锈斑的位置很理想，镜面的锈斑长在了上方的边缘，而且呈面积不大的条状；镜背的锈斑长在了馒头纽上面，下面的镜缘处略有一小块儿，无关宏旨，没有破坏镜背画面的完整。值得注意的是，这面铜镜上的锈斑是一层薄薄的淡绿色，说明出身于环境极好的燥坑，铜镜的内外都没有受到伤筋动骨的腐蚀（图 9）。

正是由于这面铜镜在没有塌陷、环境恒定、封闭严密的墓室中受到了良好保护，所以不仅锈色发育简单，没有满目疮痍的红斑绿锈，就是镜表面的氧化层颜色，也只呈现出浅淡的黑漆古，由此可以对照现在的某些高仿品，黑漆古做得颜色太重，而且太匀实了。再看镜背的纹饰，完全是由线条组成，通过图 10 的局部放大可见，镜背线条的质量很高，条条清晰、细劲而爽利，绝对是所谓的"一模"镜。然而，

图 9　镜纽的锈色

图 10　西王母

纹饰中又透露出精细之中的百密一疏，在线条之间，还存在着一些圆点形的“毛刺儿”，这是翻砂仍有不精细的地方。穿绳吊起叩击，音色悠扬但不洪亮，略带回音，说明铜镜没有裂璺。

古代铜镜的收藏，需要琢磨研究，这样才会获得无尽的兴趣。在小小的铜镜里面，的确蕴藏着很多我们现在没有想到、有可能回答不了的问题：譬如西王母身后的人物，上下身都是用纵向纵排的细线条表现，这就是常说的“弹簧人”。这种人物的描绘前不见古人，后不见来者，空穴来风又戛然而止，究竟它的美学意义是怎么形成的，又对后世有哪些影响，可以设计成一个课题研究。再譬如，镜纽的作用是什么？大多数人会毫不犹豫地说是为了拴绳悬挂。可是，《木兰辞》里有这样的一句话，木兰从军回家后，开始了女孩子的打扮，她“当窗理云鬓，对镜贴花黄”，为什么要“当窗对镜”？很简单，古代铜镜的研磨制作再精细，它的反射能力也非常有限，所以只能把铜镜放在窗户边儿，借助自然光的照射来提高反射能力。再想：除非木兰家的窗户旁边紧挨一面横墙，这时才有可能把镜子拴绳挂在对面的墙上，左面（或右面）当窗、正面对镜。否则的话，正常的窗户一般在墙的中间，窗户下放桌子，怎么放置镜子？既不可能把镜子挂在一定距离之外的墙上，也不可能把铜镜悬挂在房顶，直垂到窗前，所以只能用镜架把铜镜架在桌上。如此一来，说明了镜纽、穿孔的设计本不是为了拴绳悬挂，也不是为了佩戴，那么，究竟是干什么用的呢？

还有无数个很有意思的为什么等着我们去发现，这才是欣赏古代铜镜的主要意义之所在。否则的话，一块儿古代的铜镜，除了古董的价值以外，还能美到哪儿去。

唐代小罐的欣赏

现在的瓷器收藏已经被异化为一种不伦不类的行为，很多收藏者已经说不清楚自己在目前的收藏环境中出钱买古代瓷器，究竟是收藏还是在投资——收藏与投资的入藏标准有很大的差异。与此同时，古代瓷器的价值增长概念被无限放大，而其内在的美学价值则被严重忽略不计。尤其是在各种媒体的反复误导下，现在众多的瓷器收藏者，几乎都卷入到了这种莫名其妙之中。于是乎从赵宋的五大名窑开始，一直炒到了光绪粉彩，最令人不可思议的是，现在带有民国珠山八友款识的瓷器，拍卖的落槌价格都达到了大几十万元至几百万元，瓷器的价格像脱缰野马，紧步书画的后尘一溜烟地蹿升，一发不可收。

我也喜欢收藏瓷器，但是绝对不喜欢收藏明清瓷，民国瓷更是不屑一看。在20世纪90年代的时候，清三代的瓷器比较贵一些，光绪、宣统都挺便宜，大概一般的官窑也就几千块钱，民国更是便宜，一对粉彩帽筒一二百块钱左右。在那个时候我就不喜欢这类藏品，而将目光放在了唐宋瓷器上。

图1 唐 小罐

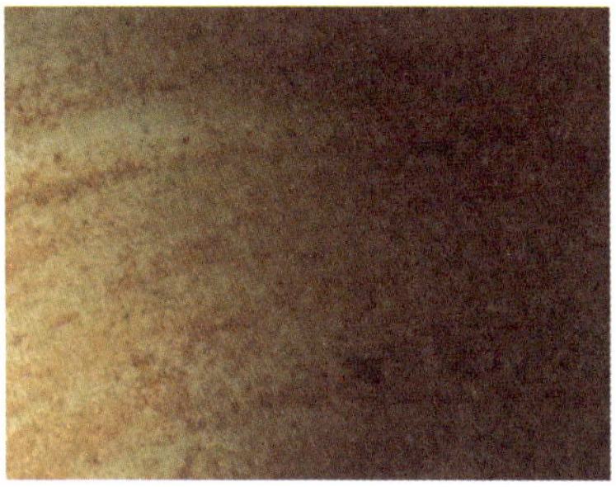

图 2　唐　小罐内壁接口

图 3　釉上橄榄形装饰彩釉纹

我买的这个小罐儿（图 1）就是在 20 世纪 90 年代末的湖南长沙。当时我到湖南省博物馆出差后，由于天气极度湿热，出了博物馆我准备马上离开长沙回京，一分钟也待不下去。但是没逛古玩店又于心不甘，于是决定简单看看，不想买东西。记得好像是在博物馆院墙外有不少家古玩店，在我进的第一家古玩店里，发现了这件小罐儿，我一下就被这个小罐儿的造型吸引住了，大概老板要 20 块钱，我价都没有还，付钱就奔去了机场。

这件小罐儿是件标准的唐代作品，譬如是饼足，外壁近底处微奓（zhà），这是唐代瓷器比较典型的特征之一。从图 2 可以看到，小罐儿是由上下两截接成，接口明显，完全符合唐代拉坯的工艺特征。由于外施低温釉，在一千多年的湿坑埋瘗过程中，釉面剥落严重，从残存的釉面上还可以看到釉上的橄榄形装饰彩釉纹（图 3）。这件小罐儿的外形呈鼓状，中间的最大直径处具有很强的张力，饱满而规整，竖直的短颈挺括，口沿微外翻呈唇状，与唐代的标准罐口相同。这件小罐儿被我视为唐代瓷器的精品。

对于瓷器来说，它的形体大小与玉器的价值衡量有所不同：在同等材质水平的前提下，玉器应该是越大价值越高，譬如玉牌子，薄、小占了哪样，都不会有太高的价格，讲究的是料头宽大厚实，其他的譬如手把件、山子都是这样。瓷器则不然，制作瓷器的胎土并不值钱，尤其元代二元配方以前，瓷土都是就地取材，资源丰饶，所以它的形体价值的体现在于工艺难度的大小，大器的陈设性强，制作难度高，价值也高；而很小的小器，譬如本藏的这个小罐儿，它的拉坯成形工艺难度不仅不会减小，反而会因为它的形体小而增加了接口拼接的困难。大罐的罐口与罐底稍有不平行，或罐身稍有不周正都不会太明显，而这样的小罐儿在哪个部位稍有瑕疵，就会立刻暴露无遗。从这个意义上审视这件小罐儿，一定会感觉到整体的各个部位无处不精神。

我始终觉得唐代是中国瓷器造型最美的一个时期，它的美的表述在于，在那个制瓷工艺相对落后的不应该美的时代，竟能创造出堪与千年其后的明清瓷器争辉斗艳的美品。清代的雍正皇帝就曾经仿制过唐代的瓷器造型，只是能够复原出唐代瓷器造型，而所表现出的造型魅力都是清代特有的，能够再现唐代神韵的一件都没有。可见唐代瓷器所具有的美学内涵和艺术张力，都是不可仿制的。

世界上的美概括起来不外有两种：一种是直观的美，另一种是含蓄的美。如果说清三代瓷器所表现的美是直观的、放射性的，那么，唐代瓷器的美质就是潜在的、含蓄的。我们读《三国演义》，同样是“智取瓦口关”这件事，张飞因为不具备用智的性格而用了智，所以这件事放在他的身上就显得很经典可爱；而智多近妖的诸葛亮本身就是智慧的化身，这件事如果放在他的身上就没有任何精彩可言。还说这个小罐儿，图 4 这个清乾隆时期的胭脂红釉水丞，做工精美，已经达到了无可挑剔的境地，但是味道却远远不如那件唐代小罐儿。为什么呢？因为清代的工艺进步，做成更加精美的小罐儿是情理之中的事，还有比这更漂亮千百倍的清三代好瓷器呢！而上溯一千多年前，唐代同样能达到如此精美的水平，就能够令人激赏不已。清代的瓷器就像品诸葛亮，人们是在智慧的预期中欣赏他的智慧；而唐代的瓷器就像阅读张飞，在粗犷的惯性下品味他的“小狡黠”。所以我说，如果从投资的角度涉入瓷器的交易，明清瓷器是最好的选择——直观的陈设美感总是社会需求的主流；如果真的属于收藏和欣赏把玩，唐宋时期的瓷器绝对是最重要的而且是不可或缺的组成部分。

从目前的收藏市场来看，整个唐代瓷器和宋代五大名窑之外的其他窑口瓷器共同形成了高古瓷的价格洼地，藏品比较常见而且价钱并不贵，作为工薪阶层的瓷器收藏者，在这一片天地间完全可以有新的斩获。当然并不是所有的唐代瓷器都好，收藏时还是要有相对严格的选择标准，譬如唐代普通的碗、碟等实用器就乏善可陈，最好不予收藏，而有品相瑕疵譬如冲、磕碰的也要适当考虑。如果能收到唐代的一些名窑如邢窑、长沙窑、鲁山窑以及江南的越窑，宋代的吉州窑、磁州窑、湖田窑、耀州窑等五大名窑之外的著名窑口，那么这样的收藏规模尽管投资不会太大，却很好玩了。

图 4　清乾隆 胭脂红釉水丞

宋代歙砚的收藏

我有几位以收藏砚台见长的老朋友，有时二三人小聚在一起啜茗聊砚以消遣时光，倒也挺惬意。时间长了，好像相互间可聊的话题越来越枯萎，逐渐觉得这样的聚会没有太大的意思，以后就改成单线联系了。

我喜欢每天晚上散步时思考一些无事生非的问题，老砚友们的话题不投机引起了我的思考兴趣，我想大概还是应该从藏品本身寻找原因。于是，我开始尝试着一件一件地梳理他们的藏品。最后我发现，除了我以外，他们每个人珍藏古砚，基本上都是断代在清代的带工端砚，藏品的数量不算少，大概总有三五十方；砚式主要以长方形居多，纹饰不外乎双龙戏珠、青莲荷花、云水纹、蕉叶纹等。可是仔细算来，从这些表面图案各有区别的清代砚台上发散出来的鉴赏要素和谈资却很单一、枯燥。对于清代砚台的鉴赏性评论并不复杂，主要的是两个方面：一是材质、二是雕工，舍此再没有其他可言。假如把每个人秘藏的重器都放在一起展示，那么材质等级的比较、雕工精粗的比较、价值高低的比较在同案的对照之下将会一目了然，基本上不存在值得再讨论的话题，就像观看一场没有悬念的比赛那样乏味而无聊。缺少悬念，也就没有了谈资，那凑在一堆儿除了喝茶还有什么可聊的！

所以我以为，绝大多数古砚藏友们都在不遗余力地追求清代的藏品，因为清代雕砚的年份好、材质多出于名坑，雕工也不乏尽善尽美，随便哪块儿都可以卖出理想的大价钱，这些都是清代砚台得天独厚的优势之所在。可是一旦我们从价值优势的另一方面做辩证观察，就会发现有一个致命缺陷同时被放大，那就是在相同时代、相同材质、相同设计风格和相同工艺作用下出现的可怕的藏品同质，以及由于同质所引发的把玩价值的不足。收藏有一条基础规律，就是“物以稀为贵”，凡是重量级的收藏品未必一定是孤品，但必须是罕见品。为什么同是宋代的御用青瓷系列窑口，汝窑的价值要高于官窑？在相同出身背景的条件下，质量的差距并不能左右价值的差距，决定价值的因素就在于存世量的多少。在宋代具有御用出身的五大名窑中，价值最高的汝窑质量未必最好，可是因为存世量最少所以价值最高。对于砚台的收藏来讲，清代距今不过三四百年，流传下来的精品肯定为数不少。在那个任何工艺都被发展到了极致的鼎盛时期里，砚台不再是纯粹的研墨工具，那些材质上佳的砚台一旦经过了精雕细琢，就会摆脱研墨工具的实用功能，而成为上流社会中文人的赏玩尤物。尤其是清代以后，不少带有精美雕工的好砚台，砚堂的磨损都很少。按照一般的规律，人们对精细的赏玩物件的保管收藏，一定会好于实用器，这就是我们现在所见清代精品雕砚的数量反倒高于普通实用砚台的原因之一。那么多的精品雕砚在当今的收藏大环境中，被富集到了少数有资金实力的收藏者手里，同质就成了一种不可避免的现象。什么事都一样，再好、再值钱的东西一同质、一扎堆儿，就会让人觉得闹得慌。我的朋友卢明先生是北京的一位大企业家、收藏家，他的收藏方向之一就是带有乾隆工的白玉雕件，并有不少清代精品白玉收藏。有一次他跟我说，他最近越看自己的藏品越看不出好来，是不是藏品有问题？我给他提个建议，让他拿一件藏品到朋友开的古玩店里，跟柜台里的玉件放在一起再观察一下。过一段时间他告诉我，经过比较，他又感觉到藏品的精品价值了。这就是收藏品的同质对藏品欣赏的干扰作用。

还说砚台。我也收藏砚台，跟他们谁的藏品都不同质，所以跟谁都说得上来。我是一个地道的工薪阶层，靠工资养家小、以版税养收藏，从来没有花儿万块钱买一方清代麻子坑端砚玩儿玩儿的实力。天性就喜欢生坑老物件，尤其是宋代的出土歙砚，见了就迈不动步，兴趣至今不衰。有时逛地摊见到有意思的宋砚，只要价钱不高，以千八百块钱为限，总是要买回来的。随着对收藏概念理解的不断加深，我逐渐意识到我收藏砚台的方向是正确的。我收藏宋砚完全是出于近乎天性的喜欢而绝非投资，所以只要砚台对心思、不假，以后能值多少钱跟我就没什么关系了。有了这个明确的前提，就有了收藏的理由：

1. 从目前的市场行情上分析，宋代砚台始终处于价格洼地，原因有二：第一，宋代砚台并不好看，颜色有些土里土气，远赶不上清代安徽歙县产的歙砚颜色沉着漂亮。所以一般砚台的收藏者不太适应宋砚并不漂亮的颜色，即使见到精品也不会购买；第二，正是由于宋代歙砚的上述原因，导致了藏品的交易局限，没有拍卖的高价位领队，宋代歙砚在短时间内几乎不可能形成理想的交易价格峰值。市场行情的低迷、一般收藏者对宋砚表现出的漠视，正好天助斯人，使我这样极少数的古砚收藏者有机会能花不多的价钱买到宋代的真品，只要不幻想着有朝一日咸鱼翻身、贫儿暴富，这种收藏就算对路子。有时我想，那些连从来不被人正视一眼的木头珠子手串，都有成精封神的机会，宋砚，那可是宋朝文人案几上朝夕对坐的、有着一千多年历史传承的文房用具，怎么就没有出头之日！肯定有被广泛接纳的那一天，只不过是时间的早晚罢了。

2. 宋代砚台的主流用石是产自江西婺源歙溪龙尾山的歙石，又称“龙尾石”，这才是我国古代四大名砚中正宗的歙砚。在宋哲宗的元祐年间，歙砚曾经是地方向皇室进贡的供品，有着与汝窑、官窑相同的御用历史。歙溪龙尾山歙石的矿藏资源很少，到了南宋时期已经有了枯竭的先兆。《婺源县志》对此有过九字描述：

“琢者日拙，识砚者尤鲜。”

意思是说由于歙石原材料的日渐稀少，雕砚的工匠越来越笨，而能认识了解歙砚的人更是罕见。“琢者日拙”并不是说工匠真的越来越笨，这是一种反衬的修辞手法，由于砚材不比昔日，现在已经十分珍稀难得了，所以那些原来看着挺不错的工匠，现在都因为长时间无砚可雕，已经开始技艺生疏了。换言之，他们现有的水平生疏到了已经自愧不配雕琢珍稀的歙砚！民国时期的收藏评论家赵汝珍先生在他的《古玩指南》中，对歙石有过准确的考证描述，他说：

“（歙石——著者）经宋采伐，佳石已绝。以后所产，皆龙尾之支脉，并非真歙石也。元、明而后，虽支山亦无产砚材者。今之所谓‘歙石’，无一真物，不必辨也。”

“以上各石之佳者（指歙砚的石品而言——著者），在南唐时即已取竭，至宋时，即无有再得之者。今则歙溪早成一片荒墟，徒为历史上之陈迹。虽偶有在歙溪附近采得者，亦不过与普通之砚石相同，只可供俗子之研用，与唐宋以前之珠宝其质、金玉其音者，迥不相牟也。且宋以前产砚之地全国以此为中心区，多数砚石皆给于此。故在宋时，佳石已绝迹，以后所产，或出自附近岩溪，或其他溪石冒充耳。”

据此，我们知道了歙溪龙尾山的歙石材料在南唐至赵宋这一段时间内，已经开采得剩不下什么了，元、明以后的歙砚，所用材质连龙尾山支脉所产的准歙石都不是了，更别说是真的龙尾山歙石。对此，赵老先生十分肯定地告诉我们，对元代以后的歙砚，用不着瞎耽误工夫仔细验看材质！

清代以后开采的歙石很明显与宋代歙石不在一个相同的矿带上，就像新疆和田玉与俄罗斯玉一样，表现着两种不同的境界。清代歙石的颜色主要是以深青色为主，没有宋代歙石的那种泥土罩面的气息；同时，清代歙石上面的石品也多，最漂亮的是金星、银星、眉子纹、刷丝螺纹、鱼子纹等。抛开材质的稀缺特性，仅从表面的特征上看，清代歙砚优于宋代；但是清代歙砚使用的材质现在仍有大量的供应，从收藏规律上看，宋代歙砚因此尤显珍贵。

3. 宋砚的形制简单而多样，除了一些制作粗糙的冥砚以外，只要是带有工艺雕琢的宋砚，一般没有设计雷同的可能。可以这样认为，精品宋砚件件都是孤品，这是收藏品最难能可贵的一个品质。我拜读过我国著名古砚收藏家、浙江吴战垒先生的著作，里面收录了许多他珍藏的古砚，其中宋代的砚台百形百式，即使有些造型相近，也表现出很明确的不同意蕴，这就是“耐人寻味”的魅力。

4. 宋砚雕工所表现出来的刀工，带有鲜明的时代工艺特征，不管是直线、弧线，还是铲地、隐起，都表现有一种铿锵的硬度张扬，用刀果决而凶狠，毫不缠绵，好像与当时羸弱的朝廷政治形成了鲜明的对比。也与之后清代砚雕繁缛缠绵的美感胜场各异。

5. 在实际收藏中我发现，宋砚在古玩店、古玩市场里其实并非难得一遇，偶尔还是可以见到，而且价位也不离谱，在古玩店里价格自然会高些，至于一般地摊，有时很便宜。但是，要想入藏到一方绝对心仪的宋代精品歙砚、拿出来在朋友之间吹小牛脸不红、心不跳，那真就要凭缘分了，大概光财大气粗还不行。这种精品级别的宋代歙砚十分罕见，千万别轻信有人吹牛说家里藏着十方八方，这辈子只要能有一方入藏，我看就算是个财主。

话虽这么说，清代仍然是精品砚台制作的最好时期。这时的砚台无论是材质的遴选、雕工的精美，还是纹饰设计的堂皇，都与宋代砚台有着截然不同的设计风格。如果从常人对美的理解上看，宋砚并不好看，毫无疑问地甘拜下风。可是，作为稍微有一点专业素养的古砚收藏者，对古代砚台审美的评价角度就有些不同寻常了。清代砚台的形制设计因过于中规中矩而显得多少有些程式化，尤其是砚额上面的那些令人眼花缭乱的纹饰，又是故事、又是传说，还有吉祥图案。我以为，这些设计纹饰都是典型的画蛇添足，因为研墨，对于即将进入书画状态的人来说，有两个作用：一是为即将的书画准备应用的墨汁；二是利用研磨这一短暂的时间凝神静思，排除杂念，使自己的思维尽可能沉寂在无我、无物之中，这是创作前必须进入的一种心理状态。在砚台的收藏过程中我发现，一般砚堂使用痕迹明显、下凹很厉害的砚台，上面的雕饰都很简单，或者干脆就是素砚，大概就是以不干扰使用者临界心理为佳。而清代的精品雕砚向使用者提供的，恰恰就是将其本来需要沉寂、无物心理，通过精美的雕饰诱惑，转移到它物之上——视觉关注转移。就好像在一位正在辟谷者的眼前，摆着一坛热气腾腾、香味扑鼻的东坡肉，他还辟得了谷吗？

图 1 的这方砚台就是典型的宋代歙砚，砚堂一端的背面有两只圆柱形砚腿，整体形状与唐代的木屐相似，所以又称为“屐形砚”。

判断和欣赏一方宋砚，主要从这几个地方着眼。

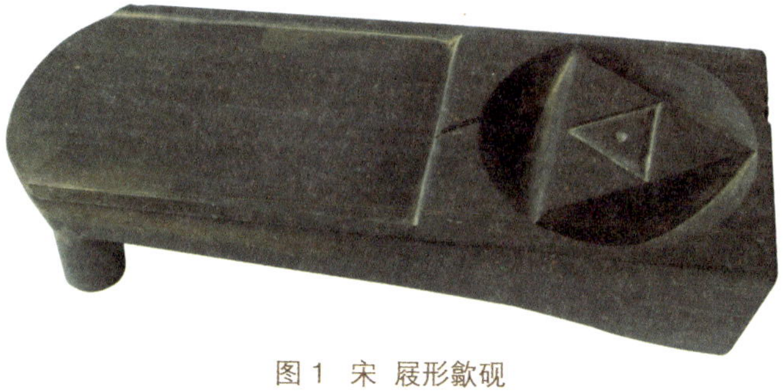

图 1　宋　屐形歙砚

图 2 苍青色的砚石

图 3 横截面呈倒梯形

看砚石

这方宋代屐形歙砚的砚石非常细腻，颜色呈苍青色（图 2），正是赵汝珍先生所形容的那样“珠宝其质、金玉其音”，在宋代歙砚中属于上等的石质，我们见到较多的宋代歙砚。大都是制作粗糙的抄手形冥砚，颜色基本上是灰白色，上面好像带有洗不净的泥浆，不排除在千年的掩埋历史中与土壤的作用有关。到目前为止，我还没有机会领略熟坑宋代歙砚究竟是什么颜色。而清代歙石的颜色与龙尾山歙石有很大的不同，主要的颜色呈或深或浅的蓝黑色，深沉幽静，应该比龙尾山歙石靓丽漂亮。

看造型

宋砚的造型有一条基本规律：砚面的面积一定大于砚底的面积，横截面呈倒梯形。不管造型是圆形、是方形，还是长方形，莫不如此。这方屐形砚照片所表现的右上角和左下角，都证明了这个规律（图 3）。当然，这是指具有一定厚度的宋砚而言，有些很薄的砚台，这种造型规律就不甚明显了。

看纹饰

讲到纹饰，每个时代都有各自的纹饰特征，而每个设计者又无不在社会美学的大制约下，利用作品凸显出自己的设计风格。宋代雕砚的风格总体来说，是一种在简约中蕴含着复杂的设计理念，这与宋代社会整体的“尚理”有着密切的关系。宋代砚雕的纹饰特点就是层次简单，往往看一眼就能明白；可是如果好事者再多看几眼之后，可能又有些不明白。只要你具备了那种理性的、历史的思维能力，每隔一段时间欣赏一下，摆出来看看，相信每次都会有新的感受。当然，我并不认为宋代砚雕的师傅比后来的雕砚匠人的学问大，也不相信现在学者的学问赶不上宋代的工匠，对于砚台的纹饰设计来说，这其中体现出的是时代风格与个性美学的熔融过程。图 1 这方屐形砚，砚额上面在一个正圆的半球体中，设计了一个减地正三角形，上面又用单阴线套雕了一个倒三角形，正中又装饰一个圆心（图 4）。说简单，图案的装饰层次一览无遗；说复杂，有谁能够准确说出砚工所要传达的是一种什么理念？可是，这个图案中一定寓有设计者的设计匠心。还是运用我们的知识与理念，常看常新，这就是宋代砚台纹饰设计隽永的味道之所在。

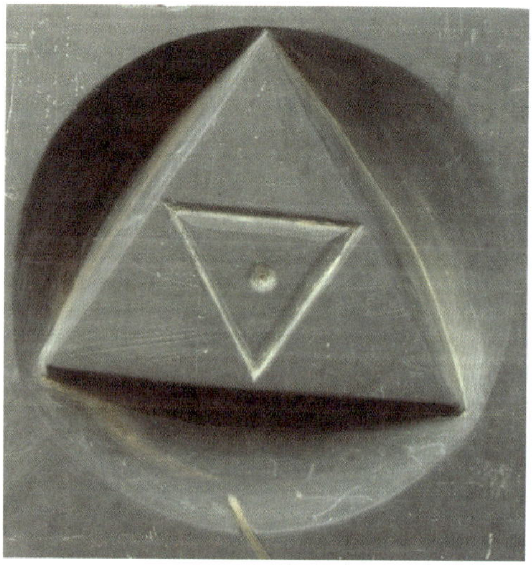

图 4　砚额上的纹饰

a　　　　　　b

图 5　歙砚的刀法

看刀工

宋砚的刀工很有特色，正如上面所言，用刀凶狠铿锵，既不犹豫，也不修饬，如果仔细观察起墙的根底处就可以发现，线的底部干净利落，没有丝毫的复刀痕迹，说明宋代的砚工所讲究的，就是这种“一刀准”的功夫。另外，宋代砚工的刀法特征还表现为饱含有刚劲的硬度，图 5a 三角形线条的斜铲，动作是多么大气不雕，没有任何一点矫揉造作。这些如果对照明清时期精细砚台雕工的线条和铲面，就能对宋砚的刀工有更深刻的认识。

这方宋代的履形砚无论从哪个方面，都可以视为宋代歙砚中的上上藏品。我还见过一些非常精美的宋代歙砚藏品，如果有机会攒一个展览，将这些砚台放在一起陈列，就可以形成一个万花筒效应，用“琳琅满目”来形容，绝不言过其实。可惜，能办这样的一个陈列，对于民间收藏来说，实在太难了。

闲话澄泥砚

——兼谈明代澄泥砚的两个鉴定特征

中国古代文人有一个很有意思的特点，就是“玩儿心”特别大，总能心想事成地把一些意想不到的创意发展成为引领社会的主流而影响后人。譬如中国古代的玺印，最晚在战国时期开始，所有实用的印章除了少数金、银、玉印以外，基本上都是用青铜铸造，只有一些随葬的冥印才使用滑石材质。可是到了明代，大书画家文徵明的长子、也同样是明代著名书画家的文彭受到了元代画家王冕试用花乳石刻印的启发，开始把出产于浙江青田县的一种石头——青田石作为制作印章的新兴材料，并且硬是越俎代庖，把一直都是工匠干的活计一揽子承包过来，自己亲自操刀，在印面上又是篆又是刻。经过有闲而好事文人的蹦等，这些原来工匠赖以养家糊口的耍手艺俗活，在文人手里一下子变成了雅事雅趣，还被后人艳称曰“篆刻艺术”，从此开创了以文人为主导的明清流派印先河。之后又出现了诸如水晶、象牙、牛角、黄铜等各种材质刻制的印章。还有玩儿心更大的文人，尝试着把坚硬的老倭瓜蒂、竹根儿稍加整形刻成印章。这些不同材质的印章与汉代的青铜印相比较，尽管不属正途，却承载着中国古代文人更多兴趣百变的、也是更好玩儿的文化，及其由此衍生出来的各种新的文玩创意。这些文人的新点子、新创意为他们枯燥的读书致仕生活增加了炫动的色彩和富氧的活力，也为我们研究古代文人的内心世界预设了一条特殊的通道。看来，古代文人比我们懂生活、贪玩儿，也远比我们更会玩儿。

我所见过最早的砚台实物是西汉时期的，由两部分组成，砚体是带有一定厚度的长方形石板，还附有一个叫“研石”的平底小石块儿或者石片（图 1）。

图 1　西汉　砚板、研石（吴战垒先生藏）

没有任何典籍记录汉代文人研墨的过程，我们只能凭借着对出土的砚板、研石的观察，推测出汉代砚台的使用方法是：在长方形砚板的上面，放上墨块儿（有可能是墨珠）或者其他色块儿比如朱砂、白垩等，再在上面压上研石，用手压着研石前后运动，使砚板与研石之间的块儿状物逐渐剥落，再压成粉状后，放到容器里加水调成色汁，我们称之为"干研法"。而在砚台上面注水研墨的"水研法"的出现，估计一定是砚台进化出砚堂以后才有的。正是因为汉代以前的砚台没有砚堂，所以可以断定的是：

第一，研墨采用的是干研法，砚板上面一定不加水，砚台的作用就是把块儿状墨锭研成墨粉，相当于画国画研矿石用的乳钵。

第二，砚板一定是坚硬的石材，而不可能是陶材质，因为干研对砚板硬度的要求很高，低温焙烧的陶质砚板明显不能满足干研的硬度要求。1969 年江苏省徐州市东汉墓出土了一件东汉时期的兽形青铜盒砚，砚的内底嵌有比青铜硬度更高的石板，另有圆柱形研石同时出土，可以证明上面的推测。

端石、歙石成为砚台的主要材质，应该是在唐代以后。唐代的文人也很贪玩儿，他们好像并不认为工匠雕琢出来的譬如"凤形砚"的石砚造型能满足他们的审美需求，所以不知哪位上仙实在闲得没事突发奇想，开始琢磨着如何用陶泥制成砚台。需要说明的是，唐代尽管已经进入了瓷时代，可是仍有高品质的灰陶器存世，只是传世数量很少，端面显示出陶质的颗粒极其细腻致密，制作也很精美（图 2）。唐代灰陶的存在，就应该视为澄泥砚制作的工艺基础。

从资源的角度分析，端、歙这两种最适宜制作砚台的材质在唐代还没有被野蛮开采到行将枯竭的境地，所以唐代完全没有寻找新的材质资源来替代端、歙两种石材的必要。据此我认为，唐代兴起的用澄泥制成砚台，绝不是为了满足社会广泛的需求，而是文人闲情逸趣的歪打正着。

澄泥砚与一般陶器最主要的区别就是质地的硬度。澄泥砚之所以能达到很高的硬度，除了取材地域的土质因素以外，全在于泥土颗粒的细小。颗粒越细小，质地的致密度越高，烧成后也就越坚硬。这就又牵扯一个澄泥的取材问题。宋代张洎在他的《贾氏谭录》中说：

> “制澄泥砚，缝绢囊置汾水中，逾年而后取出，沙泥之细者已实囊矣。陶为砚，水不涸焉。”

民国时期的收藏家赵汝珍先生在他的《古玩指南》中说：

> “（澄泥砚——著者）故无特出之产地，亦无特殊之名窑，

图 2　唐　灰陶钵

惟以山西绛县所制者最为著名。其必系缝绢袋，置于汾水之底，逾年则泥以实囊，取出晒干，切成各式砚形，入窑烧之即成。或以夹布囊盛墐（qín，黏土）泥，水中摆之，得细者澄去清水，令微干……”

上面介绍的是两种获取澄泥方法，一种是宋代文人的说法，民国时期的收藏家赵汝珍无凭无据地跟着效颦，把澄泥的取得描绘为把缝制好的绢袋子放到河里，让河水夹带着泥沙自然流进袋子后再筛出，一年以后，里面留下的就是颗粒很细的澄泥。这种说法显然是旧时文人想当然的道听途说，稍微动脑筋想想就知道违反了普通常识。我们知道，把一个绢袋子放到流动的水里，希望细小颗粒的泥土被水冲进袋子，那么结果肯定是细小的颗粒流到袋子外面，而粗大颗粒留在了袋子里面，事与愿违。这种取材的记载不靠谱。赵说的第二种取泥方法大概就是用布袋子装上黏土，在装有清水的容器里涤荡，沉淀下来的就是细泥；晾干再用更细网眼的布袋子重复涤荡、沉淀，直到达到要求为止，澄去上面的水，沉淀在下面的就是用来制砚的澄泥。这种说法好像比较有道理。在中国古代，有些制作工艺描写是文人闭门想当然杜撰的，听着挺玄乎，其实只要想想就知道根本不是那么回事。

根据宋人李之彦记载：“虢州澄泥砚，唐人品砚以为第一。”说明澄泥砚最晚在唐代已经具有了成熟的工艺，而且所展现的工艺价值远在石质砚台之上。大概正是因为如此，所以唐宋时期澄泥砚的出土器、传世器都很罕见。我们一般收藏者即使见到也要避之三舍，因为可以参考、对比的标准器阙如，不能做出正确的判断。

收藏澄泥砚，还是要从明代开始。明代澄泥砚的制作工艺跨过元朝而直接仰承赵宋，元人的异族统治并没有彻底摧毁澄泥砚制作传承的链条，而明太祖朱元璋因文盲而强加给士人的文字灾难，一方面把一心只读圣贤书的文人逼向了慵懒散漫、不务正业殊途，使他们的兴趣更多地集中在经史子集以外的事情上；另一方面又客观地加速了澄泥砚制作集前朝工艺之大成的进程。这就是明代文人把澄泥砚玩儿出大名堂的一个重要的时代背景。

从文房的收藏角度来看，一方真正的明代澄泥砚，一定保存着很多值得欣赏的地方，这里只讲两个涉及鉴定方法的重要特征。

一、明代澄泥砚的质地最细腻

明代澄泥砚的质地细腻于清代澄泥砚。如果将这两个时代的澄泥砚做并案对比就可以很直观地得出这个结论。凡是砚材，不管是什么材质，对质地的基本要求有两点必须同时存在，缺一不可：一是质地必须细腻，只有在质地细腻的砚台上研墨，才能保证研出的墨汁没有渣滓、笔毫与砚面在反复舔墨摩擦时不会受到损伤。当然，这对于现在书画者来说好像无所谓，因为现在已经没有几个人追求研墨的效果了，都是大瓶的墨汁伺候；二是砚面还要蕴含着一定的锋芒，这样才能保证墨锭经过研磨而形成墨汁。这两点显然是矛盾的，粗糙的材质比如汉白玉固然具有很强的研磨下墨功能，但是伤笔伤墨，研出的墨汁太粗；而光滑的材质比如云南大理石又没有锋芒，不具备研墨的功能。我们对一方砚台材质的评价，主要是观察这一对矛盾在砚台上究竟能否达到和谐的统一。比如端砚，用端石中最好的大西洞或者坑仔岩做砚台，手感真像抚摸婴儿的小屁股蛋儿那样稚嫩滑腻，研出的墨汁再浓稠也没有一点渣滓，达到了细腻与下墨这对矛盾最高境界的统一。我收藏有一小块儿真正端溪老坑的随形砚板，手感绝佳无可言状。有时在参观大型拍卖预展时，就把这片砚板揣在兜里，专找一些估价高的、标明老坑的拍品抚摸对比。说实话，能出其右的不多；而对比一方现代普通的宋坑砚台，手感相距更远，研出的墨汁肯定与老坑也有天壤之别。

这两个相互对立的基本要求同样适用于对澄泥砚的评价。明代的澄泥砚质地非常细腻，手感好，主要是澄泥的颗粒极其细小，而且陈腐工艺到位，能够把澄泥内部的空气彻底排除干净，烧成后几乎不存在哪怕是微小的一点气泡空隙，从而决定了澄泥质地的高密度和高硬度。明代澄泥砚的这两项标准毫无疑问都能达到同一个高等级的标准，使得砚面既细腻柔滑，又保持下墨的功能。需要说明的是，为了加强澄泥砚的下墨功能，明代的工匠在澄泥内羼入了少量的金属微粒，在太阳光下仍可以反射出零星的闪光点。

清代的乾隆时期，是把中国仍然存在的各种工艺基本上都发展到了极致的时期，只要能够流传到那个年头的工艺，都会凸显出质的飞跃。这一时期的澄泥砚在雕饰设计上，毋庸置疑地达到了与端砚同步的艺术水平，繁缛工细、绚丽堂皇，而在质地的细腻感觉上却明显较明代逊色。清代中期是端溪砚石开采历史上的最好时期，很多现在看来是最好材质的端砚都出现在那个时候。也许人们关注点的转移导致了澄泥砚制作的萎缩——既然能够比较容易地买到一方不错的端砚，谁还用澄泥砚！澄泥砚的衰落，一定与端砚材质的普遍上佳有关，是出现在清代的一个不争的现实。

二、明代澄泥砚的雕刻刀法特点是“刻软显硬”

不管哪个时代，用于纹饰表现的雕刻都一定会体现出那个制作时代的大众审美。因此可以公允地说，雕刻的风格、味道以及所施用的刀法，只能认为“更好”而不存在“最好”。那么对于雕刻所表现出来的阅读感觉，又无不与雕刻材质的硬度有直接的关系：在石材质上面奏刀，就容易获得所谓铿锵霸悍、粗犷豪放的“金石味”；在质地较软的材质譬如木头、象牙上面雕刻，线条往往偏软，弹性、规范有余而力道张扬不足。一位雕刻高手的赢人之处，往往表现为雕刻材质与雕刻效果的逆常规表现。比如篆刻，严格地说，齐白石先生的篆刻用刀绝对达不到超一流水平，因为他刀下的线条与材质的硬度是同一方向的“刻硬显硬”，在带有较强脆性的青田石上使用冲刀，所得到的，只有使线条带有超常霸悍力道的单一风格。正是因为缺少了印材与奏刀之间的矛盾，才导致了齐白石篆刻风格的千篇一律，精气外泄、缺少深层内涵的线条就是齐白石印章不耐看的根本原因（图 3）。说

图 3　近代　齐白石刻印

到底还是功力很深厚而修养不够；清代大篆刻家吴让之的印面线条则远高于齐白石，他同样在坚硬的石材质上行刀，却能“刻硬显绵”，刻出既有弹性又有骨力、既婉转灵动又不乏金石力度的线条，将印面上“硬度”与“灵活”这两种矛盾因素调动得水乳交融，这才是超一流顶级篆刻大家的水平（图 4）。

图 4 清 吴让之刻印

了解了篆刻，又妄语了关于齐白石先生篆刻的几句真话，就是为了说明，高水平的雕刻就在于，在坚硬的质地上能刻出弹性的、灵活的线条；而在偏软的质地上，又能给人以铿锵霸悍的金石味道。比较常见的就是紫砂壶壁上的书画镌刻。我的一位企业家朋友曾经花了十几万块钱买了一把民国时期溥心畬先生绘画的紫砂壶，拿给我看真假。我只用眼一扫就告诉他是假的。道理很简单，溥先生是民国时期的绘画巨擘，他既然肯于赏脸在壶上作画，那么制壶的主人也必定会花重金聘请制壶业界的顶级镌刻高手操刀，这才叫“珠联璧合”。朋友家藏有一件民国时期紫砂老艺人范正根先生制作的紫砂水丞，上面的刻划刀法极佳，达到了晚清民国时期文人画的意境水平，这就是“刻软显硬”的典型作品（图 5）。再看看这把壶的壶壁上的线条，软趴趴的没有筋骨，都刻出了蚯蚓的味道，哪提得上“刻软显硬”的线条质量，真假还用说吗。

图 5 民国 范正根紫砂水丞

话再回到澄泥砚上来，清代澄泥砚的雕工，线条浅而转折灵活，就是在软质地上奏刀，“刻软显软”的正常效果。再看明代的澄泥砚雕工，同样是在尚未焙烧的澄泥砚坯上雕刻，刀落处尽显汉代玉器中汉八刀法传承，切、铲、剔、削，凶狠而干脆，既不犹豫，也没有多余的复刀修饰，与摩崖凿石的效果如出一辙（图 6）。

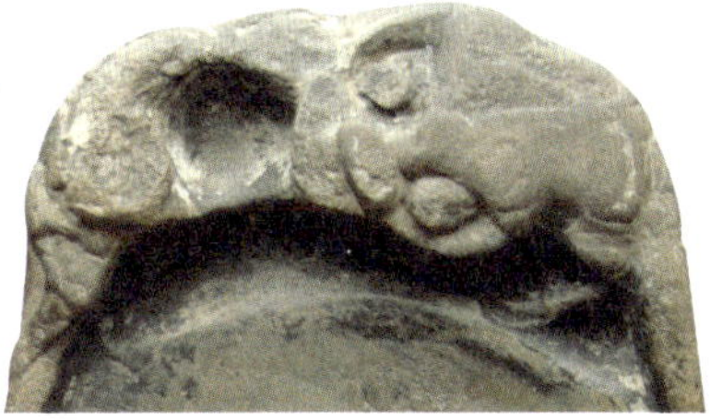

图 6　明　澄泥砚砚额蟾蜍纹

图 5 这件民国时期的紫砂水丞凌厉峭拔的线条，代表着紫砂大师范正根先生的个人艺术风格，但未必是时代的追求；而明代澄泥砚砚额上面雕刻所表现出刀砍斧凿般的精气神，则肯定寓有明代文人普遍渴求的某种精神寄托。

我悉心研究明代澄泥砚多年，是源于藏有一方明代的澄泥砚（图 7），在苏州的一爿很小的小杂货店里买的。我当时就断为难得的明代澄泥砚，于是先跟老板讲好了价钱，然后稍微擦了擦上面厚厚的尘封，抚摸砚底时的手感极佳，再看看砚额的雕工，正是上述明代的典型风格，所以没犹豫就买到手了。

图 7　明　蟾纹澄泥砚

明清翡翠的实话实说

翡翠，作为一种高级别的宝石级材质，在中国被用于主流装饰的时间不算太长，除了近十几年全民翡翠的异动热炒以外，从现有的传世品数量比例推算，大概民国是翡翠使用的上一个高峰时期。毫无疑问，20 世纪 50 年代以后，翡翠在中国迅速进入了蛰伏期，几乎没有新的供百姓佩戴的翡翠饰品产生，更遑论繁荣的市场交易。而民国之前的有清一代，包括各时期皇帝御用的各种翡翠器，雕工的精细本无可非议，而绝大部分材质品质则乏善可陈，完全不像清宫电视剧或者评书里所形容的那样，乾隆爷一高兴，把一件能映绿一盆清水的翡翠大扳指赏给了刘罗锅。别说清代中期的乾隆爷没有那么上好的老坑玻璃种翡翠，就是到我国的台湾省台北故宫博物院去看看给慈禧老佛爷殉葬的那棵闻名遐迩的翡翠大白菜就能估计到，清末最高质量的翡翠也不过如此。我在 2013 年到过广东揭阳，那里是我国翡翠交易的一大集散地，随处可见有太多大块儿的翡翠原材料，其种、水都好于那棵大白菜。可是，正是这些真实的明清御用品旧藏的存在，才使得北京、台北两故宫具有两代藏品鉴定标准的权威性，被收藏界视为明清器具品质的最高标准。如果我们把所能见到的北京故宫旧藏清中期翡翠器，与现在翡翠器做质量对比，不难看出昔日乾隆皇帝案上的翡翠器材质都很稀松平常，难怪不受待见。图 1 是一件北京故宫旧藏的清中期御用翡翠兽面纹双耳香炉，香炉在玉器中应该属于重器，正是江南的那些画蛇添足的玉作向乾隆献媚，劳神费力地把香炉镂空后进贡，才惹得乾隆爷大怒，斥之为“玉厄”——无辜的白玉遇到了这些无良的工匠，算是交上了倒霉的厄运。可见香炉这种器形在宫廷玉器中所占有的位置非常重要。凡是故宫旧藏的御用玉香炉，都是新疆和田玉，材质即使是山料，也一定是顶级山料。图 2 就是北京故宫旧藏的清中期和田白玉双耳炉。那么我们可以做进一步推想：同样是供御用的翡翠香炉，所用也一定是当时的顶级翠料才合理。可是我们观察图 1 可见，这件翡翠香炉的地子属于现在最普通的“瓷白地”，种、水的品质都不高，绿翠色的铺陈乏力。这种无论地子还是绿翠都极其一般的翡翠，很难令人相信这就是给讲究玩物无不臻其极的乾隆爷制作、赏玩儿的御用翡翠香炉，但这又的确是北京故宫的旧藏，不能不相信。这件翡翠香炉放到今天交易，避开出身不谈，仅以质论价，想必很难得到一个善价。

图 1　清中期 翡翠兽面纹双耳香炉（北京故宫博物院藏）

图 2　清中期 和田白玉双耳炉（北京故宫博物院藏）

这就说明了至少在清代中期，和田玉的品质达到了历史上的巅峰水平，而翡翠则不行，还相对处于低端。通过北京故宫旧藏的清中期翡翠器我们可以推想，极有可能当时乾隆皇帝翡翠扳指的种、水也远达不到今天老坑玻璃种的水平。毫无疑问，清中期的翡翠质量并不是一塌糊涂，也有为数不多的器件质地较好，我们从公布的北京故宫旧藏翡翠器的照片上，发现一件清中期的翡翠花插，俏色圆雕，黄翡、绿翠相得益彰，雕工非常漂亮。只是从照片所反映出的质地看，虽然绿翠、水头、通透度均好于图 1，对于今天的标准来说，仍然还显得有些一般。

翡翠与其他矿石材质一样，在矿带中不同的生成位置赋予着不同的品质。譬如和田玉，清代材质品质达到了历史的最高峰自不必说，辽、金、元时期的和田玉整体都不错，可是朱明一代和田玉的品质迅速下降，带有典型明代风格的好玉比较少见，这就是俗话说的“大明无好玉”。再譬如广东肇庆用来做砚台的端石，从唐代就开始了使用，直到清代，材质才达到历史的最好时期。分析起来，和田玉、端石都恰巧在清代赶上了最佳的矿带位置，这既不是人力所能左右的结果，更非乾隆皇帝的福祉所致。可是，好东西不可能全让乾隆一朝独享，清中期翡翠的材质就不好，连御用翡翠都是那种偏低的水平，民间的翡翠质量更差。在我们普通的交易中，所见清代的翠镯子、耳坠、佩件、簪子头，几乎没有种、水很好的。收藏者一旦面对那些带有明显清中期鉴定特征的、看似毋庸置疑的老坑玻璃种翡翠藏品，如果能够用北京故宫旧藏翡翠御用器的普遍材质质量作为比对参考，就有可能于毋庸置疑处产生疑问。这是本文最重要的一点提示。

再说明代的翡翠。

朱明一代的翡翠是一种还没有被人们普遍认识和接受的材质，因为明代翡翠的颜色缺少纯正而浓郁的装饰感染力，被人们认为不过是一种带有浅浅绿色的石头，所以没有受到人们的普遍重视。估计在明朝皇帝的御用器中，没有或者很少有翡翠材质，朝野上下用翡翠作为装饰器的大概也极少见到——因为我们在现在的各种交易中，的确几乎见不到带有典型明代雕工风格的翡翠器出现。1958 年，在北京昌平区十三陵定陵的孝靖皇后棺内，出土了一件明代的百宝嵌金簪，现藏于北京定陵博物馆（图 3）。定陵是明代神宗万历皇帝的陵墓群，这件百宝嵌金簪左侧有一朵儿两

图 3　明　百宝嵌金簪（北京定陵博物馆藏，姜言忠摄影）

层和田白玉菊花，中间嵌隔有红蓝宝石，最上面是红宝石压顶；右侧是一个如意，上层覆盖着一只金丝盘绕成形的蝴蝶，蝴蝶背嵌猫眼宝石，中间层嵌有红蓝宝石，最下面绿色的是碧玉如意托。假如万历时期的翡翠质量能够达到现在老坑玻璃种那样冰艳雍容的水平，这个底托肯定不会使用与上面红蓝宝石气质不太搭界的碧玉。同年，在定陵还出土一组垂导宝石花佩，其中第六排第二、第七两个小片翡翠质花片的表面有明显的白色石筋带，而且质地干涩失润，按照现在的标准，应该属于低等级的翡翠。因此，这件金簪的存在，完全可以证实明代中晚期没有好翡翠这样一个事实，而且在此之前也没有高品质的翡翠出现过。

大概是在2006年前后，上海著名的古玉宝石鉴定家张兰香先生应邀赴美国考察讲学，从美国最大的古玉收藏家、犹太人 Alan Hartman 先生家里购得若干件古代玉器，其中有一件是翡翠莲花佩（图4）。张先生不愧是我国著名的鉴定家，她的鉴赏能力极强，而且有着丰富的超乎常人的审美品位，过目即断定这是一件非常少见难得的明代翡翠佩饰精品。很显然，这件翡翠佩饰在 Alan Hartman 先生那里算是一件小品，所以张先生最后以合理的价格购回国内。

这件翡翠莲花佩之所以可以明确地断代为明朝，主要着眼于以下两个基本特征。

图4 明 翡翠莲花佩

刀法

对于这件翡翠莲花佩的制作时间断代，主要应该从纹饰阴线所保存的时代特征上面来取证。我们前面讲过，器形对于玉器的断代来说，没有决定性的参考意义。而对材质的鉴定又缺少必要的标准器比对——到目前为止，明代翡翠的标准器极其稀少，材质的鉴定在断代上也很难提供有参考作用的信息。所以，我们必须把研究重点放在对阴线刀法的研究上，通过刀法来确定这件莲花佩的制作时间。

我们知道，新疆和田玉的摩氏硬度是 6 ~ 6.5、比重在 2.96 ~ 3.17 之间，被称为“软玉”；翡翠的摩氏硬度为 7、比重为 3.33，被称为“硬玉”。由于和田玉是中国玉器史上的主流材质，任何一个时代琢玉工艺的进程与发展，都必然是围绕着它的硬度和比重进行，所以，玉工们在软玉上面铊出的阴线，与在硬玉上面铊出的阴线，其质量效果应该不尽相同。一直到清代中期以前，玉工们对高于新疆和田玉硬度的翡翠所进行的加工，我们能从刀法的保存中明显感到某些不适应，譬如同样的炉形器，图 1 与图 2 所表现出来的，是完全两种制作精度层次。如果说都是同一时期的御用制玉顶级工匠为之，不存在任何技术性障碍的话，那么，我们只能把加工精度的差距归纳为因为材质硬度的变化，给工匠带来的不适应。

如果上面的推想不错，那么，再看看这件翡翠莲花佩两面的阴线，有这样几个特征。

1. 行刀的深浅、宽窄变化较为明显。明代的玉器加工工艺已经完全可以把阴线琢制得规范统一，这在许多明代玉器中可以得到证实。而翡翠莲花佩行刀的深浅与宽窄则表现出磕磕绊绊，估计这与质地硬度太高有关。工匠无论是铊轮直径、转速还是经验，都不足以熟练地驾驭翡翠的硬度。

2. 阴线两侧的崩茬多而明显（图 5），说明了当时铊轮的转速缓慢，这是工艺上的落后，清中期相对好得多，而现代翡翠雕件基本上见不到阴线两侧的崩茬现象。

3. 半径小的阴线曲线带有明显的歧出（图 6）。歧出是明代玉雕经常出现的工艺瑕疵，较多的带有典型明代工艺特征的玉器，小半径的圆曲线都会携带有歧出现象，这种现象在清代已经得到了根本上的改善，不再出现。因此，歧出是明代琢玉的典

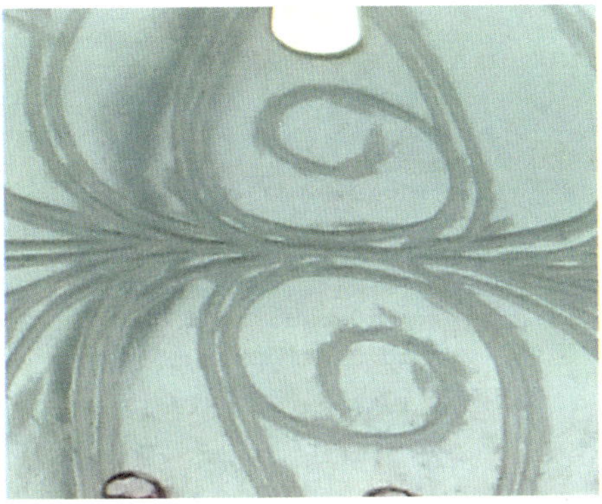

图 5　明　翡翠莲花佩阴线的深度变化与崩茬

图 6　明　翡翠莲花佩阴线歧出

图 7　明　翡翠莲花佩上的出界阴线

图 8　明　翡翠莲花佩的玻璃光

型特征之一。

4. 阴线纵横的交界处，由于收刀尺度掌握不准，常常伴有阴线的终端出界或不能完全交接，这是明代玉器中最常见的现象，也是明代玉器的断代特征之一。图 7 就是翡翠莲花佩的两条斜线相交不能在一个点上，甚至冲出了界外，与明代玉器的阴线特征完全相符合。

这件翡翠莲花佩上阴线所携带的刀法特征，完全符合明代玉器的断代要求，而与清代琢玉工艺有着明显的差距。因此，把这件翡翠莲花佩断代为明代应该是准确的。

记得我在与张兰香先生讨论这件藏品时，有一次张先生说有可能是明正德前后，所言依据我没有记住。我倒是觉得这件翡翠的断代未必过于精细，只要大致朝代不错即可。

玻璃光

玉器表面的磨光，有两个历史时期会出现像玻璃一样带有强烈反光效果的玻璃光泽，一个是战国，另一个就是明代。清代中期玉器的光工所崇尚的是蜡样光泽，玉器表面是亚光，甚至带有看得见摸不着的橘皮纹，能够充分显示出上好和田玉的那种温润内敛、首德次符的最高标准；而明代好玉很少，一般玉器全靠打磨出高光来掩盖玉质不好的先天不足。这件翡翠莲花佩两面所携带的，正是这种玻璃光泽。图8足以表现出这件翡翠佩饰依然保留的玻璃光。现在翡翠的表面都打磨出一种硬光，正是在这种硬光的包裹下，翡翠才具有富贵绚丽的装饰色彩。但是仔细观察，这件明代翡翠莲花佩表面的玻璃光与现代翡翠件的硬光不一样，带有一种油脂感，像是涂上了一层油，光是从油面上反射出来的；而现代翡翠表面的硬光就像镜面，两者区别很明显。

这件明代翡翠莲花佩的材质自有它的特点，比较明显的就是水头充沛、地子的通透度高，而且下面带有一段明显的紫罗兰。上面的绿翠不太好归类，但是色调正而不邪。这件翡翠莲花佩的存在价值和意义在于，它完整地叙述和保存了明代翡翠品质和制作的基本状况，具有很重要的参考价值。

老墨锭是前景朝阳的收藏

在我的朋友中，有三位真正的清代皇室后裔，他们就是清代皇室画派的嫡传人、著名画家爱新觉罗·溥佐的三位公子爱新觉罗·毓峋、爱新觉罗·毓岳和爱新觉罗·毓震峰。根据清代皇室宗谱排序，溥佐先生与宣统皇帝溥仪的分支始于道光皇帝，属于叔伯兄弟。我与擅长于鞍马、花鸟的毓岳先生过从更近，发现他画精细的工笔时，从不用墨汁，都要亲自研墨，所用一定是清代的老墨锭。我曾经问他究竟，他说清代的老墨画出来有精神、手感舒服，更重要的是几经矾染墨色不跑、不变。他使用的清代老墨都是他花高价买来的，而且越来越难买。原来买的都是完整的墨锭，现在有时连残碎的墨块儿都买。

在各种书画用品中，笔、纸、墨、印泥、颜料都属于不可逆的消耗品，譬如一张清代的宣纸，一经使用，这个世界的总储存量就会永远消失了一张，不可重复出现，所以这些东西的珍贵，远非其他更值钱的藏品可比。画家与收藏家对古代文房的看法不一样，收藏家总是珍藏着，而画家则更愿意古为我用，本来么，用品不用，它的价值何来？标准不一样，无所谓对错。记得我小时候练字，外祖父给我一卷儿

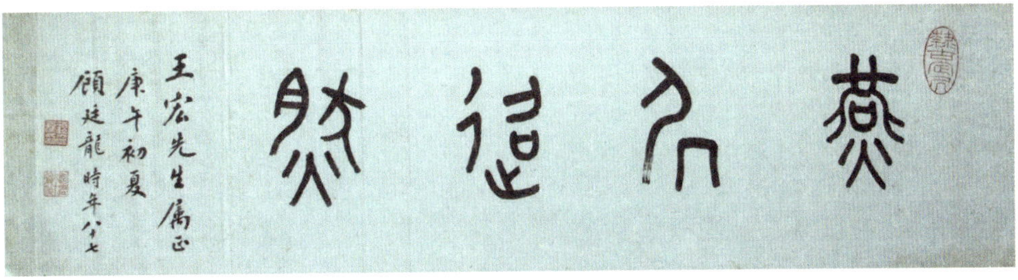

图 1　顾廷龙先生用清代玉版宣写的书法图

大小不一的宣纸让我使用，我嫌研墨麻烦，就把这些宣纸放到了吊顶上面（旧时出脊的平房要吊一层平顶子）。一放就是将近 30 年，早就忘了这码事儿。直到 20 世纪 90 年代中期搬家，做临锁门时的最后检查，忽然想着探探吊顶里面，才发现还有这卷纸。打开一看，发现里面卷着多张清代的玉版宣，有些还印着“汪六吉”的戳记，其余都是民国时期的制品。这批老纸的质地细腻、颜色温润，这时的我才知道这批老纸的价值。近代大儒顾廷龙先生允我一幅墨宝，我在这卷老纸中选了一条儿清代的玉版宣寄呈，先生上书大篆“燕居超然”四字赐给我（图 1），并且在我拜访先生时跟我说，使用这种纸写着很过瘾。

我的一位老朋友喜欢杂项收藏，花几千块钱买了一个清代的老竹根印泥盒，里面尚有一两保存得相当好的朱砂印泥。于是老朋友想到了我，跟我说印泥盒自己留着，印泥送给我，我告诉他，这印泥的价值甚至高于印盒，他最后还是坚持把印泥送给了我。这一两清代朱砂印泥绝对是难得的宝贝，想找都没地方淘换去。

在我的收藏品中，有两块儿清代的老墨锭，尽管按照当下的价格衡量未必值多少钱，大概放在一起也不会超过三四千块钱，可是老墨的存世量越来越稀罕、买起来也就越来越艰难，肯定有一天会千金难求。因此我认为老墨的收藏前景很光明、也很朝阳。

2012 年夏天，我跟老朋友牟卫东兄到山东济南办事，照例闲逛古玩城，走进一个不显眼的小店，透过昏暗的光线，看见柜台后面堆着些乱七八糟的旧货，卫东兄坐在外面的小马扎上吸烟，我则随手翻腾着，发现了一块儿墨锭（图 2）。店老板是一位七十岁左右的老者，很规矩地站在一边默默地看着我，一句话也不说。当我向他询价的时候，他才说这块儿墨锭扔在这里好长时间没人过问了，保证是真的，并让我看着给价。到了这个时候我好像不再计较十块八块钱的贵贱了，我给了一百块钱，老者也没说什么就成交了。路上，卫东兄说我买贵了，五十块钱大概就差不离。我倒是觉得给得少了点，有点于心不忍。并不是我得便宜卖乖，我想老者一定要跟我还价，谁知这么痛快一口价成交了呢。这块儿老墨锭虽说有残，可至少也是一百年以上的老墨锭真品，能保存到现在落到我的手里，真说明我有那样的造化，一百块钱的确有点太便宜了。如果放在一个大一点的铺子里，再装上个铺有黄胆的蓝布盒一捯饬，也许给 300 块钱都不卖。

明清两代旧墨的使用对于一个真正的画家来说，是一种最能助长精神的奢侈品，即使形状残破、大小参差的碎墨块儿也不会轻易放弃。当初黄宾虹先生随身携带一个小布兜儿，里面装的就是这些不受人重视的、随处可见的清代松烟墨块儿，先生作画一定亲自用这些墨块儿慢慢地研成浓淡适宜的墨汁使用。他笔下的画面积墨厚重却仍能分出深浅五色，浅而不灰、厚而不板，这就是清代墨与民国墨在使用效果上最明显的区别。我在闲暇时候也画些国画，有时重墨的山水画那种用墨的灵气总是掌握不好，孙其峰先生跟我说了一句醍醐灌顶的话：“用老墨锭研墨再画。”我试着用老墨头儿研墨，果然出现意想不到的效果（图 3）。这就是清代墨锭珍贵之所在。

图 2　清　胡爱棠梅花墨锭

图 3　王大鸣　秋山斜阳图

图 4　墨锭边款

本藏的这块儿墨锭的边款是："徽州胡爱棠仿古法制"（图 4）。我当时隐约记得胡爱棠是清代中期徽州的制墨名家，他的名款墨锭比胡开文要少许多，影响不大可是仿品也不多，更适合于收藏。根据字口里的泥金颜色和墨锭的表面光泽，我认为这块儿墨锭不假，但也未必就是清代嘉道时期的到代制品，不排除是清晚期徽州墨坊用胡爱棠的老墨模制作的商品墨。在清代的商品墨中，墨锭与墨模往往不是一个时代，老模新墨是非常普遍而合理的现象。一家老制墨作坊会保存很多老墨模，有木头的，也有铜的，这样的商品墨不能算是"赝品"，有些清代的铜墨模现在仍然使用。不少人对老墨的制作时代定位都是按照墨锭边款的时代或制墨者的生存年代断代，譬如这块儿墨锭就很容易因为胡爱棠是嘉庆时人，就认为这块儿墨锭是清代嘉庆年间的制品，那就错了。一般来说，民间商品墨的墨模上面所有雕刻的文字、纹饰都是固定的，没有特殊情况不会更随意换；御制墨或贡墨的边款有一侧是活的，可以根据制墨的时间随时调换。

图 5　字口的泥金

对于这块儿墨锭的真伪鉴别，我是从这样几个地方形成判断的：

1. 字口里的泥金颜色黯旧（图 5），有自然剥落的痕迹，整体包浆厚重，没有人为做旧的特征。

2. 墨锭表面的裂璺裂而不炸（图 6），就像古代漆器表面的蛇腹璺一样，没有形成炸裂或断裂。一般的仿品要么胶轻无裂，要么胶重炸裂，出现宽而深的裂沟。清代墨锭含胶量的轻重除了斋款墨有特殊的要求外，都是有一定规制的，保存到现在基本上都有不

图 6　表面的裂璺

图 7　梅花图案

图 8　花瓶纹

同程度的开裂璺，常见的裂璺都具有细而浅的特点。

3. 墨锭虽残，但是原来起线的边框尚存，观察发现，墨锭残存边框的起线依然很锋利，这是清代墨锭真品的重要鉴定依据。民国以后墨锭的材质与清代不太一样，由于颗粒稍粗导致了密度下降，所以棱角不如清代坚挺锋利。

上面这几点的综合，就决定了这块儿胡爱棠款墨锭是清代的真品，而不是民国制品或现代仿品。

这块儿墨锭我最欣赏的有两个地方：

一是梅花图案。梅枝下方两朵梅花的花瓣、花蕊线条洞立而清晰，花瓣的颜色在陈旧中依稀可见百年前的傲骨芳姿，尽管上有花苞待放，但是黯旧的花瓣、花蕊色调，已经表现出了仍不免于“零落成泥碾作尘”的那种萧疏与哀怨的命运，画面所展示的这种凄切清冷，完全是由于梅花颜色陈旧所生成的、与原设计意愿相反的另一种意境，有诗一样的色彩品味语言（图 7）。

二是梅花下面的花瓶。花瓶的塑造完全是用几何形的阴阳线纹拼成，上面曾罩有金色，图案精致细腻，线条清晰，别具一格。如果说通过梅花能品味出大自然的荣枯天籁，那么这个花瓶所展示出的，则是一种纯粹的人工造化的精巧（图 8）。

说实话，如果我没有对旧宣纸的情愫基础，我也不可能这么认真地欣赏一块儿残破不全的墨锭，自然也不会得到如此婉约、凄切、诗一样的享受。从交易价格而论，这块儿墨锭与藏品级的金饰漆衣御用墨、贡墨相比，远不在一个层位之上，不存在什么可比性；但是欣赏价值则未必谢之。如果说两者各有千秋，那么我以为这块儿墨锭可能还略胜一筹。因为墨锭本身的美学因素由于颜色黯淡而导致的意境转移，完全是偶然的天籁稀声。

图 9　清　“朗轩”款松烟墨锭

绝大多数的收藏者（包括我自己在内）都不能免俗，都会在商品经济的社会大环境下，把收藏与投资等同起来。“精品意识”其实就是收藏中投资意识的另一种翻版，也是任何一个收藏者企图通过以藏品的精品品质来攫取精神或物质拉升高度的安慰与寄托。否则的话，清代一个杂窑油灯的收藏内涵未必逊于一只康熙豇豆红柳叶尊。人们之所以有着绝对相同的取舍，归根结底还是投资与回报使然。当我们发现已经玩不起现在看来高不可攀的官窑瓷、和田玉的时候，不妨从价值收藏的喧嚣浮躁中跳出来，茶盏香茗，静心抚摸一下我们周围的那些可能收藏的藏品，就会忽然发现，在那些多少年来一直被我们漠视的小杂项中，竟还有这么值得把玩儿、这么有收藏前景的藏品蛰伏，这些好玩儿的东西就堆在古玩店的犄角旮旯，等待着新的兴趣者的发现。

图 10　清道光　墨锭（拍卖品）

几年前我到上海找张兰香先生约稿。当地的朋友说要陪我随便玩玩，我让他开车拉我去看旧货，懵懵懂懂地他把我拉到了一条很清静的街道，整条街没有几个人，这里有一溜房子都是卖古玩旧货的。我在一家小铺里买了一块儿清代的斋款墨锭（图 9）。

这块儿墨锭我当时判断应该是清代的，理由是：

图 11　墨锭表面细小的裂璺

图 6　表面的裂璺

图 12　墨锭的线条

1. 墨锭上面斋款款识的金色暗黄闪红，这是典型的清早期泥金颜色，到了清晚期和民国，泥金的颜色闪青发冷；清中期的泥金色明黄闪光（图 10）。

2. 墨锭表面有细小的皲裂璺，断而不折（图 11），说明含胶量适中，墨锭是在自然环境下表面逐渐收缩而产生的皲裂。相比之下，前面我买的那块儿胡爱棠梅花墨锭（图 6），从裂璺上看，含胶就比这块儿重，裂璺相对深而宽。这说明一般商品墨与私人定制墨在含胶量上的不同。而现代仿旧墨的裂璺宽而深刻，有时可以炸裂成数块儿，这也是含胶量的原因。

3. 整体包浆自然厚重，深暗而不乌涂，精神包裹其中。

4. 手感重量适中而稍轻，一般仿品或新品都偏重。

5. 正面文字的字口边缘尖锐，模印字形深峻，笔画疏朗骨立；背面的纹饰线条纤细，流畅利落，若干条细密线条并列的地方譬如竹林、屋顶，都非常清晰，不模糊，说明墨模是即雕即用，不是老模新墨（图 12）。

既然已经确定这是一块儿清代的老墨，我们再看看它的收藏价值。

从墨锭款识上所能反映出的清代制墨者大概有这样几种：

名匠制墨

在墨锭上面出现的制墨者是专门的制墨匠人，譬如清代著名的徽墨四大家曹素功、汪近圣、汪节庵、胡开文，他们的名字往往就是著名商标，有很大的影响力，其他制墨人的名气相差很多。以真品而论，专业制墨匠人的名气越大，所制墨的质量也就越好，所以名家墨的价格在当时就相当昂贵，几百年来价格始终高挺不衰。后来，名家墨很快就成了墨的招牌，谁都可以使用，没有真伪之辨，譬如“胡开文”，本来应该专指胡开文本人制的墨，其他人包括胡开文的后人制墨，都无权再在墨锭上出现这三个字，但事实上谁都可以打着“胡开文”这三个字招摇，以至于出现频率最高的“胡开文”墨达到了“臭遍街”的泛滥程度，这是中国古代商品冠名权最混乱的地方，至今也搞不清楚胡开文真品是什么样子。

私人定制墨

社会上层的一些阔绰文人、著名书画家，他们对墨有自己的习惯要求，一般不用商品墨。往往花更多的钱请制墨作坊按照要求定制。这种自制墨的标记是在墨锭上书有制墨者的名款或斋堂款。这类墨锭烟、胶的比例以及其他羼料配方均不同于商品墨；自制墨的另一个用途就是用来作为小礼物馈送亲友、门生。大凡能够自制墨的人，都有很强的经济实力，用材质量绝对上乘，而且一定是当时有名的上等墨坊监制，所以无论哪个方面衡量，都要高于一般商品墨，属于收藏级别的精品。

专门墨

为了某种专门需要而制的特种墨。譬如以前作画设色，所用都是矿石颜色，需要用钵研成细末后，再加工制成可用色，很麻烦，所以有些南纸店特制出各种可研的彩墨。还有些大的中药铺为了治病而生产的药墨。图13就是北京同仁堂监制的药墨。

清代一般商品墨过去可以经常见到，不够收藏级别，前面所讲黄宾虹先生随身布袋里携带的，都是清代墨锭，明代墨当时已经稀有了，就是黄先生也不舍得用；现在品相好的清代商品墨锭已经成为稀有的收藏品了。而品质等级高于商品墨的彩墨、药墨的存世量少、价格较高；至于名匠制墨真品现在已经不是价格的问题了，

a　　b

图 13 清 同仁堂药墨

是根本见不到——有一块儿真正名家制墨的墨块儿，都值得珍藏。

现在能有希望收藏的，只有文人、书画家的自制墨。这类制墨涵盖的面积最广博，有清一代的几位皇帝如康、乾、嘉、道都有御制墨，而当时的不少文人画家如刘墉、金农、俞樾等人也有带名款的墨锭流传，这些墨都算是很高级别的古墨收藏品。可是当前这种级别的赝品墨的数量很多，而且越是大名头，越靠不住。我以为还是要在符合时代材质特征的基础上，搜集一些小名家甚至是查不到名头的带款墨锭为最稳妥。这类墨锭的制造数量肯定数量稀少，上面的款识或斋号现在查不出来也不奇怪，也有可能有一个什么机会可以得到解释。因为在清代、民国时期，一个名人往往有很多的名、号，书斋名也会有多个，而后世所铭记知道的也只有一两个，所以搜集生僻款识的墨锭，是件很有意思的事。

一支蜡烛解唐诗

我们的收藏，如果进入了一条狭隘通道，就会深深陷入对古旧器物转让、保存、再转让、再保存这样一个封闭的转笼之中，除此之外，好像再没有其他什么可以融入的、更有意义的元素了。如果我们在旋转惯性的作用下脱离转笼的轨道，达到一个更高的境界，就会发现所收藏的古旧器物本来就是历史文化在流逝时间中的沉淀、固化物，在它们身上所携带的历史记忆是永远无可替代的人类文明宝藏，与之相比，其经济价值竟变得那样的微不足道。

在我们的收藏品中，有很多具象物是各种正史、野史都不可能准确向后世表达清楚的，凡是以文字为媒质记载的历史，其时空性都很强，距离历史发生的时代越遥远，阅读感觉越模糊渺茫，以至于一篇连作者究竟是谁都不清楚（传说为孔子）的《春秋》，先后竟有《左传》、《公羊传》、《穀梁传》三种解读版本存在，到现在还是稀里糊涂。在史书不是唯一历史再现的当今社会，对于史书典籍最直观可信的拾遗补阙、直证旁证，莫过于公私收藏的古代器物（科学发掘出来的出土器的保存，也属于收藏行为的一种，只不过是官藏），这就是近代大学问家王国维先生所主张的地上文献与地下文物相结合的“双重论证法”。没有收藏物的支持，一些阅读上的疑惑将永远得不到正确的答案。晚唐诗人李商隐有一首著名的七律《无题》：

相见时难别亦难，东风无力百花残；
春蚕到死丝方尽，蜡炬成灰泪始干；
晓镜但愁云鬓改，夜吟应觉月光寒；
蓬山此去无多路，青鸟殷勤为探看。

这里面关于“蜡炬成灰泪始干”的训释有点问题：“蜡炬”就是蜡烛，我们所能看见的蜡烛，点燃的灯芯都是棉线，燃烧后的棉线芯一经碳化成黑色就不再燃烧，需要剪掉，否则会冒烟，影响继续燃烧。但是，棉线芯绝不会“成灰”。而入夜秉烛是古代人每天都要面对的事情，就像我们每天开灯一样，诗人不可能存在描述上的错误，应该怎么解释这句话？这个问题太民俗、太微不足道，不会记载于历史典籍之中。要想解决这个问题，只有一睹古代蜡烛实物，才能一目了然，这就要求助于民间收藏了。

若干年前，我在北京西琉璃厂的一家国营古玩店里，看见一个打开的蓝布盒，软缎黄胆里卧着一对红蜡烛，标价大概四千块钱。看了这对蜡烛，我恍然明白了“蜡炬成灰”的描写不谬。那对蜡烛我没有买，的确感觉有点贵，国营店又不能划价。在之后的几年里，我一直想着蜡烛这码事，可是再也没有碰上。

说来也凑巧，2013年的夏天，有朋友办高级小学生夏令营，请我去讲半天课，我想讲讲宋代的铜钱，既便宜，真东西又多，可以培养孩子们对历史的兴趣。朋友请我为每个学员买一枚宋钱作为本期夏令营的礼物，于是我到了潘家园古玩城。在一楼的一个古玩店里，我终于发现了一支保存很完整、做工精致标准的红色清代老蜡烛（图1），最后我用二百块钱买到手。

这支蜡烛上下有云纹，“囍”字下面是瓜瓞绵绵图案，再下面有一只蝙蝠和一枚外圆内方、上书“天下太平”的制钱，取意“福在眼前”。在蜡烛的最下端，探出约3厘米长的空心芦苇棒。从蜡烛的整体上看，图案方向是向下倒置的，取意“囍（喜）倒（到）了”、“蝠（福）倒（到）了”，口彩喜庆吉祥。这支蜡烛与我在琉璃厂西街看见的那对蜡烛一样，应该是清代的制品，最晚不过民国初年。我的判断的形成是以烛台为依据的。清代的烛台不管台体设计成什么样子，顶端用以放置蜡烛的，都是像一颗铁钉一样带朝天尖儿的圆棍儿（图2），再看

图1 清 “囍”字纹福在眼前红蜡烛

看本藏蜡烛底部的空心芦苇棒（图 3），正好插在烛台带尖儿的圆棍儿上面。利用烛台样式反推本藏蜡烛的存在时间，如果烛台是清代的样式（事实上有大量实物可证清代烛台就是这个样子），那么蜡烛也应该断代为清代才对。

到了民国时期，大概受到外国教堂的影响，蜡烛的形制开始有了很大的变化，烛芯由原来的芦苇棒改成了棉线，这样更耐燃烧；蜡烛的底部由原来的露出一节芦苇而改成了平底，与我们现在所见的蜡烛基本上一样了。

图 2　清中期　白玉蜡台

通过对本藏的这支蜡烛的分析，话再回到本文的开始，棉线芯燃烧后黑色残芯犹存，而芦苇芯燃烧后一定会变成炭灰，当芦苇芯被完全烧成了炭灰的时候，蜡体也就彻底融化完了，这就是“蜡炬成灰泪始干”的描述由来。可以想见，假如没有为数不多的古代蜡烛继续存世，李商隐的这句诗句就是唐代文学的教授也不清楚——任何看不到古代蜡烛实物的人都不可能清楚。

图 3　蜡烛的空心芦苇棒

李商隐这位晚唐诗人，笔下流露的多是些夜半孤灯时的寂寞伤感情节，他还有一首绝句《夜雨寄北》：

君问归期未有期，巴山夜雨涨秋池；

何当共剪西窗烛，却话巴山夜雨时。

里面有“何当共剪西窗烛”一句，描写了在一个雨夜里，诗人独对孤灯思念远方妻子的孤闷心情，这时诗人所面对的明显不是蜡烛，而是油灯，因为灯芯一定是棉线，需要“剪”。

通过本藏的这支蜡烛可以想象，收藏是一件多么好玩、多么有意义的事业。只要是纯粹的收藏而不是投资，那么藏品的价格与作为收藏品所形成的价值就没有必然的关系。有时，越是在生活中最常见到的必需消耗品，越是不容易被完整地保存到熬成收藏品的时代。譬如收藏界的朋友都知道“文化大革命”时期的邮票收藏价值很高，一张“全国山河一片红”，在中国嘉德2012春季拍卖会“邮品”专场中，以730.25万元人民币的价格成交，创出中国单枚邮票拍卖最高纪录。其实“文化大革命”时期包括之前，人们的联系方式几乎只有通信一途，没有其他别的办法，所以当时有很多种邮票大量供应，使用率非常高，之所以很少有被完整保存下来的，主要是在那个动荡的年代，凡是具备集邮可能的人，都处于自顾不暇的状态，哪有闲心集邮呢？再说，当时的邮票印量太大，想不用都不行，谁也没想到这些熟视无睹的小方寸保留至今会值大钱。这就是因为投入数量的庞大导致了存世数量的稀有；还是邮票，近二三十年的集邮热迅速升温到最高峰值阶段，每年都有这样那样题目的限量版特种纪念邮票供收藏，每种投放市场的数量并不多，没集邮证还买不到。但是集邮爱好者人手一枚，每种至少有几百万枚存世，谁也舍不得使用。现在已经很少有人写信了，邮票更是一纸废物，自然损耗率极低，五十年后还是几百万枚。这就是因为藏品源头数量相对稀少而导致的传世量的庞大。古旧物与收藏品之间数量的辩证关系大概就是这样。

能收藏一支百年以前的普通蜡烛，说来简单，其实很困难，绝对要靠运气才行。这支本不值几个钱的清代蜡烛一经收藏，就可以随时随地挖掘出它所包含的那么多可以品赏、把玩的内容。而遍观古玩市场的店铺、地摊，究竟还有多少价值隐藏等待着收藏者去寻找、开发，谁也不知道。

古代念珠的收藏实例

本书所涉及的，都是具有收藏意义的老念珠。念珠，按照材质可以笼统地分为两大类：一类是菩提子类，这类念珠是佛家僧人以及信奉佛教者专用的正统念珠材质；另一类是非菩提子类，各种材质都有，多为僧人以外的信奉佛教者所使用。在过去，生活条件不好的人可以使用菩提子念珠；生活条件优越的，除了菩提子以外，还可以用和田玉、翡翠、珊瑚、绿松石等宝石级材质制作念珠。就念珠本身而言，无论材质有什么变化，其计诵的主要功用是无可改变的；而对于非佛教的杂项收藏，各种不同材质的老念珠，都自有其不同的收藏的价值存在。一串念珠不管属于哪一类材质，它的收藏价值体现都必须建立在一个基本的时间维度之上，那就是最晚不能低于清末民初。一串念珠一旦进入收藏行列，对它的基本约束之一就是制作时间。只有在时间的约束下，才有可能使念珠本身符合“物稀为贵”的数量原则。诚然，年份深的念珠未必一定符合收藏品的其他要求，但是缺少时间约束的念珠，肯定被排斥在收藏品之外，这是铁的收藏规律。

挂瓷的清代凤眼菩提 18 子念珠

凤眼菩提子是诸多菩提子中的一种，据说可能是藏传佛教中最重要的一种菩提子，因为笔者对佛教经典没有深入的研究，所以不便有更多的论述。与其他菩提子的命名不太一样，凤眼菩提子是根据珠粒上面的图案命名的，凤眼菩提子在珠粒的一个面上长有一条橄榄核形的凸起纹，最宽处有一凹陷处，内有胞芽组织生长的根部，就像细而长的丹凤眼中间的眼珠儿一样。图 1 是产于尼泊尔的凤眼菩提子。还有另

图 1　尼泊尔产凤眼菩提子上的凤眼

图 2　印度产凤眼菩提子上的凤眼

一种印度产的凤眼菩提子，凤眼是上下两条黑色的弧线（图 2）。

从收藏的视角来看，任何菩提子珠串都要以珠串的年份作为判断收藏价值的主要衡量标准，这是一个不可移动的标准，没有一个古老年份的如影随形，单靠现在人为地制造某些玩儿法和规则，譬如凤眼菩提的直径大于多少和小于多少的价格更高，终究还是昙花一现，不可能受到收藏领域规则的认可。那么，老菩提子与仿旧菩提子有什么区别呢？比较直观的区别有四点。

老菩提子的颜色

老菩提子颜色的或红或黄，或深或浅，一定都是未经人工干预自然变化的结果。由于珠粒的个体密度各不相同，所以在一串珠串的珠粒之间，甚至一粒珠粒表面上，颜色总会呈现出不规则的变化，有时变化很大。图 3 这两粒凤眼菩提子是清代的传品，相比较之下可见它们的颜色虽说都以黄色为基调，但是其中所掺杂的红色则各不相同，都有各自的色值构成存在。大概深黄色的珠粒质地密度高，上色慢；红黄色的质地密度低，上色快，最后就形成了一串念珠有多种颜色的特征。而现在做旧的菩

图 3　清　老凤眼菩提子

图 4　浸油仿旧凤眼菩提子

提子有可能做到珠粒之间颜色的不同，但是没有办法达到在一粒菩提子表面上使颜色发生自然而丰富的变化。这是新老菩提子的颜色差别（图 4）。

挂瓷效果

具有百年以上传承的清代老凤眼菩提子，基本上都是僧人手中的念珠，珠粒在僧人手中年复一年地盘捻，已经“熟”透了，或多或少地会带有程度不同的挂瓷效果。一般凤眼菩提子珠粒的直径较小，不易直接清楚地观察到挂瓷的状态。那么，我们利用放大镜或者拍成照片放大以后，就会发现珠粒所带有的一些微通透的呈现，就像用油炸过一样，颜色红黄相间，带有桃酥点心的酥感，这就是“挂瓷”。把玩老凤眼菩提珠串最佳的状态就是在接近入静的时候，心的内外静若止水，这时用手轻轻盘捻珠串，就会体味到自然挂瓷珠粒所带来的手感：滑润中挡手；挡手且滑润，抚摸盘捻非常舒服。“滑润”是由于珠粒表面长时间接触手上的油渍、汗渍所形成的油层所致；“挡手”则同样由于手上的油渍、汗渍所形成的油泥污染，以及氧化包浆的包裹作用。老凤眼菩提子的颜色未必一定就是深红的枣皮色，如果质地的密度大，挂瓷的时间相对较长，那么有可能会呈黄红色、深黄色。那些经过了油炸、油浸的凤眼菩提子，盘捻的手感挡手发黏而不滑润，或者滑润而不挡手，直观颜色的通透感觉有了，可是那种暗红色与盘捻的手感

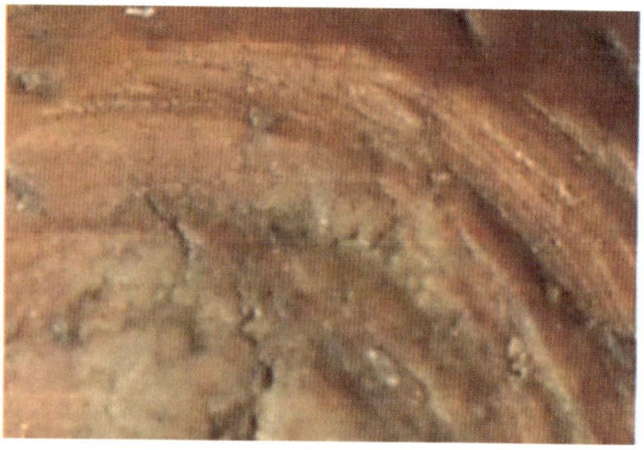

图 5　清　凤眼菩提子珠粒端面的挂瓷效果

不统一，而且珠粒的个体颜色缺少变化，显得发“涅”。图 5 就是一粒清代凤眼菩提子，两侧的端面（又称“堵头”）由内而外已经带有“酥”的感觉，这绝不是油炸、油浸出来的效果，而是长时间盘捻后所形成的。现在有人以为，凤眼菩提子在僧人穿成念珠之前，除了切削、打孔整形以外，还要用添加红茶、朱砂、麝香等贵重材料的酥油煮制、浸泡。我以为这是一种很天真的想当然说法，或者说有可能是现在阔绰僧人的一些时髦的做法，不能令人信服地相信古代僧人就是用这样奢侈的方法加工菩提子念珠。古代僧人，不管是藏区的还是内地的，绝大多数都是贫僧，尽管有些大寺庙中的僧人住持可能储蓄一点善男善女施舍的香火钱，也远没有富裕到用添加了朱砂、麝香的酥油来加工再普通不过的念珠这样奢靡的境地。在近十几年手串席卷寰宇之前的任何一个历史阶段里，各种材质的菩提子念珠都是僧人、居士以及信奉佛教的善男善女手中的法器，没有任何人将之作为收藏品加以收藏，所以菩提子材质的念珠不值钱。生活并不宽裕甚至清贫的僧人没有可能用自己都舍不得吃或者吃不上的酥油来加工念珠。

对于收藏品的鉴定，谁都可以发表高见，言论绝对自由。但是，检验各种高见的最高境界，就是看他能否符合生活中最普通的常理，符合了就对，有人相信；否则就错。

两面堵头的处理工艺

凤眼菩提子的所谓“堵头”，就是指菩提子的两个端面。作为树籽，凤眼菩提子的原始形状是正圆形的，大概凤眼凹陷的胞芽就是籽核生发新生命的地方。凤眼念珠根据体系不同，大致可以分为两种形状，一种是原始的正圆形，这大概就是汉传佛教的念珠使用形状；另一种是鼓形，以横置的凤眼为中心，上下各削去两端的圆，使珠粒呈中间圆凸、两端平行的鼓状（图 3 右）。凤眼菩提子的新老，可以从三个方面鉴定鼓形凤眼菩提子的新旧。

1. 由于老菩提子的两个端面加工完全是手工，所以两端面不平行，而且切削的宽度也不尽相同。换言之，手工切削珠粒的两个端面直径很难相同，总会一大一小；而新凤眼菩提两端的直径基本上一致，所以直观看起来，新珠粒非常规范，直径线与鼓形的中线总能重合或基本重合；老珠粒如果平放一排，就会忽高忽低非常不规范。

图6 清 凤眼菩提子端面的手工镟削痕

图7 新凤眼菩提子端面均匀的车床镟削痕

2. 老菩提珠粒两端的堵头修整工艺很原始，有的是用人工刀一刀一刀地削出来，有的用最原始的车床车削，所以镟削刀痕非常不规范，同时也不平整（图6）。而新的凤眼菩提子珠粒两端都是车床镟削的结果，镟削纹直观非常匀称、细密，同时端面平整，两端的直径大小基本相同（图7）。

3. 我们还可以从堵头上看到同样不规则的钻孔。至少在半个世纪以前，有一种手工钻，在一棵木杆上面镶着一个带有三角刃的钻头，用弓子带动木杆向两个方向来回旋转，就可以在木头上钻眼，老的凤眼菩提子的穿孔，都带有这种手工钻往复钻孔所留下的不规则圆孔，以及不规则螺旋痕迹，这也是老菩提子的一个鉴定特征。

讲到老凤眼菩提子的钻孔，还有一种穿孔需要说明。不仅是老凤眼菩提子，老金刚菩提子、老星月菩提子等，都会出现一种方孔，图8就是清代老菩提子端面的方孔，很多人不知道为什么要有方孔。凡是带有方孔的老菩提子（也不排除新仿品），一定是藏区僧人手中之物，因为藏区僧人穿念珠多用比绳子更结实的皮条，而皮条的横端面就是方形的。非藏区的僧人则多用绳子，菩提子的孔自然是圆的。我们可以借助穿孔的形状来判断一串老菩提子的出身地域，但是不能断新老。

珠粒的统一性

菩提子念珠就是僧人就地取材，用坚硬的树籽穿成的一串计数工具。除此之外，念珠不具有其他任何作用，因此缺少规范的工艺性加工。念珠在僧人手里，根本就

图 8　清 凤眼菩提子端面的方孔

谈不上什么收藏品，也没人关心上不上包浆、挂不挂瓷，更没有人会像现在的收藏者那样讲究菩提子的颜色、直径尺寸，更遑论归纳出盘捻的规律和诸多的不宜。这就决定了老菩提子在整体统一性上的特征，那就是：

1. 珠粒直径不统一，大小都有。

2. 珠粒的外形不统一，圆与不圆都有。

3. 珠粒的硬度不一，颜色深浅都有。

4. 珠粒钻孔的中心点不一，穿成串后里出外进都有。

这些缺少规范的率意制作的痕迹，正保存了一种时代风格，也是鉴定新老念珠的特征。

凤眼菩提子的主要产地在印度、尼泊尔，我国多见尼泊尔产的凤眼菩提子。主要因为尼泊尔出产的凤眼菩提子的硬度高，颜色浅黄，经过漫长时间的盘捻会由浅黄逐渐变成枣皮红；而印度产凤眼菩提子的硬度稍差，没有能够产生硬光的那层坚硬而光润的皮壳，观感有些发“糠”。印度产的凤眼菩提子另寓有一种深邃而神秘的宗教意义在内，作为佛教法器，印度、尼泊尔产的两种凤眼菩提子只是由于产地的不同而具有不同的特征，无所谓好与不好，这里只介绍一串尼泊尔产的清代凤眼菩提 18 子念珠。

图 9 是一串清代的凤眼菩提 18 子念珠，属于比较典型的尼泊尔产凤眼，皮壳坚

图 9　清　凤眼菩提 18 子念珠

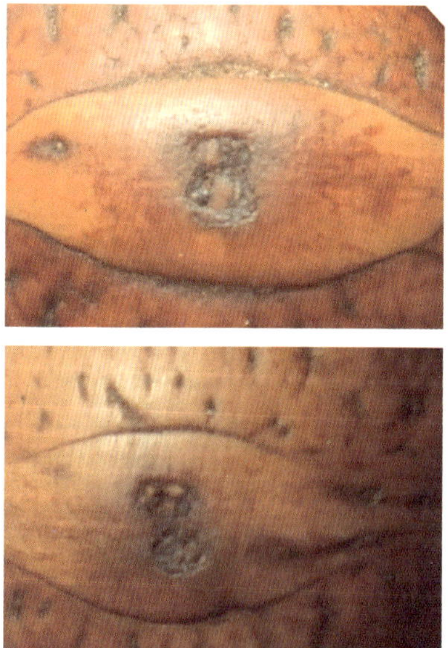

图 10　凤眼上的颜色变化

硬耐磨，具有这样几个直观特征：

1. 珠粒的颜色呈深黄闪红色，每一粒珠粒的表面颜色都有不规则的变化，比如颜色的深浅、黄与红色的混色比例、凤眼的颜色与珠粒其他部位的颜色等（图 10），都有变化，这样的珠粒在所表现出的色彩上很开门，没有任何可以质疑的地方。

区别珠粒新旧的一条重要规律就是：凡是颜色看着整齐划一、标致漂亮、卖相十足的珠粒，都有可能是做旧；而真正的老珠粒其实都不好看。原因很简单，做旧的珠粒一定是经过了精心的修整加工，而老珠粒的原始手工艺加工状态始终被保留着。不仅是珠粒，所有古玩都一样，新的永远比旧的漂亮、好看。

2. 观察珠粒两端的堵头，都带有纯粹手工镟削痕，还可以再观察一下珠粒的穿孔，穿孔的圆同样不规范，如果用放大镜观察，还可以发现孔壁上的螺旋痕是紊乱的，这说明打孔用的是手动桯（tīng）钻，而不是现代转速很高的电钻。这些珠粒本身所携带的信息，往往保存了制作时代的工艺特征，也是断代的最有力的依据。

3. 珠粒的凤眼与其他部位的颜色有明显的色差，这是因为凤眼的质地密度比其他部位要大，对盘捻者手上的汗液、油脂吸收的要少，变色缓慢，所以才有了明显的色差（图 10）。如果新珠经过了油浸、油炸上色，在温油的作用下，珠粒的整体质地密度差别已经不具有明显的差

图 11　堵头所反映出的“酥”的视觉

别，所以都会变成一种统一的颜色，或者色差很小。

4. 真正老念珠对于珠粒整体的协调性是不讲究的，所以一串念珠的直径不统一、外形也各式各样，橄榄形的、腰鼓形的、墩形的、扁圆形的都有，这也是老念珠的鉴定特点之一（图 3）。

5. 还是通过观察堵头可以发现，经过百年以上的不间断盘捻，这串凤眼菩提 18 子念珠已经从里到外完全“熟”透了，所带有的那种“酥”的视觉由表面深及中心的穿孔处（图 11）。经验说明，这种程度的酥光绝不是百年的盘捻就可以形成的，时间应该还要更长更久。

至少基于上述 5 个着眼点，我们可以断定这串凤眼念珠是清代的，毫无争议。凤眼菩提子本身就是树果的籽核，有点像带青绿色果肉的核桃，产量很大，春华秋实季节想不要都不行。所以本身并不是什么值钱的东西。之所以值钱，就在于一百年、二百年甚至更久远的老菩提子本身所具有的稀少与罕见。按照收藏规律，“物以稀为贵”；按照收藏意义，在古老的菩提子珠串身上，携带着多少辈佛家高僧的参禅智慧和修行品德的信息，能以这串念珠为媒质，与异代大师神交、心手相印，只有收藏这样老菩提子念珠的人，才能享有这样的待遇。

金刚菩提子的价值发现

在一次讲座下课后，有位年轻的听众来找我，从一个旧蓝布方形匣里小心翼翼地拿出一串金刚菩提 18 子念珠请我鉴定（图 12）。据他说，他家从他爷爷往上几辈儿都是笃信佛教的居士，这串念珠是他家的秘藏之物，三十几岁的他从来没有见过。前几年他的爷爷在世的时候，把这件珍藏几代的念珠越过他的父亲直接传给了他，希望他能与佛有缘，一心向善。

我带着崇敬、虔诚的心情仔细观赏了这串念珠并拍下照片。认为仅从收藏断代的视角来看，这串金刚菩提 18 子念珠的年份应该是清代的老念珠。像这样真正开门的老念珠除了在大型拍卖会上会偶然露面以外，一般场合很少见到。说来也奇怪，老物件自有它的气场存在，无须过多审视就可以形成判断。这串念珠拿在手里，滑润与挡手两种矛盾交织在一起，形成了老包浆物所独有的那种触觉，在手中轻轻盘捻，就是一种享受。

图 12　清　金刚菩提 18 子念珠

于是，我从几个方面向他阐述了对这串念珠的看法。

珠粒的颜色

这串念珠的 18 粒珠粒的颜色各有不同，是这串金刚菩提子念珠的一个重要特征。这个特征可以排除珠粒做旧的可能。我们知道，金刚菩提子是一种木质树籽，就像我们常见的核桃，当我们到干果铺观察一堆核桃时，就能发现核桃之间的表皮密度是不一样的，所以才有深浅各种颜色。金刚菩提子的表皮也与核桃一样，密度有着很大的差别，经过同样时间、同样条件的盘捻，所呈现的表面颜色绝对不会相同：密度小的珠粒着色快，颜色深；密度大的珠粒着色慢，颜色浅，相互之间的差别有时挺明显。同样，一颗珠粒表面的密度也不尽相同，所以有的地方颜色深一些，有的地方浅。图 13 是这串老念珠上面的几粒相邻珠粒，珠粒之间的颜色有很大的不同，譬如第一排三粒珠粒的颜色各不相同，这就是珠粒表面密度所形成的颜色差别。

相比之下，图 14 用了是一串经过染色做旧的金刚菩提子珠串，珠粒之间的颜色没有变化；珠粒个体表面的颜色也没有变化，所以手串看起来就像一串儿小药丸子，涅呆呆没有精气神。这串仿旧手串是我在河北省大成的地摊上花 30 块钱买的，我买的目的有两个，一是这串金刚的颜色做旧比较到位，有一定的老相，而且大小形状都没有精心设计过，与真品比较接近；二是我发现其中有一粒珠粒（图 14 最下面那一粒）是粒方孔的老珠子（图 5），方孔边缘的颜色变化很生动，如果单买 50 块钱都不止。

说实话，如果论观赏价值，也就是说外观好看漂亮，这串老金刚菩提 18 子念珠远不如仿旧漂亮，因为仿旧金刚菩提子珠串经过一定时间的把玩盘捻，表面的干涩已经逐渐被包浆的光泽所取代，而且整体颜色基本统一，符合大众的审美习惯，确实漂亮；而老念珠的颜色深浅不一、参差不齐，总是显得乱七八糟。可是如果对于杂项的收藏而言，藏品的价值重点不在于佩戴效果是否好看，而是由于年代的久远而形成的存世数量的稀有，这是用收藏规律对珠串价值的另一种衡量。论佩戴装饰效果，仿旧优于真旧；论收藏的社会价值与经济价值，真旧优于仿旧。

珠粒凹凸表面的色差

金刚菩提子不管新旧，表面都是由凹凸不平的凸齿组成。一串念珠在盘捻者手

图 13　清　金刚菩提子表面颜色差别明显

图 14　做旧的金刚菩提子表面颜色一致

图 15 仿旧金刚菩提子手串中老珠粒及其方孔

图 16 清 老金刚菩提子表面颜色变化

中往复接触摩擦，手上的汗渍、油渍主要作用在齿顶上，但是由于金刚菩提子属于木材质，对于油渍、汗渍具有良好的传导作用，所以在齿顶着色挂瓷的同时，也会使齿根的颜色发生几乎同步的变化。尽管齿根没有齿顶那种酥光，但是仍然有浑厚的包浆和与齿顶相近似的着色。图 16 就是这串清代金刚菩提 18 子念珠中的一粒，其齿顶与齿根的颜色基本上一致，由于齿顶带有较为明亮的酥光，所以齿根好像颜色更深重了一点，这就是真正老金刚菩提子 凹凸间颜色的变化规律。再看看图 17，图 17 是我一年前在河北省大成买的那串做旧金刚手串中的一粒，由于整个珠粒经过了染色（包括水煮、油炸、油浸）处理，加上我每天的盘捻，齿顶上也开始带泛起了油光。只是有两点需要注意观察，一是齿顶上的光是带油的高光，而不是图 16 老珠粒那样由内而外的酥光，这是两种截然不同的光，经过下面的对比可以找到不同的断代感觉；二是珠粒与手的接触点只有齿顶，由于仿旧金刚珠串的盘捻时间短暂，所以齿根处仍保留着做旧后的颜色，而不会随齿顶颜色的变化而发生变化。新金刚菩提子鉴别有两种直观感觉：一是如图 17 所示，齿顶与齿根的颜色差别很大；二是齿顶与齿根的颜色完全浑然一体，没有任何差别（图 18），这种金刚菩提子属于做旧后还没有上手的新货。

念珠的穿绳

我观察穿这串念珠所用的绒绳是纯羊毛捻成的，这种几乎完全褪色的灰白色毛线绳的年份，至少应该在四五十年以上。而观察念珠的穿法非常随意简单，甚至没

图 17　盘捻后仿旧珠粒表面凹凸颜色差别

图 18　未盘捻仿旧珠粒表面凹凸颜色差别

有编织一个工艺性的绳结，说明这串念珠穿成后，大概有半个世纪没有被拆解过。根据我的经历，在 20 世纪中期的中国，宗教信仰是一件非常奢侈的事情，各种政治运动潮涌迭起，老百姓自顾不暇，哪有那份儿闲心笃信佛教、又哪有那份儿闲钱买香火，更没有地方去请一串产自印度、尼泊尔的菩提子念珠。即使有人仍然信仰佛教，也是私下里偷偷摸摸，绝不敢大张旗鼓地一边手里盘捻着菩提子念珠，一边口诵“阿弥陀佛”。因此，凡是从收藏角度鉴定为老菩提子的念珠，所保有的都应该是六七十年以前的包浆状况。这串金刚菩提子念珠，我根据表面老化程度目测估计，在蛰伏六七十年以前，就已经有了至少百年的盘捻历史。也可以换一种判断方式：这串念珠只要不是近十几二十年的新珠，就一定具有百年以上的年份。

念珠的隔珠

从整体来看，这串清代金刚菩提 18 子念珠具有原装原套的品质。所谓“原装原套”并不是指这串念珠的第一次穿系成串，因为在一二百年漫长岁月中不停歇地盘捻，没有什么材质能够扛到今天不断不散；指的是一串老念珠的珠粒与隔珠、佛头、佛塔等其他附件都是原始搭配组合，既没有失群拆帮也没有经过其他任何的混搭插帮。一串念珠经过一二百年岁月的磨难，依然能够维系如此完整程度，是相当不容易的。我们现在比较常见的，多是些用同类珠粒拼凑成的珠串，虽说珠粒都是老的，比做旧的珠串要胜强百倍，但却达不到收藏意义上的高标准。现在的菩提子珠串，除了纯粹新珠新串儿以外，还有三种形式：一是原装原套的老串儿；二是插帮混搭的老串儿；三是仿旧的新串儿。这三种菩提子珠串在形式上有一个非常直观的区别，那就是珠串上隔珠材质的不同。一般原装原套的老菩提子珠串的隔珠，所用都是看似名贵而实际廉价的材质，譬如常见的材质有颜色黄绿、带有又粗又黑铁线的绿松石，以及染色后冒充红珊瑚的白珊瑚，等等。道理很简单，一串百年以上的金刚菩提子念珠，现在所具有的高价值完全在于念珠本身年份的久远，而不是金刚菩提子材质自身价值的增长，一串儿具有百年历史的金刚菩提子念珠在百年前依旧是不值钱的金刚菩提子，所配的隔珠也不可能使用价格昂贵的上好材质。那么按照一般规律，隔珠作为装饰附件，价格一定要低于主珠才对，不可能附件的材质价值高于主珠的材质价值。就好像一串红宝石念珠，上配绿碧玺隔珠是对的；假如一串山楂红料质念珠，上配绿碧玺隔珠，就有点不对劲儿了。这串清代金刚菩提 18 子念珠，上面配有 4 颗已经褪色为粉色的白珊瑚圆隔珠（图 19），这是真正合理的原装原套念珠搭配。北京故宫旧藏有一串清中期青金石朝珠，所用隔珠的质地按照现在的等级划分，应该属于三级的绿松石（图 20），可以物证隔珠在老珠串中的品质位置。

至于那些插帮混搭的老菩提子珠串和仿旧珠串，为了追求最高的交易价格和交易成功率，商家往往把隔珠的材质档次提高到超过主珠的高度，譬如为老菩提子念珠配上种水都不错的翡翠隔珠，或者红珊瑚隔珠，有经验的收藏者一眼就可以洞穿这是插帮混搭的珠串，因为这种隔珠的搭配不合规矩；至于为做旧的菩提子念珠配上所谓的“象牙”隔珠，则更属荒唐可笑。

图 19　清　金刚菩提 18 子念珠染色珊瑚隔珠

图 20　清中期　青金石朝珠绿松石隔珠

金刚菩提子珠串在现在的市场中，属于最普通、最廉价，同时也是最古老的一种。金刚菩提子之所以常见而廉价，主要是因为每年的产量太大，很容易形成市场的饱和，这种很现实的状况提示金刚菩提子的爱好者们，对于新的金刚菩提子来说，不管各种媒体赋予了什么苛刻的选择条件、怎么热炒，它最终都不过是名副其实的车载斗量的树籽。对此，要用一种平和的心态去玩儿，千万不要既不动脑筋又很执着，把他人的那些本来就是杜撰出来的“玩儿法”当真，然后再向别人传授。我经常听说有人发明的一些新“玩儿法”：比如为了防止金刚菩提子的干裂，发明了什么滑稽可笑的“油焖法”，即在珠粒表面刷上油之后，放进塑料兜中密封保存几天，据说这样就可以保证不裂了——如果表面刷油可以防止表面干裂，那么买经过浸油处理的仿旧珠粒岂不更省事？有的玩儿法是教人经常用刷子刷珠粒表面，说是这样上浆、上色快，我也的确见到过这样一些年轻人，坐在地铁里低着头，用刷子就像刷皮鞋一样没完没了地刷他手里的那串金刚手串；有的朋友买金刚手串，宁可多花十几倍的钱，也要买瓣数超过 5 瓣的，据说 5 瓣的金刚菩提子最多，不值钱，瓣数越少或者越多越值钱，云云。这些五花八门的所谓“玩儿法”，其实都是些旁门左道，千万不要相信。如果是一位搞收藏的人玩儿手串，他所关注的一定不是什么瓣数、上色、挂浆等问题，他关心的是这串念珠作为收藏品，它的出身、年份以及品相，等等。面对现在各种有关玩儿法的条条框框，只要串友能有机会见见像这串儿具有百年以上年份的老金刚菩提念珠就能明白，在百年以前，念珠就是一种再普通不过的佛家实用法器，没有人会在念珠上面花费这么多的心思。老金刚菩提念珠几瓣的都有，也有上面带有很深裂璺甚至多处折齿的，这些如果用现在人的标准衡量，都属于早就该扔的珠子。可是百年以上的历史将这一切品相上的瑕疵都转化为老年人脸上的寿斑——最完美、最具收藏价值的价值体现。如果有了这种体验，或是能收藏到这样一串老金刚菩提子念珠，就能俯瞰现在的各种所谓经验、实践说辞是那样小家子气，不过就是一串儿菩提子珠串，值得这样吗？这也是我始终建议收藏有一定年份深度的老菩提子珠串的用意。不管是金刚、星月还是凤眼，只要收藏其中的一种，哪怕仅有几粒，你的玩儿法肯定会有变化，因为曾经沧海难为水，眼界高了，品位自然就会水涨船高。我想这就是菩提子念珠的基本玩儿法。

有的串友以为，玩儿金刚菩提子珠串的最终目的就是上浆、上色直到挂瓷。为了达到这几个目的，就要上油、水洗，还说什么“七分刷三分盘”。我真的困惑了，果真如此，一串珠串迅速地上浆、挂瓷了，之后还玩儿什么？想要达到这个目的的不应该是玩儿主，而是商家，他们在闲暇时候，总是一只手拿着块儿新玉，另一只手拿着“鬃老虎”（竖直的鬃刷子）连盘带刷，目的是赶快刷出类似于古玉包浆的效果，好卖个善价。人家那是生意，讲究的是“武盘”，咱玩儿家可又急的是什么？显然，现在的这些玩儿法都是纯粹外行的小打小闹。老金刚菩提子念珠在老和尚手里没有这些无聊的摆弄，只是一遍一遍周而复始地伴随着“阿弥陀佛”的诵念而盘捻，在不知不觉中上浆、着色、挂瓷，由生到熟。我们尊敬老菩提念珠，如果从收藏的角度，我们看重的是念珠的年份、出身与存世量——当然，这还是有点“俗”；作为内涵修养的高度，我们是在尊敬和回味这串念珠所经历的一切，由青涩到成熟，经历了几辈高僧百年乃至几百年的盘捻，其中所蕴含的信息，足以感染和约束今天的持有者心静止水、一心向善。而对于手持新的金刚菩提子念珠的人来说，那种上浆、上色、挂瓷的欲望，本身就与菩提子念珠的存在意义南辕北辙。玩儿菩提子珠串的积极意义就在于，能够让劳碌、浮躁的心静下来，得到片刻的休息。而不是没完没了地刷呀、盘呀、摆弄呀，凭空增加负担。如果真的这么辛苦，那还能叫“玩儿”吗？

绿松石的等级划分

2014 年岁杪，我的一个老朋友手里拿着一串绿松石 18 子老念珠（图 21）找我，跟我说这是他前不久花了七千块钱在一家国营文物商店买的，想听听我的意见。

我仔细观察了以后，发现除了其中有一两颗珠粒的颜色有些不一致、念珠是新穿成的以外，几乎没有可以挑剔的地方，是一串相当不错的老念珠。他听了大不以为然，认为我在顺情说好话。我告诉他，这串念珠的年份最晚不会低于清代晚期，因为民国以后绿松石的质地大概是在矿带位置的作用下，多数都不太好。这样好的老念珠材质多是在清代才能见到。这串念珠珠粒的颜色呈高饱和度的天蓝色，非常纯净，没有其他闪绿、闪黄的杂色，也没有深色的铁线，大概只有一两粒珠子上面隐约带有铁线的痕迹；同时，珠粒表面显示出质地硬度高，厚厚的包浆下面仍能感

图 21　清　绿松石 18 子念珠

觉到一二百年以前的那层硬光，属于典型的上等绿松石材质。美中不足的是，这串 18 子念珠是用 108 籽念珠改穿而成的，隔珠用的是一粒新红玛瑙珠，佛头、佛塔等都是民国时期的老红玛瑙，如果是原装原套就更有意义了。

绿松石的价值定位主要是以实际材质等级为依据。当然，在相同等级的绿松石珠串中，年份往往是价值增加的重要筹码，因为老念珠的年份所具有的收藏品规律的优势，是新珠串所不能具备的。换言之，新珠串只要有钱随时都可以买到，而年份深的珠串除了有钱以外，大概还要看运气和缘分才行。

这串绿松石 18 子念珠是清代的制品，质地是上等的纯净天蓝色，颜色的饱和度很高，每粒珠粒上面几乎没有铁线存在。在没有比较的条件下，绿松石的质地等级有时不易划分，尤其对蓝色等级的把控，更需要有丰富的鉴定经验；一旦将各种等级的材质放在一起比较，就会对绿松石的优劣有一个基本的判断。对于收藏品品质好与不好的判断，其实专业与非专业的最后感觉认定差距不大，因为即使专业上对“美”的定义，也是在大众审美基础上的升华，绝不可能与大众的审美南辕北辙、水火不容，两者之间有着血与肉一样密不可分的关系。任何缺乏大众审美支持的所谓“美的享受”，都是虚伪的。对绿松石的评判标准也是来自于民间，看着舒服与看着不太舒服甚至闹心，就是绿松石质地、颜色对观赏者的视觉刺激结果。为了说明方便，我们找到了另外两种等级的绿松石与这串清代18子念珠珠粒呈色进行对比，可以加深绿松石鉴定等级的印象（图22）。

图22　a 清　制成念珠的绿松石

通过上面三种绿松石材质的对比可以发现，图22a的这两粒清代绿松石珠粒的颜色呈最佳的天蓝色，内部的杂质很少，天蓝色的色彩蔚蓝纯净、饱和度很高，应该属于一级品；图22b绿松石的蓝色偏深，而且有较大面积的铁线，说明这块绿松石的质地不太纯净，属于二级绿松石；图22c的颜色呈黄绿色，上面的铁线发育粗壮，说明质地严重不纯，属于劣等的三级品。有人会对此提出疑问，这串清代绿松石珠粒表面没有铁线，是不是在制作时故意躲开了铁线，选择了优质材料制成的珠粒？我的回答是，只要是好的材质，无论从哪个角度看，材质都好。这串念珠的珠粒之所以没有铁线，绝不可能在制作珠粒时有意躲开铁线。因为从古至今，凡是珠粒的制作都是废物利用，一块儿大料雕制相应的成品后，剩下的边角下料弃之可惜，就用来做珠粒。珠粒的制作不可能像在

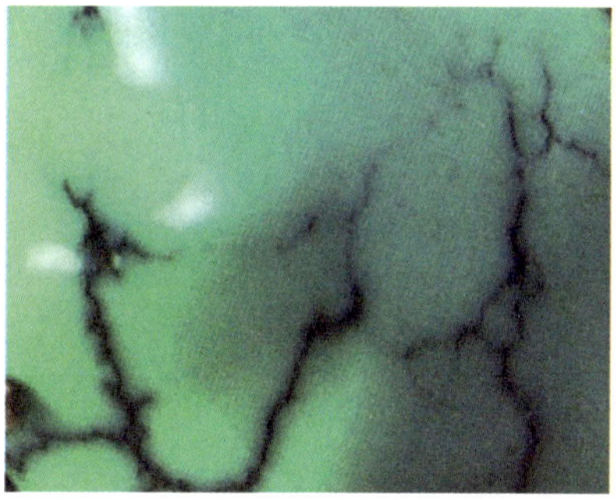

图22　b 颜色深蓝有铁线绿松石

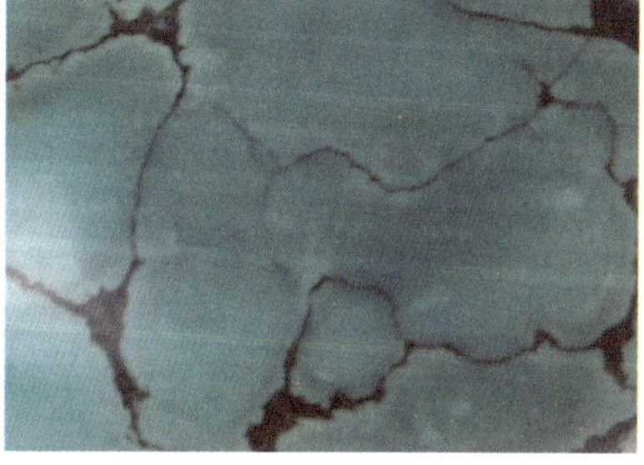

图22　c 颜色黄绿有铁线绿松石

一大块儿翡翠上面剜戒面那样挑剔，也没有办法巧妙地避开瑕疵，更没有必要在这上面费力劳神，所以珠粒最能反映材质的等级。在材质等级的划分中，一等绿松石的质地必须非常纯净，铁线很少，甚至没有。也只有在这个等级的前提下，才能有颜色纯正而没有铁线的珠粒。在鉴定绿松石的过程中，只要材质的色彩和饱和度都达到了某种等级标准，那么颜色、铁线的呈现都是必然的相关结果。

图 23　三级品老绿松石手串

图 23 的这串绿松石手串，虽说六颗珠粒都是有一定年份的老串，可是质地水平太差，右上角那颗长珠（图 24）的蓝色，就是典型三级品中的那种乏力的浅天蓝色，与一级品（图 25）那种饱和状态下的天蓝色不可同日而语。

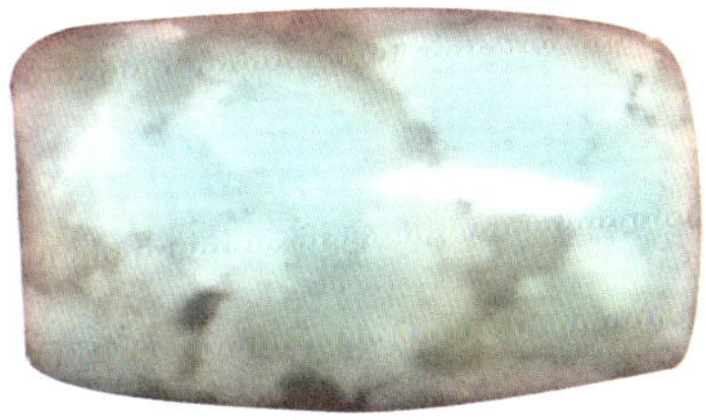
图 24　乏力的天蓝色

有人认为，“绿松石”这个命名有些名不副实，因为绿松石最好材质的颜色恰恰不是绿色，而是纯净的天蓝色。可是如果从另一个观察角度来说，在我们日常生活中，纯净的天蓝色松石还是很少见到的，所见更多的是深蓝色的二级品和图 22c 图那样的绿色或者偏绿色的三级品，这两种绿松石更具代表性，以“绿松石”命名似乎没有什么不妥。

图 25　饱和的天蓝色

绿松石作为一种装饰性很强的材质，其使用的历史很悠久，远在我国的新石器时期，就已经开始用绿松石作为装饰石了。春秋战国以后，绿松石无论是作为独立的饰品材质，还是作为镶嵌的彩色石，对这种天蓝色材质的理解和使用，都已经达到了相当成熟的水平。绿松石是我国历史上最悠久的彩色装饰材质之一。

绿松石尽管有着悠久的使用历史，可是并不属于稀有材质，甚至严格地说也不能算是宝石级别的材质，其准确的价值位置描述，应该是下新疆和田玉、翡翠、碧玺等宝石级材质一等的次宝石级材质。到目前为止，新开采的绿松石矿石每年都有不同批量的供应。国外的主要产地有伊朗、埃及、印度、美国、墨西哥等国家；中国湖北省的郧县、竹山是重要的绿松石产地之一，另外还有安徽、河南、新疆、青海等地。

绿松石这种材质在我国传统的古玩收藏中，所处地位比较尴尬，它的颜色、存世量以及用途都能够受到收藏者的尊重，没有谁会轻视绿松石藏品，位置应该在青金石、玛瑙、水晶之上，可是它的交易价格始终处于中等水平，很难有新的作为。在近几年来的市场交易中，绿松石的价格突然有了一个较大幅度的拉升，尤其是级别高的老绿松石，价格拉升速度之快，更是令人瞠目不已。但值得注意的是，绿松石价格的一路上涨一般只出现在非专业收藏的人群中，而真正的收藏者群体对老绿松石的价格，仍保持着冷静的观望，没有出现太明显的跟风变化。这就是我向我的那位老朋友提出的个人看法。

绿松石珠粒在清代以后更多的是用来作为念珠上面的隔珠。值得注意的是，老念珠上面的绿松石隔珠与老绿松石挂件在材质等级上有较大的不同，一件老绿松石挂件或手把件，在清代一定用优等材质的绿松石雕制，因为那时绿松石的市场供需关系是供大于求，所以老绿松石挂件、手把件的材质都好，基本上都是一级、二级品质的材质，价格相对较高；而作为念珠的隔珠，所用绿松石材质一般都是中等水平甚至偏下的。

说到绿松石的等级划分，现在常见的划分标准各有不同，都有一定的科学依据，比如有按照颜色划分的、有按照结构划分的，也有按照质地划分的。我以为，按照绿松石的颜色划分比较简单易记。按照颜色可以分为三个级别。

一级绿松石：颜色呈纯正的天蓝色，质地细腻坚致，有较强烈的硬光和一定的通透度，没有或很少出现黑色的铁线。

二级绿松石：颜色较天蓝而深，或蓝中闪绿，有较强烈的硬光和一定的通透度，可以带有一定的黑色铁线。

三级绿松石：颜色呈乏力的浅蓝色，以及乏力的浅黄绿色，质地较粗糙，光感差，有发育粗壮的铁线和其他杂质。

从上面的分类可以看到，绿松石的级别划分比较硬性的直观条件有两点，一是颜色；二是铁线。

颜色

绿松石的最好颜色是天空的蔚蓝色，这种颜色描述并不抽象，颜色不深，但是必须具有很高的色彩饱和度，只有这样的颜色，才具有强烈的感染力和装饰能力。第三级别的绿松石是浅蓝色，我们形容为“乏力”，其实就是色彩的饱和度严重不足，所出现的颜色是“浅淡”。“浅蓝”与“浅淡”两种蓝色的本质区别可以用人的肤色形容：有些人的肤色很白而富有弹性，那是健康的“白皙”；有些大病初愈的病人肤色也白，可是白里透着枯萎，那就是缺少紫外线照射或贫血的“苍白”，这是完全两种不同的白色。由此就可以理解一级绿松石与三级绿松石之间蓝色的差异了。再有就是颜色的纯净，一级绿松石的天蓝色一定极其纯净，不夹杂或极少夹杂着其他杂质颜色包括黑色的铁线，只要符合这两条关于色彩标准的，就是顶级绿松石；二级绿松石的颜色较深，说明是在一级的天蓝之间夹杂了轻微的黑色，如果闪绿，也是质地不纯的表现；至于三级绿松石的浅蓝，实际既可以认为是在白色中混有了一定的蓝色、黄色和绿色，也可以认为是淡蓝色中混杂了浓度不均匀的黄色而形成的颜色，因为蓝与黄的混合色就是绿色。在材质的鉴定过程中，我们所能见到的更多的是二级、三级的绿松石，一级品不常见。所以我们最好要认识和记住二级品的颜色特征，比之好的是一级，而差的是三级，这样就基本上可以从颜色上分辨等级了。

铁线

我们常见的绿松石基本上都会伴生着一些线状物（一级绿松石在一定的块面内没有线状物），如果这些线状物的颜色过深或者过多，就会影响绿松石的观赏性，也是绿松石质地不纯的表现。凡是颜色纯净、色彩浓度高、质地坚密的绿松石，表面很少带有所伴生的线状物出现，即使有也一定是短、细、浅、少。我们往往把这种颜色呈黑褐色，浓重密集、发育粗壮的线状物称为“铁线”。铁线，就是伴生在绿松石体上面的杂质，既然是杂质，就应该越少越好，只要是铁线很多、纵横交织，那么这块儿绿松石的质地颜色肯定不纯粹。可是在很多人的印象里，铁线就是绿松石的标志，在蓝色的块儿体上面交织着黑褐色线纹，这就是绿松石。其实，除非是极品绿松石，就是一级品也不可能绝对没有铁线，只是很少罢了。

脱离念珠价值评价标准的朱砂念珠

我曾经经眼过一件老朱砂 18 子念珠（图 26），是北京一位中医大夫的几代家传秘藏。为了欣赏这件宝贝，我曾经多次专程造访，与其说拜望老朋友，毋宁说是那串朱砂念珠牵着我的魂魄。搞收藏研究的人有时就是这样，经眼的好东西未必一定要归我所有而后快，但是能有机会让我多看几次，我一定会感到快乐。每一次观察端详其实都是在牢记上面所携带的各种信息，最好能够拍照存档。这有点像借记卡里的钱，别看平时仨瓜俩枣的小钱不起眼，存的次数多了，一旦花起来也就越来越方便了。有时到博物馆参观，能在一件展品前面看上几个小时，那绝不是嘴上说的什么欣赏古代艺术品的精美——凡是这么说的都是忽悠外行人——若论欣赏价值，

图 26　清中期　朱砂 18 子念珠

再好的古代器物无论如何也赶不上现代工艺品漂亮可人，认真观察展品的目的，主要是把藏品的重要特征反复默诵并记住，这也等于往借记卡上“打款”。

这串老18子念珠的质地是纯粹的朱砂，可以从两个方面得到证实：一方面是鉴定者依据对念珠断代后的判断，——从这串念珠所携带的时代特征上判断，应该是清代制作，在那个时代很少或者说没有朱砂的赝品，所以可以肯定朱砂材质的真实；另一方面是念珠本身的物理描述，譬如念珠的重量、颜色以及制作工艺，也可以从这些不同的方位证明其朱砂质地的性质。据说，目前对于朱砂材质的鉴定不外有三种方法：一是物理方法，称出它的比重，只要比重对了，材质就没有问题，朱砂的比重是8.09～8.2；二是化学方法，根据朱砂的取样结构进行化学分析；三是传统的目鉴，鉴定者依据经验，对被鉴定朱砂的各种信息进行分析对比，从而形成判断。前两种鉴定尽管非常科学，但是对藏品具有一定的破坏性，如果不是交易取证，私人藏品一般是不允许这么做的。而第三种目鉴则是收藏杂项人的本事，只要一上手，就能判断八九不离十。

朱砂是一种被赋予了非常神秘、具有某种超自然能力的物质，是中国历史上使用时间最长的矿物质材质之一。据当代的考古发掘揭示，在商王武丁爱将妇好大墓中的泥土和器物上，都发现了大量红色含有辰砂成分的泥土。所谓“辰砂”，就是未经冶炼的、含有朱砂成分的矿石物质，说明至少在殷商时期，辰砂就已经被视为一种最有效的防腐材质被用于重要的墓葬之中了。

到了东周的春秋、战国时期，道家开创了炼丹术，最后炼出的物质就是“丹砂”。图27就是春秋时期的一件龙形玉珩，表面的朱红色附着物就是丹砂。南北朝时期的

图27 春秋 龙形珩

炼丹名家陶弘景认为丹砂就是朱砂。按照现在的化学名称，朱砂又可以称为“硫化汞”（HgS）。此外，朱砂还是一种珍贵的药材。据《中国药典·朱砂》所载，朱砂的药物功能是：

清心镇惊，安神解毒。用于心悸易惊，失眠多梦，癫痫发狂，小儿惊风，视物昏花，口疮，喉痹，疮疡肿毒。

朱砂的另一种民间所赋予的能力就是祛邪。古今都有用朱砂制成的墨锭。清代上好的朱砂墨有可能出自同仁堂这样的大药铺，除了用来画朱砂钟馗、朱砂竹子以外，还可以研成朱砂墨汁让小孩喝下，专治小儿惊厥。图28是一块儿清代的朱砂墨。

图28　清　朱砂墨

上面所讲都是老皇历了。现在的朱砂材质非常混乱，五花八门什么都有，即使朱砂墨，质地主要是化学颜料，里面有没有羼杂一点真的朱砂很难说，像清代的那种纯正朱砂已经没有地方淘换去了。记得我小的时候，看见外祖父画画，好像先在白瓷乳钵里把一小块儿朱砂研成细末，再用水漂，挺复杂的。现在就是想用纯朱砂画画，这套工艺会不会先放一边，就说那种纯正的块儿状朱砂颜料哪找去！

现在市场上的所谓“朱砂”，几乎完全都是辰砂矿石，我国有很多地方都有这

图 29 鸡血石

图 30 含辰砂矿石

类矿石存在。从外观上看，辰砂带有朱砂一样的各种色阶的红色。譬如有一种叫作“鸡血石”的石材，多被用来制作图章章料，传统鸡血石出产于浙江省昌化（图 29）。在 20 世纪八九十年代，内蒙古的巴林地区也发现了大量的鸡血石。前几年又见到云南出产的一种含有朱砂成分的矿石（图 30），这些材质都可以笼统地称为“辰砂”。收藏者需要搞清楚的是，辰砂是含有朱砂的原矿石，而绝不是朱砂。就像铜矿石不是“铜”一样。

现在珠串市场上随处可见有一种非常靓丽的朱红色石材质珠串，被商家艳称为“朱砂”。如果仔细观察就可以发现，珠粒的颜色鲜艳，上面浮有一层硬光，说明质地的石性大、硬度高，具有很强烈的装饰色彩。这种珠串其实就是上面所讲的那种含有朱砂成分的辰砂矿石，图 30 偏下面的红色就算是好的朱红色，如果能连成片，肯定可以出好珠子。因此辰砂矿石不属于贵重材质，其价值与真正的朱砂相去甚远，两者不可同日而语。

我们所讲的“朱砂”，就是辰砂中的朱砂提纯物，所呈现的形态应该是粉末状。在矿藏资源开发不足、提纯技术相对原始落后的中国古代，朱砂历来是一种非常昂贵而稀有的材质。作为一种材质，朱砂的使用率甚至低于黄金——我们看北京故宫旧藏的历代皇帝御用器以瓷器居多，玉器也不少，甚至不乏金银器，可是很少见到朱砂器。不管是出于什么原因，以朱砂为原材料制成的器具极为少见，这是不争的事实。现在流传在民间的真正古代朱砂器，其原始出身一定非常高贵，绝不可能像新疆和田玉那样被一般官僚普遍使用。

这串清代的朱砂 18 子念珠想必就是带有这种背景的器物，观察念珠的每一颗珠粒，都会发现下面三个时代特征：

纯正的朱砂材质与制作工艺

材质与制作工艺虽说是两个概念，但是会在相互作用下，共同作用于对念珠的断代，只有两者同时表达出同一个时代特征，由此形成的断代才算合理。我们可以分别从四个方面进行分析。

1. 这串朱砂念珠珠粒的颜色并不像辰砂矿石制成的珠粒那样鲜艳耀眼，与清代的朱砂墨相比，甚至还要浅淡一些。直观印象中的朱红色有些黯旧、深沉，没有火气、也绝不妖艳。由此可知，真正老朱砂的装饰性反而很低。我曾经在北京收藏家刘嘉祥先生那里见过一小块儿明代的朱砂残块儿，颜色同样是灰头土脸的不好看。只要见过真正老朱砂的人，就会知道这才是真正的稀罕老宝贝。

2. 这串念珠的每一粒珠粒的制作，都是纯粹用手工团搓而成，有两点表现出不规范。

（1）圆度不规范。可以说珠粒基本形状是圆形，但是基本上都不是规范的正圆。通过图 31 可以见到，后排右起第三颗珠粒的两端大小头，明显不圆。

（2）大小直径不规范。18 粒珠粒的直径有大有小，还是后排右起第三颗珠粒的直径明显小于前后两粒。可以想象，把朱砂粉末加胶后团成球状的难度很大，这与依靠墨模规定外形的朱砂墨锭不一样，用朱砂制作珠粒这时显然还没有成熟的模具和工艺规范，所以珠粒的大小、圆度只能是个大概。

图 31　朱砂珠粒的圆度与直径的不规范

3. 念珠珠粒表面显然比较粗糙，缺少光泽，形成这种现象的原因很简单，主要是珠粒质地的密度很低，因为只是通过手工团搓而成，没有经过更大的压力挤压定型，所以低密

图 32　朱砂珠粒表面的剥落

度导致的低硬度不可能出现光泽。

4. 正是由于珠粒的密度低，在制作过程中没有受到较大的压力定型，所以在盘捻过程中不可避免地出现珠粒之间的相互摩擦碰撞，或者受到过分潮湿、干燥的环境影响，珠粒表面出现了呈片状的剥落（图 32）。我根据珠粒的现状判断，这串念珠在匣内的蛰伏时间很长，因为在放大镜下观察，珠粒表面的剥落层与未剥落层的包浆几乎完全一致，说明这串念珠在相当长的时间内未被盘捻过，从另一个角度说明了材质的贵重程度。

珠粒之间的隔垫

这串朱砂念珠的隔垫最重要，断代的主要依据全在于此。

就这串朱砂念珠本身来说，我们的断代只能根据珠粒所携带的材质特征、包浆以及制作工艺，判断是清代的物件，因为我们可以与虽然很少但是有可能一见的具有准确清代断代依据的标准器进行材质比较。但是，我们很难由此判断出更为确切的制作时代。在撰写这篇文章的时候，我又仔细阅读了《中国玉器全集》（河北美术出版社出版），发现里面有两幅北京故宫旧藏的清代朝珠照片，其中一幅是清代中期的碧玺朝珠（图 33），佛头左右有

图 33　清中期　碧玺朝珠
（北京故宫博物院藏）

图 34 清中期 碧玺朝珠金丝钱形环

图 35 朱砂念珠上的隔垫

两个金丝缠绕的钱形环（图 34）。这两串朝珠在图注上均被断代为“清中期”，那么毫无疑问，佛头左右的金丝钱形环也应该是清中期的制品。

再看看这串清代朱砂 18 子念珠上面的隔垫（图 35），同样是用金丝缠绕的钱形环，只不过使用的位置不一样，一个作为装饰性的连接环；一个作为珠粒间的隔垫。这两件珠串上的金丝钱形环无论从形制上，还是从制作工艺上完全相同。这一关键的相同点，为我们提供了这串朱砂念珠的断代依据，制作时间最晚应该与图 33 清中期碧玺朝珠相同。

但是仔细观察，两者仍有不同的地方，那就是金丝的颜色不一样，表明着时代先后的差异：碧玺朝珠金丝钱形环的颜色是明黄色，朱砂念珠钱形环隔垫的颜色紫红。凡是精通杂项鉴定者都可以一目了然，如果这两种环状物从形制上看都是清代的，那么朱砂念珠上的紫红肯定要早于碧玺朝珠上的明黄。也就是说，如果碧玺朝珠属于乾隆时期的话，那么这串朱砂 18 子念珠就应该断代为康熙才对。我们通过观察康、乾两代的鎏金器譬如掐丝珐琅、金铜佛像，都可以确认两朝黄金颜色的差异。

这串朱砂念珠隔垫的筋骨是闪红的铜质钱状环，上面再用很细的纯黄金丝缠绕，经历了四百余年的空气氧化，现在看起来仍然熠熠生辉，不锈不乌。黄金曾经有贵重金属之冠的身价，现在已经不再具有唯一性，当前有太多的材质比如奇楠、新疆和田子料、老坑翡翠，甚至阿卡珊瑚的单位价格都远远超过了黄金。而在中国古代，黄金是最具价值的、而且是无与伦比的贵重金属。那么，这串朱砂念珠使用黄金作为隔垫的装饰，将黄金拔丝成细金线缠绕，其成本之高、其工艺之精，充分说明这串念珠出身的非同一般，绝不是一般意义上的大户人家所能使用的。这些细节其实就是把玩欣赏的最有味道的地方，甚至超过了朱砂材质本身。

图 36　朱砂念珠上的两条灯笼穗

念珠的灯笼穗

这串朱砂念珠在佛塔下方配有一粒染色白珊瑚珠，再下面拴有两只灯笼穗。灯笼穗全是用蚕丝制成，手感极轻，几乎没有分量，保存到现在仍然有八成新。说明这串念珠在康熙时期制成以后，又有过重新穿制的历史，重穿后大概再也没有盘捻过，所以灯笼穗虽旧犹新。从灯笼穗的蚕丝绳来看，大概也不是近百年所为（图 36）。（我原以为灯笼穗的材质是麻，也曾写过文章介绍，后来再次观察确认是蚕丝，特此更正——笔者注）

通过分析，我们得出的关于这串朱砂 18 子念珠的基本状况是：这串念珠是清代康熙时期的制品，能够制作、使用这串念珠的肯定是社会级别非常高的官僚人家，通过一段时日的使用后，出现了珠粒表面的剥落，大概原穿绳也有相当的磨损。还是在清代的某个时期又重穿整饬，之后便作为珍贵的收藏品加以收藏，再也没有上手盘捻，直到现在。现在我的那位朋友同样视之若拱璧，很少展现给他人欣赏。

收藏砚坯的乐趣

我很喜欢收藏广东肇庆端石和安徽歙石这两种没有雕成砚台的原始石片儿。这种能够收藏的原始砚材石片儿有两种形态。

1. 将原始形态的砚材切割成厚度在 2 厘米上下的长方体，6 个面都经过仔细地打磨抛光，除了没有砚堂以外，与成砚没有什么区别，这种砚台的半成品叫“砚板”。清代以后，砚板被视为不研墨的砚台，同样配有紫檀、黄花梨、红木的砚匣加以收藏。大凡能够制成砚板的，都是上佳的砚石，大概都有这样两种可能，一是好材一定要配好工，上好的砚材一时找不到上好的砚工，所以只能制成同样可以把玩、收藏的砚板，以俟来日；再有就是出于对好砚材保重的考虑，舍不得让材料再有所损耗，所以保存了相对规矩的原材料形式（图 1）。

a　　　　b

图 1　端石砚板

这块儿砚板（图 1a）从成型后至今，很明显始终处在保存状态中，没有经过把玩，砚板的表面干涩乏润，石品不能充分表现出来。有两个办法可以观察和欣赏到上面美妙的石品：一是在砚板上封蜡；二是将砚板浸泡在清水里。砚板一旦封蜡，就可以使板面上的石品长时间处于同一种显示状态，虽说好看，可是手感黏腻不爽，不能体味砚板本身的滑润感觉。所以最好采取第二种办法，在欣赏石品时，将砚板全部浸泡在清水中，石品可以完全显露。欣赏后捞出揩干保存。图 1b 就是图 1a 砚板浸水后的显示效果，与封蜡基本上相同。

2. 就是一块儿原始形态的砚石石片儿，只是将上下两个大面做了相对仔细的磨光，其他不规则的砚墙则不予考虑修整，什么形状、什么样子都有，这种随形的石片儿就叫作“砚坯”。砚坯同样是好坑口出产，也有两种可能，一是块头稍小的碎料，制砚难成而弃之可惜，于是人们废物利用，稍做加工后，以不高的价格卖给那些工薪阶层的砚台收藏者收藏；二是尽管砚坯的块头不小，可是出于某种技术原因，一旦制成砚台，有可能降低了材质本身的价值，所以干脆磨成两面见光的砚坯。我收藏有一块儿梅花坑砚坯(图4)，砚坯的正背两面分别长有三个颜色非常漂亮的且有晕、有睛、有瞳孔的鸲鹆（qúyù）活眼，只是鸲鹆眼在砚坯上的位置很尴尬，砚工很难设计、巧雕成神来之笔，为了保护这三个质量很高的鸲鹆眼，砚工仅将两面稍加磨光，使鸲鹆眼能够最大限度地暴露出来，没有更深的加工。

收藏一些小块儿的砚坯，可以因材制宜地制成随形笔舔，再配上硬木砚匣，这就是砚台的一个随形品种；而较大的砚坯，最好保留原来的形状，包括上面的原有的石皮，那又是另一种玩儿的味道。

如果我们能够冷静地对当下中国的收藏形势（注意：不包括高价位的投资）做一个相对客观的评估，我以为中国国内收藏品的流通价格肯定还会持续上涨。原因在于，可供收藏的东西不会无限度增长，而涉入收藏队伍的人员逐渐呈年轻化趋势大批量涌入。现在人们对手串的投资、收藏，其实客观上起到了缓解杂项收藏压力的作用，但是手串热度的维持时间不会太长，因为手串收藏的第一方阵组成过于庞大，一旦这批人的关注转移，那么势必会使收藏群体的人数迅速膨胀，从而对既有收藏品的供需平衡形成冲击，所以藏品价格的上涨肯定是未来的趋势。因此我以为，今后的收藏趋势——这里讨论的是收藏，而不是投资，应该注重以材质取胜的收藏品。

尽管一个真正收藏者的收藏目的不应该是低进高出的投资——投资与收藏对古玩的选择标准完全不一样，可是，藏品的市场价格还是每每牵动着收藏者的心，谁都希望捡漏，也就是花尽量少的钱，买尽量值钱的藏品，这仍然没有跳出利益最大化的商业思维模式。与收藏品的价格评估关系最密切的分别有两种因素——藏品的制作年代与藏品自身的材质品质，这两种因素直接构筑了交易价格评估的两条平行方向。

1. 有些藏品的价值评估完全受藏品制作年代的约束，藏品在流通领域中往往以制作年代决定价格。譬如书画、瓷器、青铜器，还有家具、竹木雕件等，这类藏品不见得年代越久越值钱，而是符合收藏界公认的特定年代生产的特定藏品就值钱。谙熟收藏的人士都知道的一个规律是，商周时期要收藏青铜器；宋代的官、哥、定、汝、钧五大名窑是瓷器收藏的顶级藏品，而明清时期家具的价位最高，等等。假如倒行逆施地重新组合一下，非要收藏商周时期的瓷器、宋代的家具、明清时期的青铜器，那所有的藏品肯定都瞎了。

2. 有些藏品与制作年代的关系不大，年份最多起一个锦上添花的增值作用。藏品的价值评估以材质的优劣为决定因素，又可以分为两种。一是越老越不值钱的藏品，譬如珍珠、砗磲、象牙。珍珠、砗磲的价值存在优势全在于表面颜色的光鲜洁白，年份久了开始泛黄，失去了原有的装饰价值，也就没有意思了。象牙收藏的时间长了会开裂，尤其会泛出褐黄色，原有的嫩黄色不复存在，装饰价值越来越低；二是藏品与年代没有关系，完全以质地的优劣定价值，譬如玉器、翡翠、砚台。玉器的价值绝对不在于年份，有人喜欢三代老玉，玩儿沁色、玩儿出土器的稀罕，有人则喜欢清代玉器的雕工精巧、纹饰繁缛，近年更多的人喜欢新雕的玉件，不愿意玩儿别人盘过的旧玉，所以现在老玉竟然卖不过新玉，这也不奇怪。从历史的角度看，翡翠出产的最佳时期就是现在，清代有好翠，但是极少，明代几乎没有好翠，可不像现在老坑玻璃地硬绿的挂件、戒面，轻易就能见到。砚台也是如此，由于砚台原来是文房中的实用器，历史上有过大量的砚台流传下来，可是材质好的砚台很少，几乎达不到百里挑一的比例。即以端砚为例，到目前为止，能做砚台的端石仍然很多，可是高档的砚石基本上已经没有继续开采的可能了，现在近乎枯竭的各种资源都已经受到了国家禁采禁伐的保护，所以端砚随处可见，而达到收藏级别的好端砚则一砚难求。纵观近几年国内顶级的大型拍卖会上，真正令人心仪的好砚台已经不多见了，说明当下收藏的一个趋势，一定逐渐走向对稀有材质收藏这条道上。那些好坑口、好雕工、好装潢、好年份这样“四美具”的顶级砚台藏品会以不菲的价格在资金实力雄厚的投资圈内流走，而一般工薪阶层目前还有机会收藏的，一定是不成材的好坑口砚坯。即便如此，真有机会收藏有一两块儿好坑口砚石，也能无愧堪称“坐拥砚城小诸侯”。

一方砚台的价值构成我以为大概应该是这样划分的：砚石的坑口（包括石品、品质）占70%，雕制年代占15%，雕工占15%。譬如一方具有清代雕工特征的普通砚台，如果坑口和石质都不是非常好，其藏品价值也不会高于现代材质好的砚台，因为清代流传下来的砚台很多，只有好坑口的砚台才符合“物以稀为贵”的收藏原则。我之所以喜欢收藏宋代的歙砚，就是因为宋代龙尾歙石的材质早已绝迹，所见宋砚也就是墓里的那点儿东西，宋代以后的歙砚我没有收藏；而端砚，那些年份好、坑口好的老坑、坑仔岩、麻子坑砚台，看不见也买不起，所以就适时地收藏了几块儿坑口好的砚坯，一样可以玩儿得兴高采烈。

我对收藏砚坯的认识，源于一方小端石笔舔。有一年我出差去沈阳，公干后乘出租去北门（大概是这个地方）的古玩城转转，在一家店铺里，看见一方小宋坑笔舔，还带有硬木砚匣（图2）。需要说明的是，这方小笔舔既不是什么好坑口材质，雕工

图2　宋坑笔舔

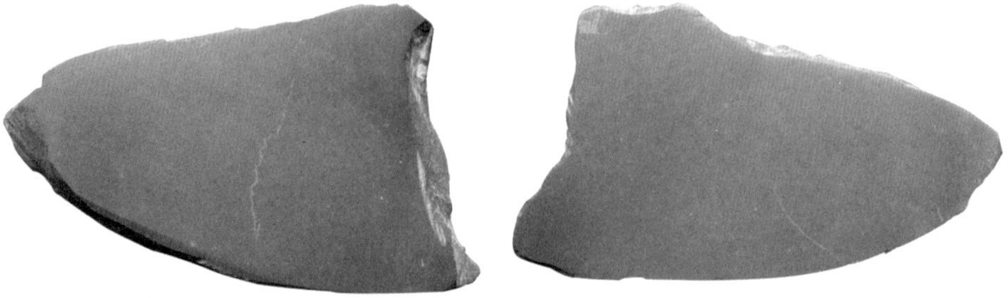

图 3 老坑端砚坯（正、背）

也比较粗糙，上面有一个石眼，还是个有睛无瞳的“死眼”。我花了大概五六十块钱买下来的原因，就是当时在我的藏砚中，尚没有一方带石眼的，完全是品种的需要。

在机场候机时，我一边玩儿着笔舔，一边琢磨，如果不雕成笔舔，这就是一片分文不值的小碎石片儿；正是因为上面有了石眼，才被废物利用，雕成也还算精致的笔舔，就叫作“不雕不成器”，只要施以工艺加工就会产生价值。从此我就开始注意不成器的端石石片儿，也算是增加一个逛地摊、古玩铺的兴趣点，看见了就拿起来端详端详，合适就买、不合适放下走人。而不是猴急忙慌地各处寻摸，必欲得之而后快。

终于有一天我在北京报国寺的一个小摊子上，看见了一块儿上下似乎磨得很平整光滑的不规则三角形石片儿（图 3），看得出，这就是块儿小砚坯。用眼扫过之后，我并不以为然，像这样的石片儿在摊位上有时能见到。顺手拿起来用拇指搓下一点表面的浮土和下面腻腻的油垢，手感有些不一样了，能感觉出石质的细腻滑润是以前没有碰到过的。我没敢仔细看，就装成若无其事的样子问摊主价钱，他告诉我已经有人出价 300 块钱，他嫌少没卖。我知道这是生意口，告诉他这块儿石片儿最多值 50 块钱。摊主脑袋摇得跟拨浪鼓一样，连说不行，我轻轻放下石片扭头就走，可心里却盼着他能喊我回来再商量价钱。果然我往前蹭了几步，他就喊我再商量商量。就这样，我给了他 100 块钱成交了。

回家，我用洗洁剂和香皂痛洗了两三遍，看出砚坯呈青色，正背面各有一道银线和粉嫩的胭脂晕，在手里摩挲了仅半天的时间，就着实感觉到石面极其温润、细腻，跟婴儿的皮肤没什么区别，是我见过的最好的端石。每次看拍卖会的预展，我都把这片砚坯带上，每每遇到好的端砚，就会用它对比手感，这片砚坯一直就是我评价砚材的标准器。我曾经盘算着花钱请一位砚工，沿着外轮廓线起矮墙，中间磨出微凹的砚堂，再配上一个紫檀砚匣，就齐活了。后来我见到了一位老砚工，他看了砚坯，建议我保持原状，因为上面的胭脂晕很薄，一磨出凹形砚堂很有可能就没了，就这样配硬木匣挺好。我听了老师傅的话，从此断了磨砚堂的念头。

这块儿砚坯的正背面都有颜色粉嫩的胭脂晕，这是老坑砚材的重要特征之一。“胭脂晕”是指砚石上出现的粉红色块儿，有老、嫩之分：嫩胭脂是浅粉红色，呈色娇嫩，深受藏家追捧；而老胭脂色黑红，呈色如果过于深重，超过了一定的限度，就变成了“火捺”，火捺是最常见的石品之一，一旦形成了火捺，砚石的石品就会降低了等级，就是那种所谓的“金钱火捺”，品位也不高。高贵的胭脂晕与普通的火捺之间的区别，就在于呈色的嫩与老、粉红与黑红。胭脂晕多出现在老坑、坑仔岩和麻子坑砚石上，由于颜色浅嫩，在砚石没有封蜡或处于干燥状态下，不太明显；一旦完全浸泡在水中，就能清楚地欣赏胭脂晕颜色的娇贵与高雅。

我还收藏有另一块儿正背带有三只鸲鹆眼的砚坯，看鸲鹆眼的特点应该是出自梅花坑口（图 4）。梅花坑口砚石的特征主要是质地青灰闪黄，多带有石眼，石质的细腻程度超过一般的宋坑，但不及老坑。这块儿梅花坑砚坯的两面被简单打磨光滑，正背面显露出三个鸲鹆眼，正面两个、背面一个。这三个鸲鹆眼的质量相当不错，

图 4　梅花坑砚坯

尤其是背面的那个极佳（图 5），在眼的最外围有内聚外散的重晕，与黄绿色眼珠交界处黑线清晰，向外逐渐晕散，最外沿呈模糊状，这是理想的重晕；豆绿色眼珠颜色纯净，稍微闪黄；眼的中间有瞳孔，瞳孔的中心还有黄褐色点，被周围一小片橘黄包裹，这点不大的地方，有多种色彩清晰地叠加，属于典型的典水梅花坑口。一般常见的石眼多是“死眼”（图 6）。死眼的主要特征就是有睛无瞳，色彩变化、叠加不丰富，只要用图 5 与图 6 两只石眼相对比，就能清楚活眼与死眼的区别。在我们所能够见到的清代端砚上，真正活灵活现、炯炯有神的活眼并不多见，大多都是眼大无神的无瞳眼，只能算得上“聊胜于无”的心理安慰而已。相比这块儿砚坯的石眼，判若天壤。

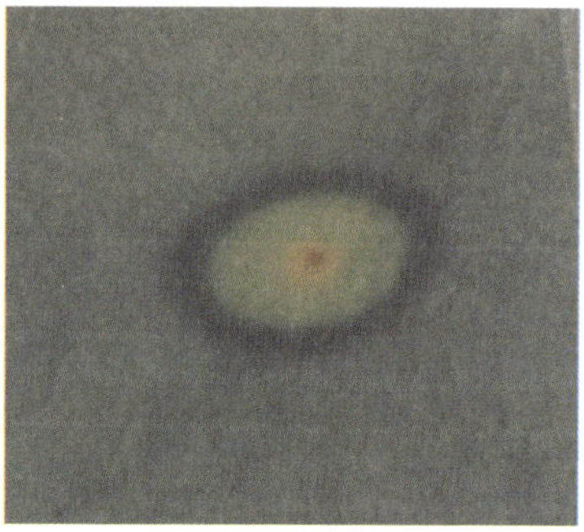

图 5　梅花坑砚坯鸲鹆眼

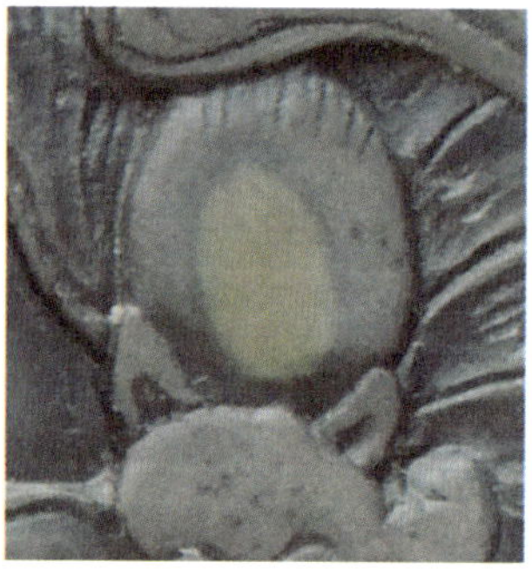

图 6a　宋坑笔舔死眼

图 6 b　宋坑笔舔

但是，有一个问题值得思考：既然有这么好的鸲鹆眼，为什么不制作出一方上好的梅花坑砚台，而随便加工成砚坯廉价卖掉呢?

我以为，“成也萧何，败也萧何”，毛病还是出在鸲鹆眼上面。

端砚的石眼一般都有两个讲究：一是石眼的质量，譬如是“活眼”还是“死眼”、眼的形状、颜色以及重晕的内聚外散等；二是石眼的位置，讲究“高眼”，最好的位置应该是在长方形砚台左、右上角的砚额处。这块儿砚坯的石眼质量没的说；可是位置不好，有一只眼竟然长在了砚坯的中间，正好卧在砚台的砚堂位置，好像一个肚脐眼（图 7），很难看。石眼其实就是与砚石成分不同的杂质，好看但不便于研墨。所以肚脐眼位置的石眼再好也不算是好眼，就像脸上有一颗黑痣，长在眉心处就可以艳称为“美人痣”；如果长在了眼角下面，那就是“泪痣”了。这方砚坯要想利用中间的石眼，就必须像图 8 一样下料，而这样又会浪费掉背面的另外两个石眼。所以不管怎样设计，中间的那只鸲鹆眼都是一块鸡肋，很难化腐朽为神奇，除非舍弃正面而迁就底面的那只眼的位置。

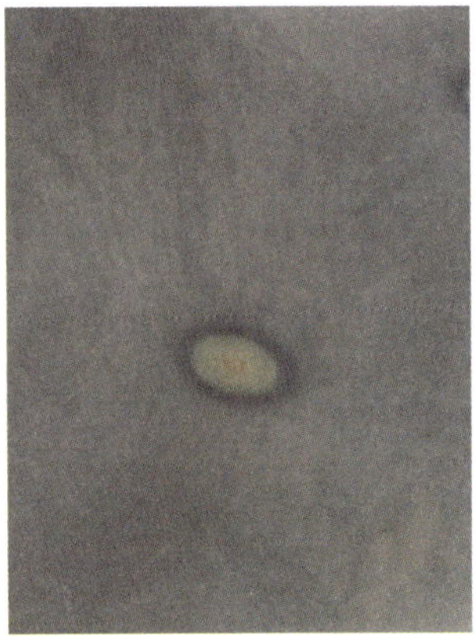

图 7　肚脐眼位置的石眼

我是在一家广东人开的端砚专卖店买的这块儿梅花坑砚坯，刚拿到手时，砚坯青灰白色，上面的石眼隐隐约约不明显，更看不出有什么色彩的变化。由于我经常到店里向店主人讨教，所以跟店主人有点熟悉。她告诉我如果封上蜂蜡就会非常漂亮。我没有经验，就请她为我封了蜡，果然，整个砚坯好像换了一个颜色，通体呈深紫红色，鸲鹆眼的每一点细部特征都表现了出来。我喜出望外。

图 8　石眼设计成高眼

我回到家后很快发现，封蜡以后砚坯的手感不好，由于外表有蜡，摸着黏手。推想由于砚石不能直接接受空气的氧化，大概多长时间都不能玩出真正的包浆。于是我又煮了两壶开水给砚坯脱蜡，一通折腾把表面的蜡皮脱去，石眼的显现就是这样了。

我忽然想到了一个问题，现在商店卖的成品砚台，基本上都是经过了封蜡处理，等于在外面罩上一件有色外衣，与原始材质本色差别很大。原石的颜色都是以灰色为基调，有的偏黄、有的偏青、有的则偏紫，灰头土脸的不大好看。而老的砚台藏品表面颜色深重，那是厚重包浆的包裹效果，不是封蜡。所以买了砚台，如果是经过了封蜡工艺，一定要进行脱蜡处理，只有将外面的蜡皮脱净露出石质，才能逐渐氧化出包浆。带着蜡的砚台好看不好玩儿。

鉴 JIAN 藏 CANG 篇 PIAN

红山文化矩形玉璧的玩与学

2010 年岁末的一个周四上午，天特别冷，一大早我就来到了久违的天津市沈阳道旧物市场。这次来只是想散散心，不想买东西。中午时分，我在西藏路的一个短小的死胡同里，发现有一个小摊位。摊主是一位年轻人，地上铺着一块儿红包袱皮，上面摆着几件带残的出土旧玉，还有一些出土的瓷碗、瓷碟和战、汉青铜器的残片等，东西差不多都是真的，就是路份太低，不适宜收藏，但现在还能看见真品率这么高的诚信摊位，实属不易。我在这个摊位前站了一会儿，仔细地观察着每一件东西，看见摆着一块儿很不起眼的方形玉片儿（图 1），上面包裹着尘土，在薄薄的中心孔壁上还隐约带有一些与表面泥土不同的褐红色痕迹，显然出土后一直没有引起人们的注意。当时从形状上判断，这很有可能是一块儿红山文化矩形玉璧。我只看了一眼就放在了原处，又随便看了两件东西作为掩护，开始逐一问价，那块儿玉璧摊主的要价是 60 块钱，按说不贵。听了摊主报价后，我才重新拿起玉璧仔细观察，这样

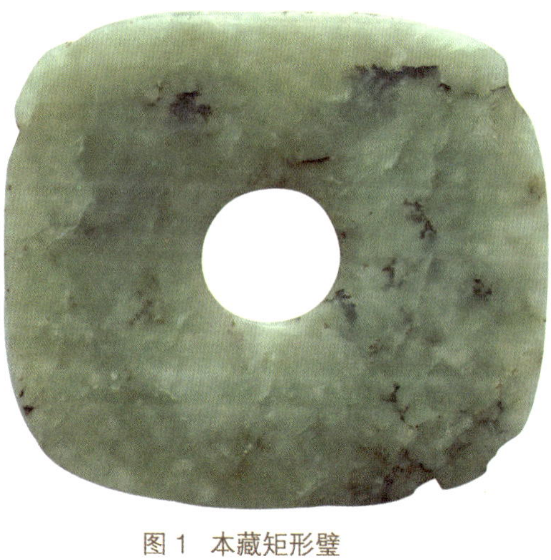

图 1　本藏矩形璧

做是为了不给摊主漫天要价的机会。我擦擦表面尘土，玉璧露出了岫岩玉的本色，质地肯定是块儿上面带有沁色的老岫岩。最后以30块钱成交了。

这的确是件红山文化矩形璧，高4.7厘米、宽5.4厘米、厚0.1～0.2厘米、中孔直径0.8厘米，横截剖面呈左右两个对称橄榄形，中孔（按照玉璧的专业名称，这个中孔应该称为“好”）的圆形稍有不规则，薄薄的孔壁依稀可见两道旋纹。从形制上分析，这件玉璧属于红山文化没有疑问。问题是怎么判定是真品。我是从玉质、沁色和工艺这三个方面来认定的。

玉质

红山文化片状玉器从质地的通透度来看，大概可以分为两类：

1. 不通透质地。这类玉璧的质地石性很大，基本上不属于蛇纹石结构的岫岩玉范畴，只是当地的类玉材质。图2这件矩形璧的质地就很难说是岫岩玉，但是其他各种工艺、形制都符合红山文化玉璧的特征，我们也必须承认这是一件红山文化矩形玉璧。

2. 半通透质地。本藏的这件矩形玉璧呈很薄的片状，厚度约在0.1～0.2厘米之间，所以直观的感觉好像比一般稍厚的红山文化玉器显得通透一些，实际上这是由于质地厚度引起的错觉。牛河梁遗址出土了不少类似这样的薄片状玉器，其中不

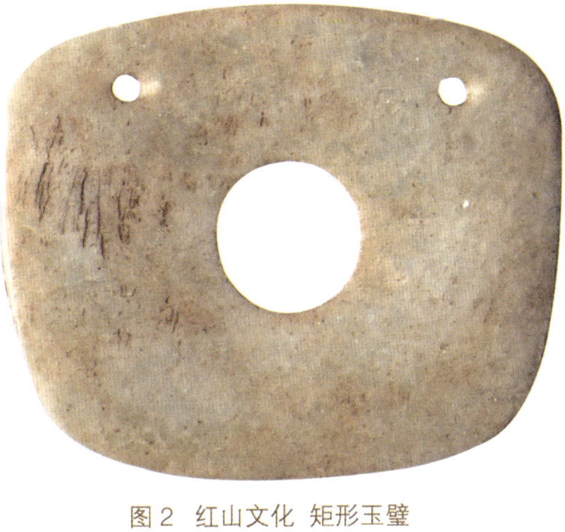

图2 红山文化 矩形玉璧

乏比这件还通透一些的片状玉璧，比如图3是牛河梁遗址第二地点1号冢21号墓出土的一件宽、高均约12厘米的方形玉璧，根据右侧的缺口观测，其厚度至少应在0.4厘米左右。如果设想将其剖为1/2厚度时，所具有的通透度一定高于本藏的这件矩形璧。所以说，我买的这件玉璧的通透度应该在合理的范围之内，是安全的。但是，我们这里所说的红山文化玉璧的通透度再好，由于矿带位置特征的限制，也达不到"半通透"的水平界限，仅强于"微通透"而已，与明清以来岫岩玉的质地区别仍然很大。

图3　红山文化 矩形玉璧
（朱达、穆启文摄影）

沁色

岫岩玉属于硬度较低蛇纹石结构，在长时间的地下掩埋的环境中，很容易与周围土壤中的有机物质发生反应，从而形成局部色变，这就是我们常说的"沁色"。凡是收藏高古玉的人，都以沁色为第一重要的收藏因素，而历代仿高古玉者也无不在沁色上下功夫。古今仿沁色手法发生了很大的变化，譬如古代是经过油煎、火烧、冰冻、染色；现在是酸咬、激光注色等，尽管方法不同，但是所形成的效果却大致相同，主要是速成的沁斑颜色没有深浅、色度、色彩上的变化。换言之，人工沁色就是一片呆板而没有变化的异色，譬如图4这件仿红山文化马蹄形器，且不管其他形制、质地、工艺上的瑕疵，单看上面的白色"土沁"，就是缺少变化、没有表情的"涅白"，这是典型的人造沁斑。而真正沁斑的颜色是从外向内渐淡，即使局部在强光的照射下，也能看到深浅的不同变化，这是当前仿品所难以达到的直观标准。本藏的这件矩形玉璧上面的黑色沁斑零星而斑驳，每块儿颜色变化都很丰富自然，靠上位置的左右两块较大面积的沁斑深浅变化明显（图5），尤其是在强逆光光源下拍照的图片，其特点更直观明显（图6）。右侧中部的一些沁斑虽然零星散碎，但是都长在了"皮内"，

图 4　仿红山文化马蹄形器及局部

图 5　本藏方形璧沁色
（正常光源）

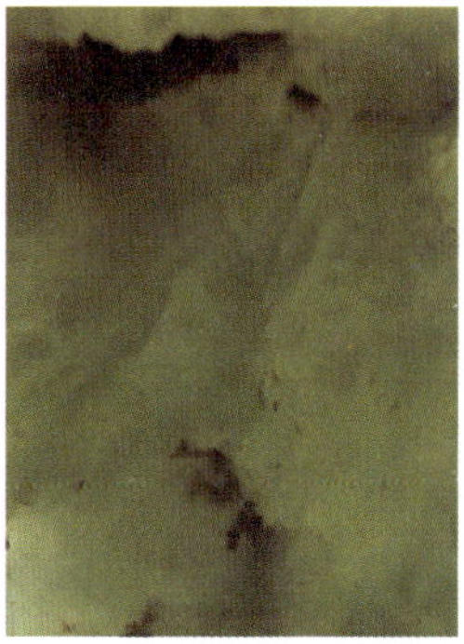

图 6　本藏方形璧沁色
（逆光光源）

与仿古玉人造沁斑的颜色浮在表面正好相反。所以从沁斑特征上加以判断，这件玉璧应该是件真品无疑。

工艺

本藏的这件玉璧的 1/2 剖面应该是橄榄形，中间最厚，两边逐渐变薄，中间厚度不超过 0.2 厘米，完全符合红山文化玉璧出土器的形制标准（图 7）。

红山文化与稍后的良渚文化在制作上最大的区别，就在于由于玉质硬度的完全不同而导致的琢、磨加工工艺的不同。良渚文化用玉普遍偏软，所以可以用硬度高十质地的材质（传说是海马牙齿）为工具进行细致的雕琢、刻划，所以良渚文化玉器以绵延、曲折的细阴线为特征，鬼斧神工；而红山文化所用的，尽管也有稍软的地方美石，但是更多、更常见的是质地为摩氏硬度 5.2 ～ 5.5 的岫岩玉，想琢出一条细阴线很困难，所以凡是带有较细阴线的红山玉器，都可以推测为墓葬级别很高的精品玉器。一般常见的普品都是素面，上面带有精美的磨光光工，只磨不琢，像这样大面积素面的磨光其实难度要远高于良渚文化的琢刻阴线。本藏的这件矩形玉

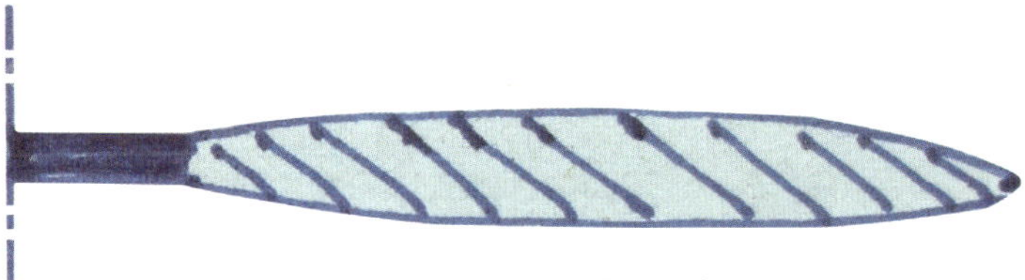

图 7　红山文化 本藏玉璧半剖面图

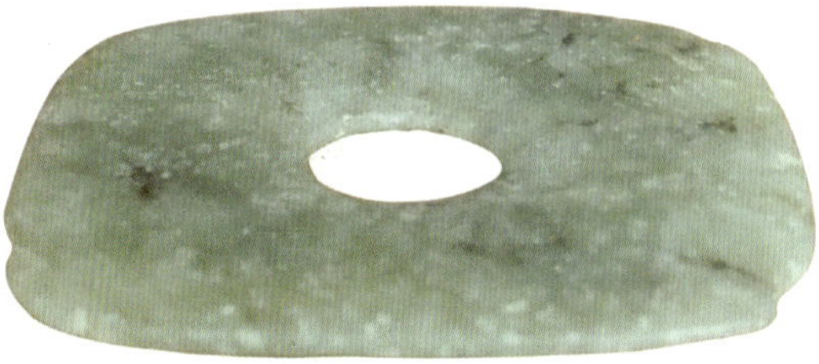

图 8　本藏玉璧表面的凹凸

图 9　本藏玉璧圆孔孔壁

璧表面貌似平整光润，表面带有一种亚光光泽，但是拿在手里仔细把玩，依然能够感到手工打磨得不平整，譬如整体上依然能感觉到带有缓慢而微小的起伏不平，如果侧光观察，还能发现璧面上带有斑斑点点的看得见摸不着的凹凸（图 8），原始手工工艺的磨制效果一定会是这样。

另外，放大镜下观察孔壁，上面带有浅浅的不规则螺距线（图 9），这也属于用双掌搓动钻杆钻成璧孔的特点之一。

红山文化玉璧从形制到用途，与传统意义上的玉璧都有所不同。除去红山文化以外的任何时期玉璧都是以正圆形片状为标准形状。殷商时期有一种玉璧，“好”的正背面出矮墙，俗称“起领”，属于异形璧，但玉璧的外周仍然是正圆的造型。红山文化关于玉璧的形制则显得比较复杂，已故红山文化研究前辈孙守道先生在与刘淑娟女士合著的《红山文化玉器新品新鉴》（以下简称《新鉴》）一书中，把所有片状中间带有圆孔的圆形、矩形玉器都称为“玉璧”。孙先生是这样解释的：

> “玉璧在红山文化中有其特殊的身份。它有三种功能，即祭天的礼器；王者身份的象征；丧葬用玉。那么在红山玉文化中璧有哪几种形制呢？牛河梁遗址出土的玉璧外廓方圆，璧孔近圆形者居多，其次还有三连璧、双连璧、圆形玉璧。”

（《红山文化玉器新品新鉴》218 页　吉林文史出版社 2007 年第一版）

对于史前的红山文化玉璧，在没有确切的原始资料可以描述其用途的前提下，大概比较可信的猜测只能依靠科学发掘所提供的两种信息：一是器形；二是出土位置。任何脱离了这两个基本信息的猜测，都比上述可信的猜测更值得商榷。《新鉴》是一部当前研究红山文化最为权威的图录性著作，其中在“璧形玉”一节中提供了 41

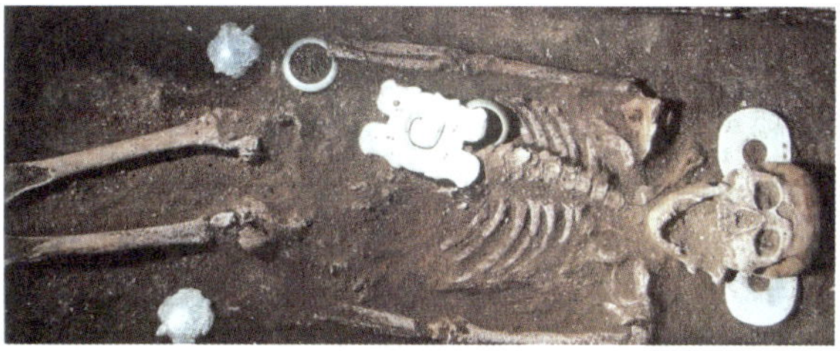

图 10 红山文化 牛河梁第五地点 1 号冢 1 号墓
（朱达、穆启文摄影）

件标准器图片，可以得出下面的划分：

1. 按照形状分：圆形璧 9 件；矩形（包括梯形）璧 15 件；异形（包括璇玑形、多孔连形）璧 17 件。

2. 圆形璧按照外直径分：7.5 厘米以上 3 件；6.5 厘米以下 6 件。

3. 矩形璧按照好上是否有穿孔分：有穿孔 10 件；无穿孔 5 件。

从上面的分类可以推测，把圆形璧、矩形璧和异形璧统统划归为“璧形玉”多少有些牵强。从形状的功能上分析，这些玉的社会功能肯定各司其职，不可能相同。比如，根据郭大顺先生主编的《牛河梁遗址》一书所提供的牛河梁第五地点 1 号冢 1 号墓的发掘照片（图 10）可知，好上带有穿孔的矩形璧位于逝者头骨的对称两侧，说明这是一种头饰，但是也不排除耳饰的可能。在红山文化时期琢玉工艺相当原始的条件下，玉质冥器究竟是否已经从日常佩饰器中剥离出来，成为独立的奢华殉葬品门类，这还是个有待研究和证明的问题。不管好上带有穿孔的矩形璧是否为冥器，其出土位于头骨两侧所表现出的随葬用途，应该明显与直径为 11.9 厘米规范圆形璧截然不同，大直径的圆形璧绝不会对称地出现在逝者的头部而作为头饰。这本身就说明了被同称为“璧”的各种器形，其实未必是一种用途。

同样可以使这项研究持续下去的兴趣是，图 10 仅仅说明了好上有穿孔的矩形璧

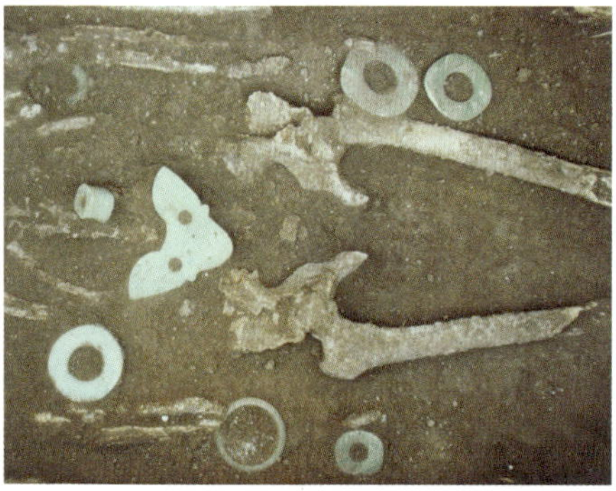

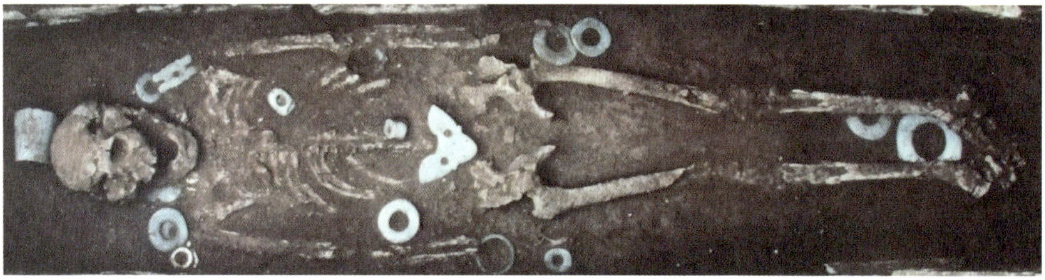

图 11 红山文化 牛河梁第二地点 1 号冢 21 号墓及局部（朱达、穆启文摄影）

的功能和位置，那么，好上无穿孔的矩形璧尽管在《新鉴》中所占比例为 1/3，可是并不妨碍其自身社会意义的存在。于是，笔者又在《牛河梁遗址》一书中，找到了另一幅牛河梁第二地点 1 号冢 21 号墓的发掘照片（图 11），明确地记录着在逝者的左手下方纵向摆放着两件矩形璧、右手下方摆放一件矩形璧，好上均无穿孔。根据这两幅发掘现场摄影图片，笔者可以暂时得到这样的归纳：好上有孔的矩形璧属于头饰，置于逝者的头部；好上无孔的矩形璧属于另一种装饰器，放在逝者的身上或者手部，也有可能相当于汉代的玉握，是逝者手攥之物。那么，另有相对纵深的问题接踵而来，如果按照孙守道先生对“璧”概念的大范围归纳，这样的结果无疑会把“璧”这个概念架空，丧失了实际的命名意义；如果不受孙先生的命名约束，那么至少矩形璧根据出土时实际位置的不同，应该有一个相对应的命名才对。叫个什么名好呢？如果必欲解决这个问题，就要不断关注有关红山文化发掘的考古动态。

买这样一件红山文化矩形器，花的钱不多，才 30 块钱，却收藏了一个大概几十年都玩儿不腻、研究不清的大课题，还要以生命不息、学习不止的老精神继续阅读考古、博物学者的研究著作。其中的乐趣之大，别人不知道，唯有自己最清楚。

像吃螃蟹一样收藏

2014年4月，我回原籍河南省新乡市参加我二叔父的葬礼。在他入土为安之后，我打算抽半天时间转转新乡的古玩城，然后回北京。我的堂妹王婷也喜欢收藏玉器，特地嘱咐我看见合适的给她买一件收藏，大概我买的她放心。

新乡是个不大的地方，估计古玩交易也不会有多红火。我之所以一定要去看看，主要因为这里距离安阳挺近，闹不好能有一两件殷商古器的收获，要是赶巧了能买到一块儿带字的甲骨，那就更是不虚此行。

偌大一个新乡古玩城里，楼上楼下稀稀落落只有几个顾客，一多半卖新工艺品的柜台都是人去灯灭，所以显得冷清得很。我上二楼找正在营业的店逛。说实话，这里的情况跟京津等地差不多，真正开门的好东西还是太少，主要因为这里不是近代历史上繁华的商埠，自然留下的老熟坑古玩就很少，而件头稍大一点的出土生坑器又禁止买卖，所以反而看不见对路的好东西，这让我大失所望。我走进一家面积挺大的古玩铺子，里面窗明几净，看样子老板是个爱干净的人。我发现在柜台里摆

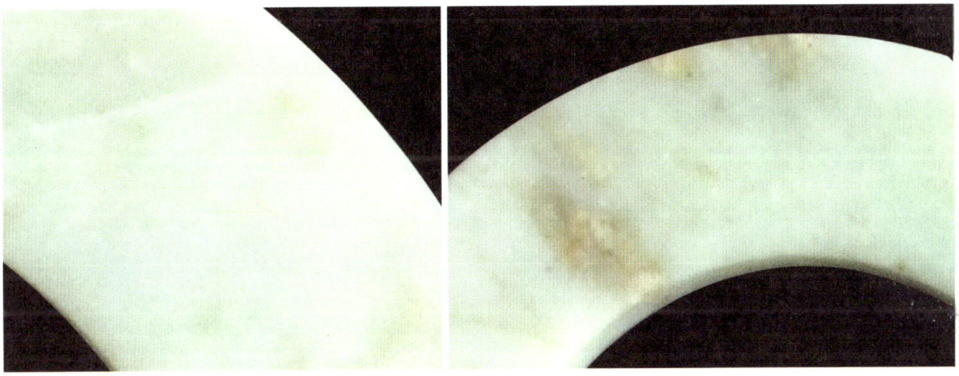

a　　b

图1　玉环上的汉劆（左）和沁斑（右）

着两只生坑玉环，一对儿要价两千块钱，就让老板拿出来仔细观察，是出土生坑器没错，其中的一只有裂不能要。老板不干，说是成对的不能拆开卖，我又是说又是用笔画，给老板上了一堂课，告诉他这个玉环不是挂在耳朵垂耳上的耳环，是放在成组的玉佩中起上下连接作用的，一套组佩可能有好几个这样的环。费了半天口舌，最后终于把那只好的玉环五百块钱卖给了我。

拿回去给王婷看，她说这就是一个玉圈儿圈儿，料不好、也没工，上面还有点坑坑洼洼，实在看不懂。我顿时明白了她想要就是漂漂亮亮的清代白玉雕件儿。说明她玩儿玉到底还是外行，不懂这件玉环的价值在于它存世量的稀少，你见过有几个能有幸身佩高古玉环的人？而她喜欢的那种白玉雕件不管是现代的还是明清时期的，在全国各地大城市随处可见，并不稀罕。假如她能坚持再玩儿上几年，大概就会发现今天拒绝这件生坑古玉的收藏是多么幼稚，但是已经晚了。既然她不要，那么不好意思，我就把这件原来准备送给她的玉环笑纳为己有了。

这是件出土未久的高古玉环，我当时断代为战国，上面的三代古玉特征很明显，有近 1/2 的地方带有浅而不太明显的鸡骨白，这种浅层的鸡骨白是最受收藏家欢迎的，因为一旦贴身戴的时间长了，鸡骨白就会变成非常漂亮的枣皮红色。上海古玉鉴定家张兰香先生曾经给我看过一只汉代的手镯，上面布满了浅层鸡骨白，先生戴了一年以后，竟然变成了枣皮红色，完全出乎意料。本藏的这件玉环除了鸡骨白以外，还有三代古玉常见的而且是原始工艺标志性的瑕疵——汉劏（图 1a），就是被我堂妹说成是“坑坑洼洼”的地方。还有几块儿褐色沁斑（图 1b）。可以这样说，高古玉所需要的特征，这件小小的玉环基本上都具备了。

回到天津以后，我把这件玉环彻底洗干净，又用冰水泡着在冰箱里放两天，把土门里的土气尽量“拔”出来，这样的出土玉再佩戴，就很容易出效果。按照个人习惯，我不会轻易改变这种鸡骨白的生坑性质，可是我想做一次并不为过的试验，所以挂脖子上戴了一年半，直到现在。为了写这篇稿子，我在 2015 年 9 月再次拍摄了这件玉环（图 3），与刚买回家后立即拍的第一张照片（图 2）相比较，发现有两点非常直观的变化：

一是玉质的油润度凸显出来了。需要说明的是，在我贴身佩戴过程中，注意避

图 2　入藏后即拍摄的生坑玉环

图 3　佩戴一年半以后再次拍摄的玉环

免任何油脂与玉环接触，有时用稍热的温水浸泡一会儿，用来清洁表面的油渍。玉环佩戴后所出现的脂性感觉是自然形成的，虽说现在尚没有达到纯粹熟坑的程度，但是比刚买回家时的生坑“熟”了许多。假如在佩戴之前没有经过冷水浸泡的处理过程，土门中的土气没有完全跑尽，或者在佩戴过程中揠苗助长，没事就在头上揩油，那么这件生坑玉环一年半以后是个什么样子，真不得而知。

二是鸡骨白的颜色已经开始泛红。这件玉环上面的鸡骨白非常漂亮，主要是它钙化的层很浅，很容易盘出来，如果钙化得较深，表面就显现出“糟”的质地，也就没法继续往下玩儿了。

高古玉中的鸡骨白是玉质在地下掩埋过程中的钙化现象，其实就是由于玉质内部的结构水逸出，形成了分子结构的松散，外界光线射入后内部形成了无序的光折射，使得外观变白，这是自然界比比皆是的常见现象，鸡骨白就是这个道理。有人以为鸡骨白是沁色，那就大错特错了。沁色是玉质长期埋在土壤中，内部的结构水与周围土壤有机物实行了等量的交换后，所形成的固有颜色的改变。比如与土壤中的氧化铁交换，就是红色的“血沁”、与氧化铜交换，就是绿色的“铜沁”，带有沁色的质地表面一般不会钙化；而钙化后的玉质所呈现的是不通透的白色。浅层鸡骨白如果得到比较科学的处理和长时间的佩戴，颜色就会渐渐由白转红，最后变成非常漂亮的枣皮红色，这就是老古玉收藏者们梦寐以求的效果。

本藏玉环上的鸡骨白经过一年半的贴身佩戴，已经开始泛红（图 4）。可以想见，

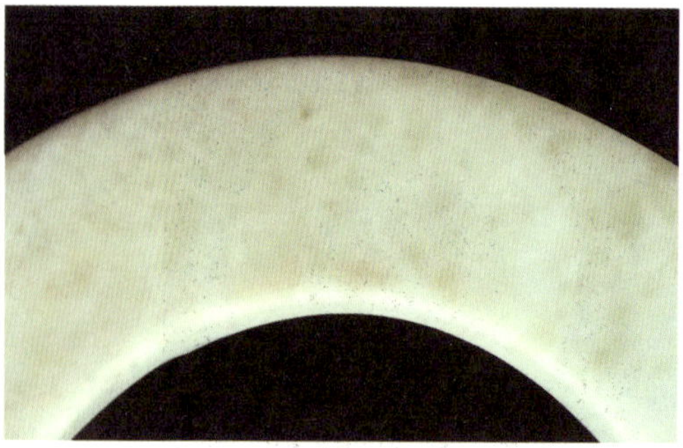

图 4a 入藏后即拍摄的本藏玉环的鸡骨白

图 4b 佩戴一年半以后再次拍摄的鸡骨白

那些出土百年以上的老熟坑鸡骨白，其漂亮的红色该有多么诱人，而这些诱人的色彩又是多么来之不易——经过了多少年、多少代人的手才能形成。现在人们不愿意玩儿老三代古玉，主要是没有领略过这种漂亮的颜色，一旦见过或者拥有过，就会割舍不下，挥之不去。

这里又牵扯到鸡骨白的一些问题，玩儿老三代古玉不可避免地一定会与鸡骨白打交道，那么鸡骨白的形成又必须具备一定的基本条件，简言之有三个方面：一是时间，二是玉质，三是掩埋环境。

鸡骨白形成的时间

按照一般常规来说，凡是出现鸡骨白的玉器，其制作年代都不会晚于汉代。两汉以后，由于掩埋时间的不足，玉器上面很难形成真正意义上的鸡骨白。即使是战汉时期的古玉器，最常见的也都是些局部一点点鸡骨白，基本上没有类似良渚文化时期那样满白或深层的钙化，汉代以后，由于掩埋的时间不足，不具备使玉质充分钙化的时间过程，所以不会有鸡骨白玉的出现。本藏玉环表面带有很浅层的鸡骨白，不影响表面的光润，这种恰到好处的钙化深度，是最受藏家欢迎的。

形成鸡骨白的玉质

鸡骨白的形成是掩埋环境对玉质造成的不可逆侵害。尽管如此，这与玉质本身的硬度、比重仍然有着直接的关系：硬度高、比重大的和田玉质一般不容易受到掩埋环境的干扰，所以即使是殷墟妇好墓出土的和田玉，也没有出现鸡骨白现象；而硬度低、比重小的地方类玉譬如岫岩玉、南阳玉，以及各种美石，既容易受沁，也容易形成钙化的鸡骨白。史前古玉出现鸡骨白频率最高的就是良渚文化浙江一带出土的玉器，凡是带有鸡骨白的玉器石性都重，硬度、比重明显偏低；相反，江苏一带出土的良渚文化玉器硬度高、玉性大，带有鸡骨白的就少多了。商周时期的和田玉我们没有收藏的可能，更遑论鸡骨白；战汉时期的和田玉出土器可以收藏，的确很少见到沁色，更少鸡骨白。这就充分说明了玉质的硬度、比重是形成鸡骨白的重要条件之一。本藏玉环从质地上分析，应该是南阳玉，质地为摩氏硬度 5.5 ~ 6.1 之间。南阳玉又称“独山玉”，属于经过漫长时间的地下埋藏，有可能生成鸡骨白的玉种之一。

形成鸡骨白的掩埋环境

从对出土玉器的分析上看，埋藏于江南地区的高古玉器容易出现鸡骨白，比如同是新石器时期晚期玉器，江南地区良渚文化玉器的鸡骨白出现频率较高，而地处内蒙古赤峰的红山文化玉器出现鸡骨白就相对偏少，完全钙化的出土器几乎不可见。但是，这绝不是说所有江南玉器都带有鸡骨白，而北方玉器绝对没有鸡骨白。这就说明，鸡骨白的形成与掩埋环境中的温度、湿度有着直接的关系。本藏这件玉环的出土地应该判断为河南一带，属于北方，上面带有浅浅的鸡骨白，应该是很正常的现象。

上面，围绕着古玉的基本特征，证明了本藏的这件玉环是一件老三代高古玉没有问题，紧接着的一个问题，就是这究竟是什么朝代的玉环。这个问题很难准确回答，因为对一件玉器的断代，以我个人的经验，最好从琢刻工艺方面去寻找依据，主要着眼于三个方面：

一是琢刻工艺。琢刻工艺主要是指砣轮的大小、转速的高低在玉器表面留下的工艺痕迹。譬如殷商时期玉器最主要特征就是“折铁线”，折铁线的形成就是砣轮的直径大、转速低，转弯不灵活所致；到了战国时期，砣轮的直径明显小了、转速提高了，再加上入刀较浅，所以做曲线动作灵活，这时的阴线就带有了灵动的弹性。一个能够鉴定古玉的收藏家，能够根据玉器表面的加工痕迹来判断琢玉工具，进而向上推出制作时代，这是基本功。另外还有诸如光工、钻孔、开料等，每一种工艺都能反映出玉器制作的时代特征。

二是阴线。上面我们讲了，铊轮直径的大小、转速的快慢，都为阴线披上了鲜明的时代外衣。不要说殷商玉器的阴线特征与战国不同，就是清代仿战国玉器的阴线，两个时期也有差异，外行看不出门道，长于鉴定的人很容易辨识。所以说，阴线最能反映出玉器制作的时代特征。有时，两个毗邻朝代有一个首尾衔接的过渡期，这时不仅玉器，其他各种工艺品都有可能出现断代上的重叠。除此之外，由于工艺总是沿着今胜于昔的轨迹进化，每个朝代玉器的阴线质量都会较前朝有各自的进步，只要认真观察，总能找到隐藏在基本相同下面的细微异常。

三是其他细微表现形式。每个时期的玉器，在细节的处理方式上，都存在一些各不相同的处理方式，表现着不同的时代审美特征。而这些看似细微的地方，有时也是判断制作时代的重要依据。譬如，殷商时期的玉器尚方，边缘线磨有半径很小的圆角；西周玉器就相对尚圆；而战国玉器也尚方，只不过边缘线较殷商更加峻厉，抚摸有些刺手；清中期的仿战国玉器也尚方，边缘线看似锋利，可是抚摸却有滑润的手感。

这三个方面表现在玉器上，就必须要有一个载体来表现，那就是纹饰。一件带有纹饰的高古玉器，上面一定保留了各种工艺特征，尽管复杂，可是对断代的作用非常重要；假如是一件素器，就像本藏玉环一样，其断代的难度却于无形中加大了。我在古玩店里判断玉环的制作是战国时期，回到家里仔细研究后发现，上面边缘线的圆角并不像战国那样锋利，圆弧摸着方而滑快，与战国玉器的边缘线形成了细微的区别，但又明显与西周玉器有所不同。据此，我判断这件玉环属于殷商时期的制作。另外，本藏玉环是一件开门的生坑，不存在赝品的嫌疑，材质是南阳玉，属于殷商帝都周围的主流材质，又是在距离安阳不远的新乡买的，这些附加因素都支持了本藏为殷商制作的断代。

《中国玉器全集》中收录了一件妇好墓出土的玉环，直径为10厘米，属于大直径玉环（图5）。陈志达先生在说明中有这样的描述：

> “黄绿色。周缘与孔均较圆。周孔一面略突起，一面平。两边（肉）之和小于孔（好）。两面刻有纤细的同心圆阴线，色泽光润，制作颇精。此式环在同一座墓中共出土十余件，但大小差距较大，最大的12厘米，最小的2.2厘米。其中八件的大小似乎依次递减。

多呈绿色，有可能属同一组合。”

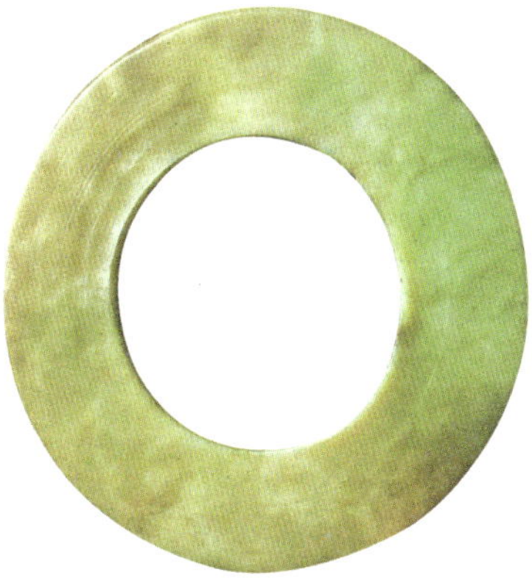

图5 商晚期 殷墟妇女墓出土玉环
（中国社科学考古所藏）

我没有亲眼见过妇好墓出土的玉环，而陈志达先生的说明文字透露了两个关键信息：一是玉环的颜色是绿色、黄绿色，基本上可以断定属于南阳玉；二是这样的玉环在妇好墓中是成组出现的，按照直径的尺寸依次递减，共有8个，最小的玉环直径是2.2厘米。这说明殷商时期的南阳玉在安阳一带有普遍使用的先例；玉环的直径在12～2.2厘米之间也有出土器的支持。那么本藏玉环的直径为3.9厘米、浅青绿色、南阳玉，制作细节也符合殷商玉器的惯例。可以据此推断，本藏玉环就是殷商时期的制作。

费了这么大的事，才绕着弯子证明了本藏玉环是殷商时期的制作，是不是太“没事找事”了？其实不是这样。收藏这件事也可以稀里糊涂地买进来放着，糊涂到只听明白人怎么说，然后再说给比自己更糊涂的人听。可问题是，花钱请来的这些既不能果腹、又不能遮体的废物能给自己带来什么乐趣和价值收获呢？还是稀里糊涂。所以一件收藏品别管买的时候多贵、多便宜，重要的是能够玩儿出名堂、玩儿出学问。我们天津人中秋前后喜欢吃螃蟹，真正有味儿的不是江南的阳澄湖大闸蟹，而是那些水稻田里四五厘米大小的小螃蟹，一边喝着小酒，一边把螃蟹壳儿里的每一点肉渣儿都嘬干净，那才叫“吃螃蟹”。清末上海有一位名叫清道人的书法家（李瑞清），他是张大千的老师，号称“李百蟹”。据传说老人家曾经日啖百蟹。如果这是事实而不是吹牛，照他吃蟹的这个数量来估计吃法，肯定是把好端端的大闸蟹放在嘴里嚼巴两下就吐出来。那不叫吃蟹，叫“暴殄天物”。我们对待自己的收藏品，就应该像天津人吃螃蟹那样慢慢地、认真地、当成事儿地去品味、去研究，千万别走清道人吃螃蟹的路子，人家清道人有钱，市场上又有的是螃蟹伺候着，只要有本事，日嚼千蟹也行。而供我们收藏的老物件却数量有限，就那几件，还是别让它们白跟了我们一场。在无事儿中找点事儿有意思。

甲骨刻辞收藏由至难到至易

我二十几岁时的学习兴趣是古汉语，曾经囫囵吞枣地读了几遍《十三经注疏》（其中的《周易》实在读不懂，没读），尤其下点功夫的是《毛诗》。一次偶然的机会，我买了一本郭沫若先生早期甲骨文研究著作《卜辞通纂》，对照着郭老的释文，我借助放大镜一遍遍反复地阅读着书上的甲骨拓片，从对“干支”“数字”的简单识读开始，直到若干年后在甲骨文释字上稍有心得，遂一发而不可收。那时的记忆力很好，《卜辞通纂》里所涉及的卜辞基本上都能熟稔于胸，很快就进入了“何可一日无此君”的境地。后来当了古籍出版的编辑，经史树青先生的推荐，有幸结识并拜见了当代甲骨学顶级学者胡厚宣、饶宗颐诸先生，并保存了先生诸多的翰札。每次到胡先生家里请益，先生总会给我讲一些大甲骨收藏家的收藏，譬如王襄、刘铁云、罗振玉、王国维、刘体智乃至库寿龄、方法敛等人，还特地讲到了大书法家天津的李鹤年先生，他收藏有一批为数不多，但十分重要的甲骨。当时我的内心艳羡至极，总梦想有朝一日也能有哪怕是一片甲骨收藏，也不枉我苦学这么多年。但 20 世纪的 80 年代，这绝对是痴心与梦想。

直到 2010 年的一天，我在北京报国寺的一个很小的古玩摊位上发现了几块儿大小不一的甲骨片，块儿小的上面仅有半个字，比黄豆粒儿稍大一点；有一块儿比较大（图 1），我从几个方面观察，觉得应该是真品。摊主见我拿着这片甲骨端详很长时间不松手，就开口要价三百块钱，而且绝不还价，我知道在这场交易中，除非我放弃，否则他肯定不会松口。我最后干脆没有还价，很痛快地付钱买了这块儿甲骨。这时我感觉摊主好像有点懊恼，大概后悔要价低了。我一眼就能看到这块儿甲骨上面的刻辞具有一定的研究价值，可是摊主不懂甲骨文，所以三百块钱他卖走眼了。

图 1　殷商　甲骨刻辞及局部

图 2　殷商　记事刻辞及局部

甲骨刻辞按照内容主要分为记事刻辞和占卜刻辞两种。

记事刻辞

记事刻辞是殷商时期王室活动最直接的文字记录，也是甲骨文中最重要的文献组成部分，所涉及的内容非常丰富，有征伐、畋猎、宗祀、食货、气象等，是最直接、最可信的殷商时期第一手文字史料。譬如图 2 是我后来收藏的一块儿记事刻辞，上面的文字就是殷王征伐某地的战事记录。右面局部上面刻的文字是（右读）：

“辛亥卜，贞。王武于□，往来亡灾。”

意思是说，在辛亥这一天，殷王占卜后得到的结果是：可以出兵征伐某地，从出兵到凯旋，没有灾难。这是块儿殷商晚期的甲骨，字体小而不漂亮。我入藏的理由是这块儿甲骨的内容是有关征伐的记事刻辞，而且字数较多。收藏甲骨，要有两个标准：

1. 内容以记事刻辞最为重要，那些只有占卜内容的刻辞没有太高的价值。

2. 在选定内容的基础上，以字数多一些的为佳。

图 3 是一块儿只有 6 个字的腹甲刻辞，尽管字数很少，但是有很重要的意义。这块甲骨刻辞的释文是：

“……尞于王亥卅牛”

这块儿刻辞对于收藏者（而并非国家机构）来说，其重要性在于：一是这是一块儿腹甲刻辞，也就是海龟肚皮那块儿硬甲。从民间所能见到的甲骨刻辞来看，以牛的肋骨为最多，肩胛骨也属常见，这两种都属于“骨”；而真正属于“甲”的是海龟的龟盖和龟腹，较少见到，因此比较具有更高的收藏价值；二是如果这块儿刻辞是武丁时期的话，那么这块儿刻辞仅用了6个字就记录了武丁用了30头牛为牺牲，隆重地祭祀了上溯17代的祖先王亥，说明武丁时期国力的强大。因为“王亥”距武丁及其以后的殷王的时间太遥远，所以祭祀的机会就很少，刻有记事的刻辞也就很少见，这些就是这块儿刻辞的价值所在。仅凭这两个字，就足以使这一小条刻辞成为至关重要的殷商历史文献。

图3　殷商　腹甲刻辞

占卜刻辞

占卜刻辞主要是记录占卜结果，利用占卜对未来的吉凶进行判断。又可以分为两种：

1. 记录占卜吉凶的刻辞。这种刻辞所表达的语言规范、内容简单、数量很多，但是没有什么研究价值，不被收藏者所重视。譬如图4就是占卜吉凶的刻辞，右面局部的内容是（左读）：

癸卯卜，贞。旬无祸，在七月。（左）

癸亥卜，出贞。旬无祸。（右）

第一段的意思是说，在七月癸卯这一天占卜，占卜的结果是十天之内没有祸患；第二段的意思是说，癸亥这一天由一个叫“出”的“贞人”占卜，占卜的结果是十天以内没有祸患。这块儿甲骨刻辞的其他的占卜刻辞

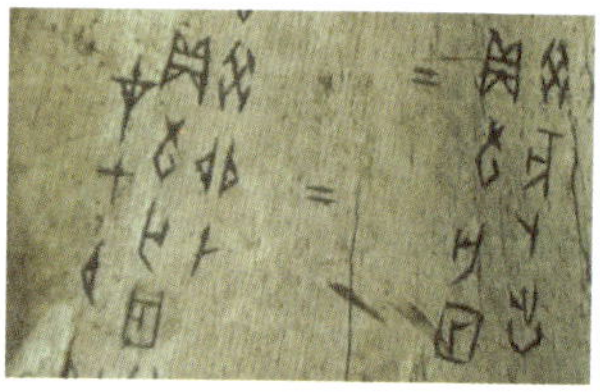

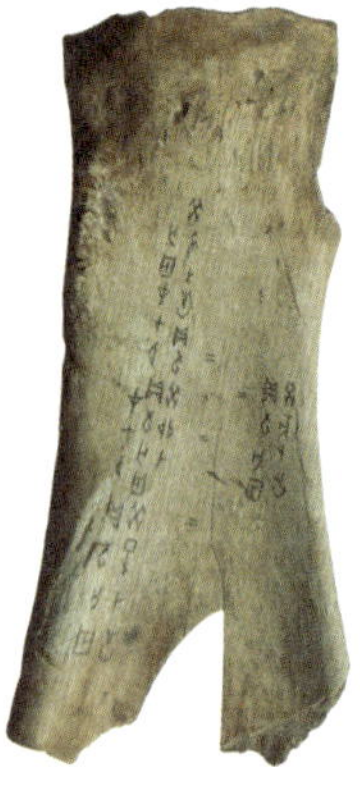

图4　殷商　记录吉凶的占卜刻辞及局部

只是日子不一样，所表达的内容完全相同。

2. 记录占卜其他现象的刻辞。其中主要的内容是占卜未来某日的天气是否出现风、雨、日食、月食等自然现象，这类卜辞的内容显然比记录占卜吉凶的刻辞重要。中国第一位发现甲骨文的王襄先生，曾经收藏有一条牛的肋骨刻辞，上面有："月有食"三个字，这是世界历史上最早记录月食的文字，就属于这类刻辞。

本藏的那块儿甲骨（图1）上面的文字是：

壬寅卜，癸雨，大骤

风（"凤"假借为"风"）。

意思是说壬寅这天占卜，得知第二天（癸卯日）有雨，而且有大风（"大骤凤"就是"大暴风"，也就是大风）。像这样有关天象的卜辞就相对比较重要了。

上面我讲了，在观察我买的这片甲骨的时候，我从几个方面加以判断，最后断定是一块儿甲骨卜辞真品。我的判断是：

1. 关于这片甲骨的内容，我依稀记得大概在郭沫若先生《卜辞通纂》中见过。买回家后查阅此书，果然与第412片的内容相同（图5）。通过对比可以发现，本藏的这片甲骨的占卜内容、刻辞书写风格与《通纂》第412片基本相同，进而可以断定是同一个时期的刻辞。

2. 从文字的刻写风格上看，虽然已经没

图5 《通纂》第412片拓片

图6 殷商 武丁时期甲骨刻辞及局部

有了武丁时期的伟岸和祖甲时期的严谨，但是仍然可以透露出从上述两种风格脱胎衍化而来的痕迹。武丁、祖甲的书法结体标准，用刀规范，是甲骨文中最漂亮的书法（图6），近代大书法家丁辅之、董作宾等前辈都受到了这两个时期刻辞的陶染。而图1这片刻辞的字体明显潦草，刀法的起讫处已经没有了轻入轻出的特点，时代显然晚于祖甲的卜辞。

3. 整个甲骨表面的颜色有深浅的自然变化，上面包有一层硬光膜，这是在地下经过数千年氧化所形成的包浆结果。这层硬光如果不经常用汗手摩挲，不会轻易被破坏。据我经眼所知，有些甲骨刻辞真品上面的这层硬光膜已经消失了，但仍不失为真品；而纯粹的赝品绝对没有这层硬光。

图7 殷商 无字甲骨（正、背）

4. 河南的殷墟遗址断断续续地一直有一些无字的甲骨出土（图7），这些无字甲骨以前一直没有受到人们的重视，不值钱。自民国以来，有不少传世的赝品刻辞就是在这些出土的无字甲骨上面后刻文字而成，这种半真半假的甲骨刻辞如果仅从骨板来鉴定，肯定没有问题，但是由于造假者对甲骨文字的字形理解不深，缺少深入的研究，所以很容易在字形、内容上面出现赝品的痕迹。真板假刻的甲骨民国时期较多见，不少已经混迹于真品里面，比较难于识别，而近十几年来又不断出现真板假刻，自然有一些收藏者被欺骗，尤其是大而完整的龟甲和腹甲，可能性很大。

图8 真骨假刻拓片

甲骨刻辞的真伪要从两个方面鉴定。

1. 从刻辞的内容上鉴定。甲骨刻辞最简单的内容就是天干地支配合的干支表，从内容上最不容易出错。

但是，这种内容对于收藏者来说也最不受欢迎，因为这种内容太简单，除了书法以外，不具有其他任何意义。记事刻辞最受欢迎，也最容易出现伪刻。甲骨文自有甲骨文的语法、语气和语境，不是十分谙熟甲骨文的人很难从内容上做到天衣无缝。图 8 是一块儿相对完整的出土肩胛骨板，如果仅从古玩鉴定的角度，那么这种民国早期的赝品现在已经很难从鉴定特征上加以区分。但是，只要对甲骨文有研究，至少能够识字，甚至懂得一些甲骨分期的理论，那么即使不懂古玩，也能看出这是真骨假辞的赝品，从两个方面看：

一个是按照一般的规律，一块儿骨板上只能有一种风格的文字，大小、字形、字体应该通篇一致才对，而在这块儿骨板上面至少有两种不同风格的刻辞同时存在，下面的刻词字大（图 9），中间左右两面斜向刻辞的字小（图 10），这种刻辞没有先例，可见就是当时造假者按照真的甲骨文随便刻的。

二是文字的意思混乱，甚至更多的是读不成句，这在真正的甲骨刻辞中是不存在的。真正的甲骨刻辞有可能因为某字不能识读而读不成句，但是并不混乱，两者有着根本的区别。

我在购买甲骨的时候，首先要看的就是内容，内容不好、不对的一律不买。

2. 从刻辞的刀法、字体上鉴定。甲骨刻辞是怎么刻的、用什么刃具刻的，至今是一个解不开的谜。据说郭沫若先生曾经用与殷商青铜器相同成分的青铜，制成几种殷商时期已有的刀具来进行琢刻甲骨

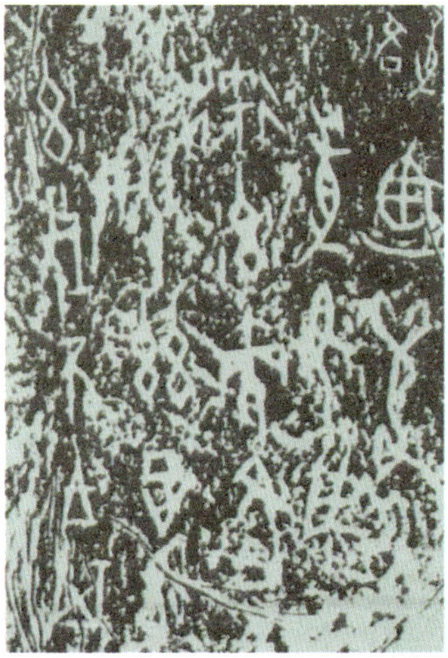

图 9　真骨假辞下部的大字

图 10　真骨假辞左侧的小字

试验，但是都没有成功。那么对于鉴定来讲，甲骨文笔道所携带的时代工艺特征，就是最好的鉴定参照。我们现在，包括擅于做假的民国时期，刀具的硬度与四千年前的殷商时期绝对不一样，表现出的刀法品质也肯定有明显的不同，只要在放大镜下仔细观察刀口的边缘、深度、出刀入刀的规律，自然就会有一个正确的断代；至于刻辞的字体，每一片甲骨的字体都应该与文字内容所携带的时代风格相一致。换言之，一块儿甲骨刻辞，时代、内容、字体这三者都能交汇在一个点上才对。如果是武丁时期的字体、武乙文丁时期的内容，那就叫“张冠李戴”，肯定是赝品了。图6是殷商早期武丁时的甲骨刻辞，刀法犀利，干净利落，而且结体宽博，笔道细劲，时代特征强烈；图2是殷商晚期的刻辞，笔道粗犷，规范性差但是能表现出书法的适宜性。两种刻辞各有特点，虽说从艺术上无所谓孰优孰劣，可是所表现的时代特征，则是很明显的。

除了从时代、内容、字体的对应上观察以外，比较简单直观的特征就是看刀口与甲骨表面的包浆是否一致，如果是后刻字，那么刀口的颜色与表面包浆就会不一致。

收藏甲骨刻辞其实不是一件多么深奥的事情，不过就是文人的一种业余雅事而已，如果抛开藏品自身所附有的价值参与，仅从收藏行为而言，必须同时具备下面这两个方面的能力，才能从事收藏，缺一不可。

第一是对藏品以及藏品所承载的历史了解的深度和广度，完全不了解、仅有初步的书面了解或是进行过深入的研究，这些都能直接考量收藏者的鉴定水平和收藏质量。一个收藏者如果对藏品有过比较深入的专业研究，那么就可以通过表面的既有因素，从鉴定之外的专业角度来辨别藏品的真伪，好像更有效一点。

第二是掌握鉴定的一般常识。长期以来，各种成熟的造假手段具有比较稳定的共性和延续性，总是表现在那几个固定方面。所不同的是表现得更加隐蔽、更具欺骗性。收藏者可以用所掌握的专业优势来填补对造假手段不熟悉而形成的不足。譬如对于图1这块儿甲骨刻辞，缺少鉴定真伪的经验是不可改变的现实，但是我有多年对甲骨文学习研究的知识积累，这是我高于造假者的地方，可以在甲骨文的内容和字体书写、结构特征等方面来判断真伪。我的一个搞收藏的朋友，花一万多块钱买了一只表面钙化得像树皮一样的猛犸牙，这种年份的猛犸牙并不贵，值钱的是在牙尖部位刻有类似于图 3 那样的殷商占卜吉凶刻的刻辞，所以即使开价贵他也咬牙买了。他拿给我验看真伪，我不用仔细看就断定刻辞是假的。因为凡是占卜吉凶的刻辞，必须是在带有刻臼（图 11）的龟板或骨板上面——也就是刻辞的背面一定要有用刀挖削出橄榄一样的凹臼，凹臼的底部很薄，经过火烤后会炸裂出纵横的裂璺，贞人再根据裂璺的走向判断吉凶。这只粗大的猛犸牙体没有挖削出凹臼，自然也不会出现的纵横裂璺，怎么可能得出或凶或吉的占卜结果。我在编胡厚宣先生的《甲骨续存补编》过程中，看见了先生收藏的一帧刻在鹿角上的甲骨刻辞拓片，那是记事刻辞，与猛犸牙上的吉凶占卜刻辞有原则上的区别，作伪的人不懂，照搬既有的刻辞，结果出现了专业上的纰漏。

甲骨刻辞目前还只算是一个很小的收藏类别，而且还没有更多的人参与进来，因为它的收藏门槛在收藏界中最高，在实际收藏中，所需要的资金并不多，可是对专业素养的要求非常苛刻，就收藏本身来说，目前也没有形成一套比较成熟的鉴定理论。甲骨收藏一旦入门，是一件极有意思的事情，每块儿甲骨拿在手里端详，都永远不会出现审美疲劳，甲骨刻辞的收藏阅读绝不是审美，而是面对一种文字、一门学问，总有解答不尽的问题等待着收藏者去探索。

图 11　龟板或骨板的背面刻臼

地摊上买的战国中期燔玉人物

北京的报国寺是一处收藏品交易的重地，每逢周四大集，人山人海，集市上交易的东西好像强于潘家园——昔日古玩交易的发祥地潘家园现在已经成了彻头彻尾的现代工艺品集散地，旧货交易被挤压到偏僻的一隅做苟延残喘状，远没有十几年前那种波澜壮阔的规模。

在报国寺正殿的东面，有一个外地小伙子铺的地摊儿，主要卖块儿头不大的带字甲骨，东西基本上都真，千八百块钱一块儿，我先后买过十几块儿。所以每逢周六或周日我逛报国寺，总要到这个摊位看看，买点什么。一来二去地熟了，有一次小伙子问我："我看别人买甲骨，都专挑字多的买，您怎么有时反而买字少的呢？"我告诉他说："一片儿甲骨的价值不在于上面字数的多少，有些字只是刻着'甲子、乙丑、丙寅……'，这叫'干支表'，没有什么史料上的价值；有的甲骨虽说只有三五个字，可是内容却很重要，价值就高。"我年轻时学的是甲骨文，自然懂得如何挑选。图 1 是我买他的一块儿带字甲骨，尽管上面只有 5 个字。可是表述的内容挺重要。这 5 个字的释文（自右向左读）是：

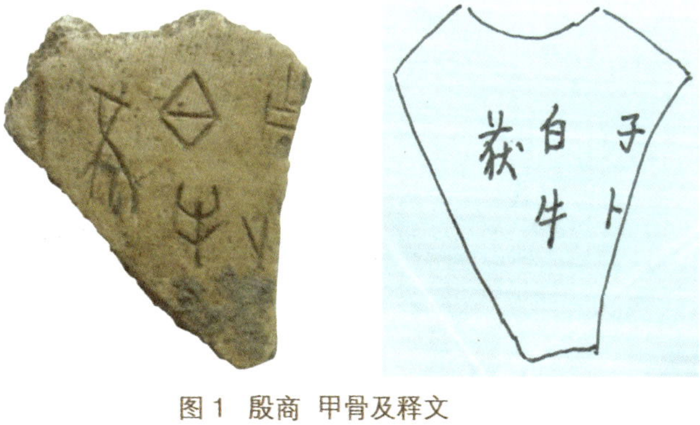

图 1 殷商 甲骨及释文

“子卜／白牛／获”

意思是说在“□（天干）子”这一天占卜，结果是：征伐某地可以获得一百头牛。其中“白”字假借为“百”。在农耕社会初期的商代，一次战斗能缴获一百头牛的战利品，作战规模应该是很大的。所以这片只有5个字的甲骨，占卜着商王武丁时期的一场大规模战斗的胜利，具有一定的战争史料价值。

2011年5月一个周四的中午，我照例来到小伙子的这个摊儿前坐坐，随手翻动着他新上的几件东西，甲骨没有什么太好的，却发现有一件品相非常糟糕的片状玉人佩，估计在我之前来的不少“捡漏”人当中，没有谁能够认真地看上一眼，更遑论谈价钱买下来（图2）。本来么，这件几乎看不出玉质的东西造型奇怪，跟一串糖葫芦差不多，看不出是个什么玩意儿，没有一点惹人怜爱的地方，肯定不招人待见。可是我却眼睛一亮，拿到手马上想起《中国玉器全集》中刊登着几幅河北省平山县出土的造型大致相同的片状玉人物，尤其是很特殊的牛角发髻让我的印象特别深刻。再看看这件玉人的品相如此之差，不用仔细观察也能肯定不会是赝品，所以仅用35块钱就买下了。付款以后我问小伙子这件东西的来源，他告诉我这是他父亲在保定摆摊时花20块钱收的（我觉得没那么多）。这就全都对上了。这件玉器的品相不好，可是我感觉路份不低，很可能是一件少见的战国中期玉人物，值不值钱先放一边，这件藏品一定很好玩儿，而且是一辈子相厮守的玩意儿。我窃窃自喜捡了一个不大不小的“漏”。

图2　战国　片状玉人佩

图3　战国中期　玉人（河北省文物研究所藏，张羽摄影）

回家首先对照《中国玉器全集》中的图片，发现本藏的这件玉人与1976年河北省平山县七汲村中山国3号墓、6号墓出土的，现藏于河北省文物研究所的4件片状玉人的造型、工艺、刀法、风格，甚至所反映出的时代风俗完全相同（图 3），图 3 玉人高 4 厘米，本藏的这件玉人高 4.5 厘米，应该属于同一地域、同一时期的作品。《中国玉器全集》断代为战国中期，那么，本藏的这件玉人同样也可以认为是战国中期的制作。两者所不同的是，中山国大墓的出土器材质好、纹饰雕制工细、服饰细节描述清楚，中山国君大墓的高贵出身越千年而犹存；相比之下，本藏的这件玉人材质很差，人物刻划概括简约而潦草写意，远不能与中山国君大墓葬玉的那种奢华相媲美。然而，尺短寸长，单就玉人上面重要的工艺特征，也就是阴线的质量而言，通过将头、裙摆的局部图对比可以感觉到，看似并不上档次的本藏玉人，或直或曲的阴线却出人意料地表现出非常强烈的弹性，尤其是描写头部眉、眼、鼻、下颚的线条，就像缠着棉线的钢丝一样，绵中裹刚，所表现出的质量要明显优于中山国君大墓出土的玉人，反而更接近战国时期阴线的工艺风格（图 4）；相比之下，出土器的阴线就显得多少有些拘谨，大概由于匠人是在战战兢兢的心理压力下奏刀，玉人阴线的行刀线条显得很有些局促，甚至没有起码的连贯性，最大的缺憾就是由此而带来线条的弹性不足（图 5），缺少同墓玉器的那种娴熟而传神的味道。抛开出土器、传世器的证据资质不谈，假如把图 2、图 3 这两件玉人摆在一起，大概本藏玉人的战国特征好像更明显、味道也更足一些；而出土器尽管材质好、描写刻划精细，上面的阴线质量反倒使人有点含糊。

图 4　本藏玉人阴线

图 5　出土玉人阴线

我在欣赏过程中突发奇想，把这两种出身的玉人物比之于书法，那么出土器的阴线端庄而工整，就像是一幅结构严谨、布局停当稳妥的楷书，于一笔不苟中包含着某些严肃、端庄的因素。在生成庙堂肃穆大气的同时，也拒他人于千里之外；而本藏的玉人则更像是一幅草书——唐代孙过庭的《书谱》，工整肯定不足，也没有什么庄严的庙堂正气，但是率意潦草的刻划却显得那样活泼可爱，阴线线条内含着很多的可欣赏因素，或断或连，或直或曲，软硬兼施，表现出作者十足的遣兴意趣，就像递到我们嘴里的一枚橄榄，咀嚼的时间越长，味道越悠久。

在中国玉器的历史中，战国时期片状玉人物相对罕见，尤其 1976 年河北省平山县七汲村中山国大墓出土的这种带有牛角发髻的人物几乎仅见（也许到不了这样的罕见程度，是本人的孤陋寡闻）。著名的湖北曾侯乙墓也曾经出土了一件质量较差的玉人，造型仅略具人形，雕工简单潦草，与同墓出土的那件极其精美的全长 48 厘米的白玉组佩相比，简直判若天壤。可以设想，假如没有《中国玉器全集》所刊中山国大墓的出土器作为标准，本藏的这件玉人物很难令人信服地断代为战国中期。到目前为止，除了《中国玉器全集》的这 4 件玉人外，我尚未发现有其他这种造型的战国片状玉人物出现。仅从存世数量这个角度来说，本藏的这件玉人就是件天赐的绝佳藏品。

本藏的这件玉人在我买来后的一段较长时间内，有两个问题始终琢磨不明白：一是战国时期的用玉质量普遍较好，和田玉的供应也相对充足，这件玉人的材质为什么这样糟糕；二是本藏玉人的出身。

2015 年初，我的太太胫骨摔伤，我在家里服侍起居。冬天的燕居室里，光线十分明亮，我在南窗下用高倍放大镜仔细观察本藏玉人的表面，发现质地干枯失润，表面分布着很多细小而虬曲的惊璺，我意识到这件玉人可能就是一块儿燔玉（即“火烧玉”），上面的惊璺就是火劫璺。把一件费工、费时雕成的玉人在入土前投入火中，烧他个面目全非，这绝不是时人随意而为的一种偶然，其中很有可能记录了当时某个社会阶层的丧葬制度，大概逝者的社会地位达到了一个高度之后，有些特定的殉葬玉器必须在随葬入土以前，要有一个放到火里焚烧的仪式或过程。之所以这样做，有可能需要上面出现的火劫璺，也有可能需要使这件随葬的玉器变成素白色，当然也不排除用火焚烧特定的某种玉造型所要表达的其他寓意，类似于今天出殡时总要烧点纸糊的什么金童玉女、电视冰柜之类的东西，以寄托生者对逝者的哀思。

《金史》里面有这样一段文字，可以说明燔玉在古代确有规制：

> “承安元年(公元1196年)，将郊。礼官言‘礼神之玉当用真玉，燔玉当用次玉。昔大定十一年（公元1171年），天地之玉皆以次玉代之，臣等疑其未尽。礼贵有恒，不能继者不敢以献。若燔真玉，常祀用之，恐有时或阙，反失礼制。若从近代之典，及本朝礼仪，真玉礼神、次玉燔瘗，于礼为当……’上命俱用真玉。”

意思是说，金章宗承安元年，快到郊祀祭天地的日子了。负责祭祀的官员有一天对章宗说：“祭祀天地之神的玉器应该用上好的和田玉，而用于焚烧的玉应该用次一点的玉制作（大概是些地方玉）。在以前世宗皇帝大定十一年的时候，连祭祀天地之神的玉也都是次玉充好玉使用。对此，我们这些大臣的疑问到现在还没有完全弄明白。对天地祭祀的可贵之处，就在于能够长时间维持在一个水平之上。假如不能保证持续不断地使用好玉，那么当初就不应该使用这种等级的玉祭祀才对。如果连焚烧的玉也都使用和田玉，那么恐怕时间长了可能会使和田玉材料短缺，反而中断了祭祀制度的延续。如果用和田玉制成礼器祭祀天地、用差一点的玉制成玉器专供焚烧和掩埋，好像比较符合祀礼的规制。”章宗根本没听那一套，最后还是下圣旨说，甭管是哪种祭祀，一律用和田玉。

当然，《金史》这段记录的背景，反映了当时新疆和田玉运往北方的渠道出现了不畅通的问题。可是却客观上记录了金代的郊祀有用玉“燔瘗”的制度。在没有直接社会描写的战国时期，燔玉作为一种社会现象存在也应该是可以肯定的，因为除了其他为数较少的战国时期燔玉之外，本藏的这件玉人一经断代确属战国中期的制作，那么同时也就肯定了燔玉在墓葬制度中已经存在这一史实。至于为什么要燔玉、什么等级的墓主人可以用燔玉，以及可以用于燔玉的器形是什么，等等，因为没有确切的战国文字的记录，也缺少考古发掘报告的说明，这里只能暂告阙如。两汉及其以后的儒生们所言两周旧礼，往往跟我们一样，都是出于管中窥豹一样的猜测，有时他们的猜测还不如我们贴题，因为我们所掌握的考古发掘、古代出土器物以及由此科学归纳出的古器物学等一切有可能利用的、有价值的信息，绝对远比汉代儒生们多，所以现代考古如果都不能解决的问题，汉儒们从经书上寻章摘句翻版下来的话更是没谱。近代考古学大家郭宝钧先生在他的《古玉新诠》中曾经一针见血地指出，《周礼》仅是“学人空想”，“与玉人实作，二者本不相牟。”是“半习俗、半理想、未尽实行之文化”，“玉器自玉器，文献自文献，分之两真，和之两舛。”这个醍醐灌顶的警示恒言，对我的影响很大。尽管王国维先生力主双重论证法，尽力做到地上文献与地下文物相结合，但是，如果没有科学发掘作为支持，很多古代学者的说法都不可信。

在我们所见到的高古玉器中，真正的燔玉其实为数不多，据此我们可以猜想，大概古代不是随便任何人都可以使用燔玉入葬的，这其中一定包含着某种比较严格的丧葬制度或者民俗。所以尽管经过火烧的玉器表面已经受到了破坏，作为收藏品，其价值已经受到了很大的影响，可是其本身所携带的尚未可知的历史讯息却依然非常宝贵，绝非一般古玉收藏的常规所能解释。作为一名古玉收藏者，对一块儿真正的古代燔玉尤其应该重视。

凡是经过焚烧的玉器，表面的颜色失润枯白、上面分布有或隐或显的牛毛火劫璺。由于燔玉表面的结构已经松弛，所以在漫长的入土掩埋过程中，很容易吸附土壤中的有机物而形成沁色，只是这种沁色与正常古玉沁色不一样：正常的沁色，即使是殷商时期的南阳玉质，其沁色的表面也同样会泛有与质地相近似的油润光泽，那种很高等级的沁色本身就应该是半通透的才对；而燔玉一旦形成了沁色，质地连同沁色本身完全处于不通透的瓷地状态，沁色与质地同样呈现出干涩枯萎的特点，这是燔玉与非燔玉的区别。

很多人至今分不清鸡骨白与燔玉的区别，清代的吴大澂著《古玉图考》，里面画有一幅良渚文化兽面纹玉琮，看器形应该出土于浙江余姚一带，表面的白色属于浅层钙化了的鸡骨白。吴大澂在图注中说：

“白玉，青赤斑，曾经地火者。”

古代人把燔玉分为两种，一种是入土前的焚烧；另一种是玉在掩埋过程中受到所谓的“地火”，同样可以呈白色。显然，清代的大收藏家吴大澂由于科技方面的

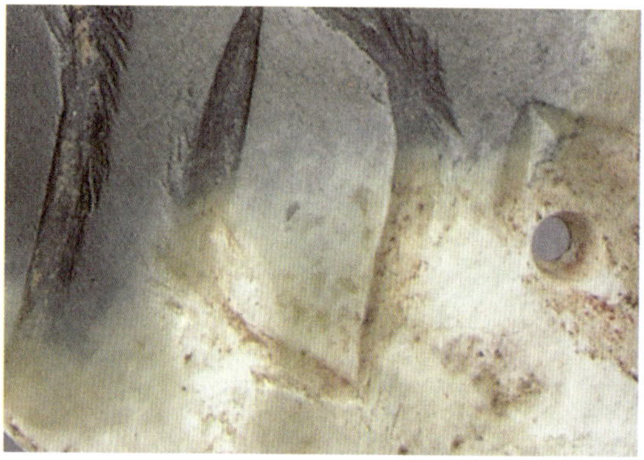

图 6　殷商时期的鸡骨白

局限，既不懂地火，又不了解鸡骨白，把这两个概念混为一谈了。清末的学者刘大同也挺有意思，他在《古玉辨·受地火之古玉》中说：

“玉受地火者，皆变为白色，欲称为石灰沁，即今所谓鸡骨白、象牙白者是也。按：鸡骨白为白玉质；象牙白为黄玉质；犹有淡青者为鱼骨白，其质乃青玉也。”

吴、刘两位都是清末古玉收藏的大鳄兼理论家，著作影响了几代古玉收藏者，可是两位老先生说了许多还是没弄清楚燔玉与鸡骨白之间的区别。如果还记得前面讲的那件良渚文化带有兽面纹的榫形器，再结合这件本藏玉人，这两个概念的区分就没有问题了。最简单的鉴别办法就是，用放大镜观察玉器表面，凡是燔玉，表面一定带有牛毛一样的火劫璺；没有火劫璺、表面带有光泽的，一般就是鸡骨白。图 6 是开门的鸡骨白，表面光润滑腻；图 7 是本藏的玉人表面，质地已经没有任何玉的感觉，色白而枯萎，上面分布着牛毛一样虬曲的火劫璺，是典型的生坑燔玉；图 8 则是清代的火烧玉。在清代，社会层次很高的人玩儿玉，言必称“老三代”，而且最喜欢带有鸡骨白的老玉器，所以清代、民国时期的老三代赝品为了做出鸡骨白的效果，往往要把琢好的玉过火，烧出牛毛璺鸡骨白。只要火候掌握得好，就会出现既白且润的理想效果。图 8 就是清代的火烧玉，

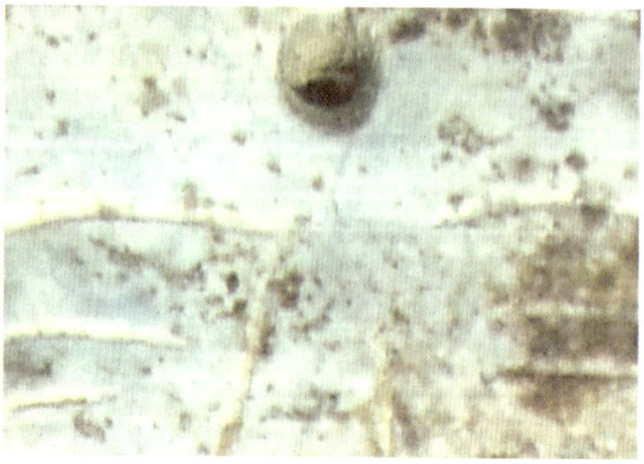

图 7　本藏玉人表面的火劫璺

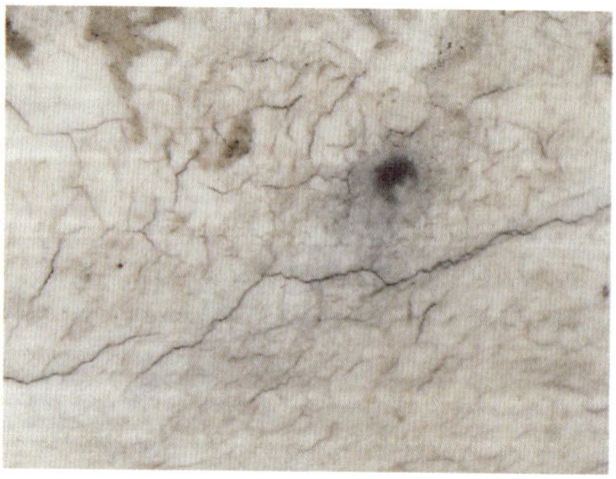

图 8　清代火烧玉上的火劫璺

带有鸡骨白的效果，很具有欺骗力。可是上面清晰的牛毛火劫璺就把过火的实底泄露得一干二净。对比之下可以看出与真正的老燔玉有着本质的不同。

明白了关于燔玉玉质的问题之后，第二个问题就是本藏玉人的出身。

战国玉器无论是出土器还是传世器，就我们一般收藏者所能见到的而言，绝大多数都是未过火玉，也就是玉器入土之前没有经过焚烧，即使一些等级很高的大墓，也较少有燔玉出现。那么问题是：燔玉是什么等级墓葬的出土器？非常可惜的是，本藏的这件燔玉已经脱离了考古发掘的现场，永远不可能使之复原，其中所有的信息随着器物的位移而全部化为乌有，这就是盗挖古墓所产生最大的不可逆的后果。因此，有关燔玉出现的社会背景以及存在价值，还要等待其他燔玉出土器来说明。

对于本藏玉人的出身，我猜想尽管材质不好、雕工简单而写意，但也不应该出土于一般的小墓葬，原因有二：

1. 战国时期的用玉尚未达到普遍的社会化程度，一般战国小墓甚至没有玉器出土，能够用玉人物殉葬的应该不是普通社会级层上的百姓人物，而能够有条件把好端端的玉人焚烧以后再行入葬的，恐怕墓主的社会地位又向上拔高了一层。

2. 战国时期级别很高的大墓也有玉质、雕工相对较差的随葬玉器出土，前面讲了，一向以出土器精美而著称的湖北省曾侯乙墓，也曾出土了一件看起来并不精美甚至较差的玉人，其阴线的工艺水平未必一定强于本藏玉人物。估计战国时期入土的玉人物，基本上都是作为人俑随葬的，因为不具有装饰于身的佩饰功能，所以可以选用材质未必很好的“次玉”琢制，这是曾侯乙墓玉人材质与存在的合理诠释。观察中山国大墓出土的4件玉人物，上面都没有可供穿系的穿孔，也可以看作是随葬人俑的一个物证推测。本藏玉人的头顶上面有一个对钻而未透的穿孔，也说明了这件玉器的人俑性质。

因此我敝帚自珍地推想，本藏玉人不排除出身于一个战国中期高级别的大墓，也可能就像上面《金史》所言：“礼神之玉当用真玉，燔玉当用次玉”，那绝不是没有可能的事。当然，这些都是有时显得很无聊的猜测，但确是一种对收藏品未知因素的认真思考。闭门欣赏本藏的过程，就是自得其乐的过程，毕竟不同于在考古专业里面做学问那样桎梏、那样枯燥。收藏老三代古玉的乐趣，全在于此。

一方罕见的灰陶印

有一年冬天，我在潘家园的地摊上看见一方灰陶印（图 1），上面的印文是“军司马之印”，我看这很奇怪，大概摊主也觉得奇怪，最后我花了不多的钱买下了。古代印章我有收藏，都是青铜印，从来没见过、也没听说过还有灰陶材质的官印。后来，我曾经向杭州西泠印社对古玺印研究有素的老朋友邓京先生请益，她说她也没有见过，仅仅是听社里的前辈们谈起过这种材质。我当时买下这方印就是新鲜好奇。买回家后，天津的著名杂项收藏家阎纂业先生希望我蘸上印泥给他打一张印蜕保存，我看印面已经有了一些斑驳的黯红色印泥遗痕，知道这是在我收藏之前的或者更前的藏者所为，说明这是一枚熟坑藏品。我不想破坏这方印的收藏历史，所以至今没有打出一份印蜕以酬知己。

“军司马”是两汉及其新莽时期的一个武将职官，据《后汉书 · 百官志》中记载：

“大将军营五部：部校尉一人，比二千石；军司马一人，比千石；部下有曲，曲有军侯一人，比六百石；……又有军假司马、假侯，

图 1 灰陶“军司马之印”印

皆为副贰。（比：秩比，官员的俸禄——著者注）”

这段话的意思是说，在部队的职务级别中，大将军属于高级将领，统辖着 5 个部，每个部的最高长官是一个年薪 2000 石的校尉；另设一个年薪 1000 石的军司马；隶属于校尉、军司马统辖的是年薪 600 石的曲侯。可见，校尉、军司马在汉代属于中级军官。

在汉印中，官印材质共有四种：玉、金、银、铜，前三种的使用级别都很高，金、玉是皇帝、皇后使用的印材，铜印最常见，普通中、低级军官都以铜治印。

回过头来我们再研究这方陶印。

在我们所见到的汉代军司马官印中，不管是铸印还是凿印，都是阴文、青铜质，基本上没有见过阳文、陶质的官印。这方灰陶印具有这样 4 个特征描述。

印面的尺寸

这方陶印的印面较青铜官印大。汉代青铜官印的印面尺寸在 2 ~ 2.5 厘米之间比较常见，1954 年在湖南省常德西郊 7 号汉墓出土了一方东汉“军司马印”，印面尺寸为 2.8 厘米 ×2.7 厘米，这在汉官印中属于较大的；汉墓中出土的滑石冥印，印面尺寸也基本上与青铜官印相仿佛。而这方陶印的尺寸为 3.5 厘米见方、印台高 1 厘米，如果按照印面与台高的比例计算，这方陶印的印台要低于铜印的标准，而印面又显然大于汉代铜印的实际尺寸，与汉代官印的形制不合。

印文是阳文

汉代的青铜印只有私印才有阳文，官印的印面文字一律都是阴文，因为：

1. 阴文便于凿刻——常规的汉官印都是由朝廷任命后铸成授予、离任或死后一定要回缴给朝廷，不得殉葬。作为被授予者的官职身份的证明，一旦亟须临时委任一名军官赶赴另职而来不及铸印，就用事先铸好的印坯临时凿刻上文字，这就是汉印中的铸印与凿印。由于时间紧迫，所以凿刻阴文是最快捷的治印手段。在本书的《珍稀难得的早期流派印》中，我们详细讨论了关于汉代官印的问题，由于实用官印都是阴文，所以用于殉葬的冥印也一定是仿照实用印的形式制作，印面文字也都是阴文。

2. 在传送文书简牍时，为了防止途中泄密，就要在捆绑书简的绳扣上堆上泥，

图 2　汉　“临淄侯印”封泥

盖上寄简军官的官印，这疙瘩带有印文的泥就称为“封泥”或“泥封”（图 2）。这与现在转移档案时，在档案袋的封口处加盖公章是一个道理。由于官印是阴文，盖出的封泥就是凸起的阳文，完整程度清晰易辨，可以有效地防止简牍在输送过程中被非法拆阅。

无论是从汉印印面的形制上看，还是从使用特征上看，这方陶印的文字是阳文，都明显与当时的官印制度不合。

印章是瓦纽

在汉代官印中，职官阶级尊卑高低的标志，除了印面文字和材质以外，还体现在两个地方：一是印纽的样式；二是印文最后一个字是什么。西汉人尚龟，他们认为龟是长寿之王，所以，西汉官阶较高的印章纽式均采用龟纽。而官职较低者，一般瓦纽居多，鼻纽常常用在半通印或西汉早期的官印上。对印纽纽式的关注应该源于西汉，东汉卫宏在《汉旧仪》一书中，对西汉时期印纽的使用有过详细的记载：

> 皇帝六玺，皆白玉，螭虎纽。……诸侯王印，黄金橐驼纽，文曰‘玺’；赤地绶；列侯黄金印，龟纽，文曰‘印’；丞相、大将军、黄金印，龟纽，文曰‘章’；匈奴单于黄金印，橐驼纽，文曰‘章’；御史、二千石，银印龟纽，文曰‘章’；千石、六百石、四百石，铜印，鼻纽，文曰‘印’；二百石以下皆为通官印。”

这里的“鼻纽”所指并不准确，从出土的实物来看，除了鼻纽以外，还有瓦纽、桥纽、覆斗纽等非动物造型印纽。

读《后汉书 · 百官志》我们知道，“军司马”属于年俸 1000 石的中级军官，按照规定，印文应该使用“印”字、印纽用鼻纽。如果发现一枚印文是“军司马之章”或者印文是“军司马印”但印纽是龟纽的汉官印，就可以判断为赝品，因为这种情况在真正的汉官印中不可能出现，属于阶级上的僭越。而这方陶印完全符合当时的用印规范制度：瓦纽、“印”字，没有任何等级标志上的差错。

印章的制作工艺

这方陶印的制作相当精细，印面文字阳文，线条流畅，基本上没有了汉铸印的浇铸熔笔特征，更没有汉凿印的即兴笔道。相反，我们能够从中体会出一种篆书书法的用笔境界，尤其是“马”字、“印”字，绝对是汉代小篆（注意：不是缪篆）书写法的保存。从印的制作本身来看，本藏的这方小小的印章其工艺复杂，技术含量很高。印面文字不是在印坯上的剔地阳文，文字是经过模具闷压塑形的，字口很深，笔画跟部干净利落。四个边墙是用四个条形灰陶片围镶上去的；瓦纽的拱形周正，薄而有力度。边墙、拱形的瓦纽都很薄，烧制过程中在应力的作用下很容易变形但是没有变形，保证了这件陶印的整体棱角鲜明清爽，每个转折角都呈90°，干净漂亮，没有一点拖泥带水的不利落。可见这一时期陶印的制作技术和工艺已经很成熟规范了，显然不是初成阶段偶一为之的个例。问题是这种陶印的出土品、传世品都极其少见，所以我以为，这方陶印对于这一段历史的研究具有一定的史料价值。

通过解析上面的特征我们可以看到，这方陶印在阶级表现的元素上是有原则的，绝不僭越半步；而在非阶级表现元素上，则极尽美化之能事，视常规于不顾，在材质、印文、尺寸等方面都有创意。经过如上分析，我确认这方印是一方相当精美罕见的官印冥器。

西汉、东汉的军司马职官铜印都是“军司马印”四字印；而“军司马之印”的五字印只出现在新莽时期，这是官印断代的字数特征。罗福颐先生在《秦汉南北朝官印徵存·卷四·新莽官印》（罗福颐先生主编、文物出版社1987年10月第1版）的卷首语中说：

新莽官印比较明确，印文无四字的，多是五字以上。

该卷同时收录了几方北京故宫所藏新莽时期的军司马铜官印，都是“军司马之印”五字印（图3）。通过下面与陶印印拓（图4）的对比可以发现，这方陶印无论是字数还是文字风格，都与新莽时期的铜官印相近，因此可以初步断定，这方瓦纽“军司马之印”陶印很有可能就是新莽时期的冥印，或者下延到东汉初期。

收藏品对于收藏者来说，其绵亘久远的魅力并不是它的交易价格和价格瞻望，也不是对自身所具有的既有构成的展现，譬如造型、纹饰、材质等。我以为，构成

图3 新 青铜“军司马之印”印
（北京故宫博物院藏）

图4 新 本藏陶印印拓

一件藏品的关注热情刺激，以及维系这种刺激时间长短的重要因素，就在于藏品自身所具有的未知含量。我们可以做这样一个近乎荒唐的比较：如果将本藏的这方价值不足百元的新莽灰陶印，与乾隆的“八徵耄耋之宝”御玺同时收藏，那么同一收藏者对后者的关注热情维持未必长于前者。因为乾隆御玺的欣赏意义明确而单纯，一旦因长时间欣赏而形成了审美疲劳，对它的关注热情就会迅速降低，剩下的只有高贵的出身标签和倾城的价格躯壳；而在这方陶印身上，包含有很多未知的信息价值，譬如新莽、东汉时期军官的殓葬制度、职官制度以及制陶工艺等，丰富的未知信息足以使这方陶印成为一件价格不高但很重要的经典藏品。如果站在纯收藏的立场来看待收藏，金融资本下的巨资收藏与工薪阶层的小打小闹，其实所处的是不同组别的同一起跑线，只有价格层位不同，没有本质上的区别。我们花不多的钱，从地摊上淘换来的一些小玩意儿，很有可能就是携带重要史料价值的文物级藏品，近 50 年来，从废品站、小摊上发现重要文物的事例报道很多，未加报道的“捡漏”可能更多。这些东西放在废品站、地摊上就是破烂，廉价买回家里就是不起眼的小玩意儿，而一旦放进博物馆的展柜里，有可能就是上级别的文物，射灯一照，观者瞩目，它的存在价值就会由此而鱼跃龙门。所以收藏品中尺短寸长、各得其乐的事俯拾皆是，只要能找对了那个“点”，就算是成功的收藏。

重复出现的两面辽代铜镜

在天津的红桥区有个叫“千里堤”的地方，是一个旧货大集市，每周的周六、周日两天异常热闹，从旧自行车零件到破留声机、从榔头钳子到钢丝电线，废铜烂铁旧电视，什么都有，价钱都很便宜。熙熙攘攘的人们都寻摸着各自需要的东西。当然，其中也有可能在破烂儿中淘到点什么收藏品之类。

2014 年秋高气爽的一天，我陪我的好朋友姜鹏宇兄一起去看看，虽说没有什么一定要买的，可是随处看看总觉得换个环境，还挺新鲜。快到中午时分，我在一个专卖旧铜铁件儿的摊位上，发现了一面不大的菱形铜镜，左看右看都觉得没有问题，就建议鹏宇兄买下。

大概一个月以后的一天，鹏宇兄到我家看我，拿出我建议他买的那面铜镜，然后又从包里拿出形状、图案、大小基本上一样的另一面铜镜，他说是去塘沽办事时在塘沽买的。由于两面铜镜基本上一样，所以他对真伪表示了怀疑。我用放大镜对两面铜镜仔细观察，从锈色、材质上判断，都真。至于为什么都一样，我以为这纯粹是巧合。宋代开始了在铜镜上面铸造制镜商标的先河，说明铜镜的市场化营销已经规模开始，之后的铜镜就属于商品，铸造的数量由市场需求所决定，只要有需求，用一个模具可以铸造很多同样的镜子。所以，出现两面相同的铜镜，并不是仿品的依据。现在的仿品有时也有出现频率上的特点：对于非批量制造器譬如玉器、玛瑙器，如果在一个集市上有完全相同的造型重复出现，或者批量制造器譬如瓷器、铜器，以较高频率在一个局部区域内重复出现，这里有一个，隔几个摊位又见到了，甚至再遛遛又见到了，那么这件器物就有点悬了；假如你认定是到代的真品，在某一时候再次出现，你只要凭借你的能力去鉴定新出现的相同器物的真伪即可，有可能是仿品，但是不能排除是相同的真器。北京的一位画岭南画的朋友，十年前在北京入户买了一把清代的太师椅，据本家说当初还有一把，早就不知流落何方。十年后这位朋友居然在天津沈阳道看见了原配的另一把。所以，收藏主要凭借的是眼力，只要是批量制造器，总有重复出现的可能。

鹏宇兄是位仁人君子，他慷慨地把其中的一面赠送给了我。

这面铜镜（图 1）呈菱形，双线凸起镜缘，中间凸乳纽，无座。镜面微呈翘弧形，光洁度不高，有砂眼。镜面、镜背包裹有略带剥落的厚实包浆，包浆上面有分散的深绿色锈斑。从铜镜的整体风格和图案上判断，我以为制作时期应该是辽代，不假。我是从这几个地方形成判断的。

镜背的纹饰

这面铜镜的镜背纹饰呈垂直水平对称设计，上下有对称的两种奔跑动物的图案，由于模次不好，图案不太清晰，按照图 1 所示，大概上面的是鹿、下面的是犬，在犬、鹿的前后还有几只飞鸟，用来反衬犬、鹿奔跑的速度之快，飞鸟亦不能及。左右有两棵我也叫不出名字的花作为横向点缀。画面的图案营造出了北方游牧民族在他们赖以生存的大自然中无拘无束生活的场景，绝不是惯于城市生活的工匠视野所能想象的。据此，我可以初步判断这面铜镜的制作，应该是以草原游牧生活为主的辽代，而到不了金、元。因为金、元时期的铜镜已经明显受到了中原铜镜文化的影响，纹饰上或多或少地带有一些对唐、宋铜镜纹饰内容的模仿，譬如把流传在汉族民间的

图 1　辽　菱形铜镜

图 2　斑驳的包浆

传说故事作为铜镜的纹饰；动物纹饰也是鱼龙瑞兽；花草纹饰无外乎缠枝牡丹、菊花、宝相花等。这些纹饰所凸显的金、元时代特征，与这面铜镜的格调明显不是一路。辽代与赵宋正好处于同一横向历史坐标轴，两个朝代的文化交流没有承前启后的渊源关系，仅限于边境人员的流动，尚谈不上相互间借鉴影响。看这面铜镜的纹饰，还保留着非常原始草原民族的天然游牧野趣，全无赵宋一朝尚理的理智。每读到这个画面，我总能想到辽代玉器中的“秋山玉”。

铜镜的包浆

这面铜镜地子的表面覆盖着一层厚实的包浆，包浆可以用“肥厚”两个字形容，整体颜色呈苍绿色。放大镜下观察，包浆自然脱落的地方，显示着牢牢地抓着地子，与地子之间的关系很紧密（图 2），并不像是用油做出来的假包浆乌亮而单薄，没有剥落层。

对于铜镜包浆的鉴定，不要被表面的油润所迷惑，重要的是感觉包浆与地子之间的关系，如果在地子上面能表现出一个“抓”的力度最可靠。一般假包浆都是用油布搓、用鬃老虎刷出来的，在铜镜的表面上往往浑然一体，不具备斑驳的自然剥落痕迹，当然也显示不出包浆与地子之间所存在的力度关系。放大镜下的图 2 斑驳处，好像旧的门窗上面剥落的漆皮一样，可以看到或感觉到剥落层的厚度。仅凭这一点，就可以断定这面铜镜不是仿品。

铜镜的锈斑

这面铜镜表面的绿锈很有特点，上面的绿锈（如图 2 所示），斑驳地分散在铜镜的包浆上面，没有连成片，与表面深色的包浆相混杂后，形成了整体上苍绿、深沉、厚实而不轻浮的颜色；铜镜表面的绿色锈斑说明地下的埋瘗环境是比较干燥的燥坑，因此观察铜镜的质地品相完好，没有受到侵蚀性的损害。如果再仔细观察还可以发现，铜镜上面无论是地子还是绿锈，都显示出油润的熟坑特征，可以肯定，这面铜镜的出土时间绝不是近几年的生坑。

锈斑包浆与地子的层次感

我们在判断铜镜的制作时代的时候，总是要关注锈斑的自然和包浆的厚重。其实，一件青铜器上的锈斑、包浆与地子（质地）之间，还有一些微妙的关系需要注意，譬如，一件新仿青铜器，上面用油布或鬃老虎处理了一段时间，好像有了厚厚的包浆，单看包浆完全可以给人以假象。可是，如果通过寻找磕碰、剥落所开的天窗，来研究一下包浆与地子之间的关系，就很困难了，在这种仿旧的青铜器上，包浆都很匀实，没有天窗可开，也看不到地子，这就是人工仿旧青铜器的特点。这面铜镜的层次关系比较复杂，通过观察镜面可以分析，在紫红色铜质地子的上面（图 3），覆盖有厚厚的黑褐色包浆（图 4），而包浆的上面又有深绿色的锈斑附着（图 5），经过更加仔细地观察，又发现在凸乳纽的边上，有一小块儿绿锈又被上面的氧化层所覆盖（图 6 ）。这些相互覆盖层的一个共同特点是，都牢牢地抓住下面的一层，附着的力度足以使剥落层对下一层的粘连。如果我们对新仿铜器上面的包浆和锈斑认识不深刻，可以到地摊上花几块钱买一枚宋钱，看看上面的锈斑与地子之间的关系，就会明白什么叫作“浮锈”，浮锈与地子之间没有深刻的“抓”的关系，用手使劲蹭就可以看见地子。图 7 是一枚宋朝“大观通宝”的仿品，上面的绿锈与地子之间的关系很简单，就是铺上一层锈色，很明显对地子不具有“抓”的力量，所以看着很“浮”。与这面铜镜上的绿锈对比一下，问题就比较简单了。

据我所知，辽代铜镜的存世量不大，也很少听说有谁能收藏一面，更不要说成系列收藏，即使大型铜镜的拍卖也没有辽代铜镜的记录，这说明辽代铜镜即使在当下，也还是收藏的真空区，大有作为。辽代的这面小铜镜，更像一幅塞外风情写意画，是那么的沁人心脾，我联想到了“风吹草低见牛羊”的草原苍穹。

本文写完，就呈送给鹏宇兄，一方面再次对他表示感谢，另一方面也希望他把那面相同的铜镜好好保存。能淘到一件辽代铜镜真品，也算是缘分。

图 3　地子

图 4　包浆

图 5　绿锈

图 6　绿锈上面仍有覆盖

图 7　仿品宋代“大观通宝”

一方能与古人握手的红陶砚

我平时喜欢砚台，最喜欢那些看几眼也看不透其中内涵的老砚台，而对雕工细腻、纹饰精美的清中期砚台一直没有太大的兴趣。十几年来，陆陆续续收藏了几块儿不太值钱、但是很好玩儿的宋代生坑砚。其中最有味道的一块儿就是宋代的红陶冥砚。有一次，我在北京海王村的一家古玩铺子里，看见一块儿黑乎乎、脏兮兮的长方形小物件在柜台的最下层扔着，上面全都是浮土，跟个土猴儿似的，我请掌柜的拿出来看看。这是方砚台，我和古玩铺掌柜的都明白。可是再往深里说，掌柜的就有点不太情愿或者懒得再说什么了——一块儿这副尊容的破砚台，即使往高处漫天要价，能好意思开出 100 块钱么？掌柜的要价不算离谱，一顿打卤面的价钱——大概 30 块钱就卖给我了。当然，那是在 2002 年的冬天（图 1）。

在我眼里，这块儿红陶材质砚台的价格低，可是价值却很高，可惜的是不幸出

图 1　宋 红陶冥砚

土在私人的洛阳铲下，彻底失去了它本身所独具的物证价值，而委身于传世品的名下。如果它是经过科学发掘的出土器，相信一定是博物馆级别的藏品。别以为凡是够得上博物馆级别的藏品就一定价值连城，实际上与藏品值不值钱是两回事。博物馆级别藏品有一个很重要的特征，就是藏品本身必须具备能够还原一个时代历史面貌的内涵与能力。有时考古发掘出来一块儿瓦片、半块儿砖头都比北京故宫里的一个官窑瓷器价值更大，因为在这些能够成为文物的砖头、瓦片儿身上，或许包含着一些无可替代的历史真实，既有可能是史书记载的物证，也有可能从实物的角度证明了史书文字的谬误，同时也不排除记载着史书从未曾记载的某些历史真实的可能。依我看，这块儿红陶砚台的价值恰恰就体现在这里，也因此显得比其他砚台更有意思一点。

买回家来，我给这块儿砚台的冠名是：“宋代红陶冥砚”。并逐渐形成了下面这几点看法。

砚台的时间断代

只要具备关于宋砚形制的基本常识，对这块儿砚台的断代就不费周折。砚台的外造型主要体现出两个梯形特征。

1. 无论从哪个端面上看，砚面的面积都微大于砚底的面积，形成了纵横剖面呈

线图 1　红陶冥砚倒梯形剖面

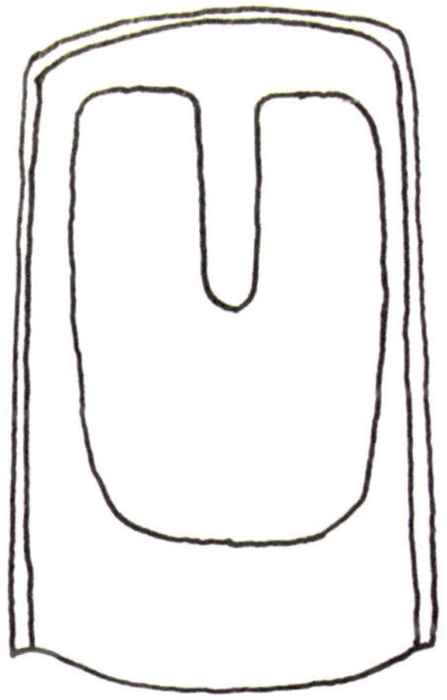

线图 2　宋 红陶冥砚正梯形线图

上大下小的倒梯形特征（线图 1）。

2. 砚台的底边微宽于上边，整体造型呈正梯形（线图 2）。

这两个梯形的结合构成了宋代砚台的基本造型特征。再有，这块儿砚台虽说制作粗糙，砚面的左、右、上三面仍然刻有半包围的一条阴线做装饰线，用来替代石材质砚台的起墙线；底边以左右阴线的起讫处为点，做外凸的弧形，还是在宋砚的造型特征约束之内（图 2）。

图 2　宋 澄泥冥砚砚面及局部

砚台的质地

我之所以能够判断出这块儿砚台是红陶质，是因为这块儿砚台有四个地方开了天窗。对于玩儿生坑古玉的人来说，有时对玉质的判断很纠结，在出土的生坑古玉的外面，往往罩着一层薄厚不等的灰皮，还伴有土蚀。往往藏品拿在手里隔皮看不见瓤，很难准确地判断出属于什么玉质。不同玉质的古玉，价格价值的差异是一回事，有时还能决定玉器的出身，这个事就比较大了。比如有一块儿具有殷商特征的生坑古玉，如果被断定为南阳玉质，那么这块儿玉就有可能属于一般殷商古墓出土的玉器；

如果能断定是和田玉质，根据商代用玉的规律，这块儿玉肯定是殷商王室的用玉无疑。果真如此，那简直达到了古玉收藏的顶级水平，绝对令人垂涎。正是质地对于器物价值的至关重要，所以收藏之前一定要挖地三尺地找出一星半点没有遮盖（当然绝不能是人为破坏的露出质地）的地方。这个能让我们看清质地的地方，就叫作“天窗”。这块儿砚台，我能够通过造型判断为宋代的砚台，可是说老实话，凭我的经验，很难通过黑乎乎的表面判断出质地。图3的这几处露胎，明显是砚台在出土或者运输过程中的磕碰损坏，尽管也算是天窗，可是藏品的品相遭到了破坏，是件很可惜的事情。天窗所露出的质地是红陶质，颜色是深橘红色，外面包着一层厚而粗糙的玄衣。从下面的局部放大图来看，红陶的颗粒较粗，硬度偏低，说明烧制时的窑温没有达到应有的高度。这种砚台只能用于陪葬，不能实用。

赵宋一朝民间对于丧葬的习惯做法，大体上延续了唐朝尚简戒奢的遗风，尽管政策上有些松动，总的来说还是禁止铺张，常见的丧葬主要颜色或白或黑。陶胎的红色不适于陪葬，这大概就是外面涂黑的一个理由推测。否则，我还收藏有其他陶器，从来没有见到外面罩有玄衣的工艺。

砚池与砚堂

这块儿砚台最好玩、最耐人寻味的就是砚池和砚堂。两个沟形砚池的制作简单而直接，不是使用竹刀等制砚工具，通过某种常规的工艺手段挖、削成形，而是很干脆地用食指直接把砚池扣压出来。我曾试着把我的食指放到沟形砚池里面，只是

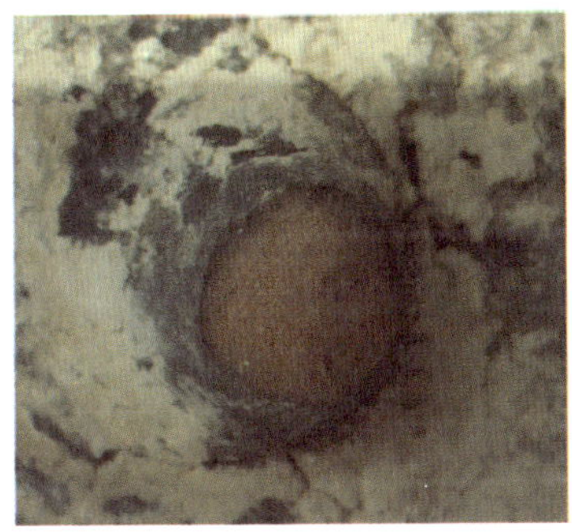

图3　砚台的质地及局部

图 4　宋　澄泥冥砚沟形砚池的制作

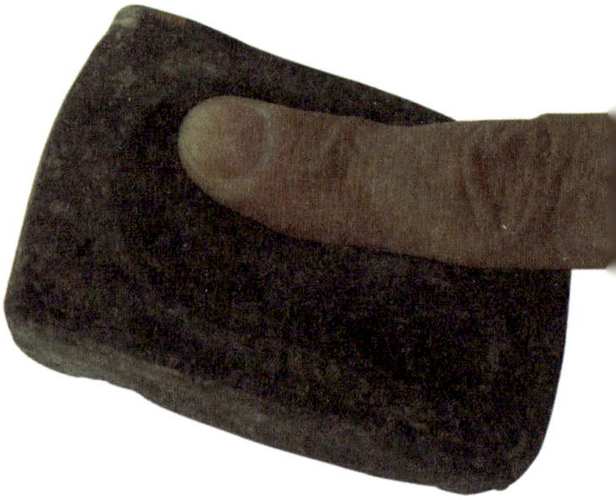

图 5　宋　澄泥冥砚砚堂的制作

感觉我的手指稍微粗了一点，其他动作效果与砚池完全吻合（图 4）。砚堂的制作同样是用手指下压成形的（图 5）。砚池、砚堂的制作粗糙得很幼稚可爱，保存了宋代工匠纯粹手工捏制的原始古朴味道，尤其在古代文房用品这类制作精细的实用器中，还是绝少见到。也许这样的陶砚在宋代就是一种廉价的文人陪葬品，就像今天纸糊的彩电、冰箱、宝马车一样，糊弄死人没有必要做得那么精细认真。由于这类冥器缺少经济价值，没有受到应有的重视，所以现在收藏把玩才显珍贵。

冥器，也可以写作“明器”，就是专门为陪葬制作的器具，还不同于随葬品。随葬品一般属于逝者生前喜欢的或者经常用的器物，在入殓时，家属把这些东西一并放入。比如我们有时会在清朝人的墓中发现汉代的玉器，就是逝者生前喜欢这件汉代的玉器，逝后家人把这件汉玉随逝者一起下葬。出土的随葬品往往就是高质量的藏品，逝者生前的地位越高或者经济实力越强，随葬品的质量品质也就会越高。而冥器则不然，冥器是专为逝者陪葬的东西，没有任何使用的痕迹，制作粗糙、材质低劣，收藏价值较低。这块儿红陶砚很明显不具备任何实用价值，肯定是一方冥砚无疑。

宋代是中国历史上冥砚出土最多的一个朝代，绝大多数冥砚都是材质不太好的歙石，有些做成了薄片形，也有小型的抄手砚，挖拱底的刀痕粗粝，刀刀斜铲，同样不加任何修饰，所用材质都是些没有任何石品的各种歙石。在收藏宋砚的初级阶段，一般多可以从这种冥砚入手，对石质有一个初步的了解。一旦进入收藏阶段，这种宋砚就开始失去了它的存在价值，只要有一两方有特点的收藏就够了，多了也没用。我收藏了一方袖珍宋代歙石冥砚，很像一方笔舔，砚的尺寸是长 6 厘米、宽 4 厘米，像这样小的宋代歙砚不多见，尽管是冥砚也有收藏意义，因为它占一“小”字（图6）。

图6　宋 歙石小冥砚

我与这块儿宋代红陶冥砚两两相对的时间很长，经常是夜里写作收笔后，把它请上字台，看着它，遥想它所处的那个时代。每当我把食指嵌入砚池的时候，总会产生一种莫名的享受，我的指印、我的指纹，能与千余年前的老祖宗重合，何啻于异代知己的握手重逢。在当今这个浮躁的拜金社会里，随便哪块儿砚台都比这方红陶砚值钱，更多人都在享受着砚台材质、工艺以及价格给他们带来的快感和刺激，这样的享受是普遍的；而我对这块儿砚台的欣赏则是纯精神的，没有物欲的羼杂干扰，只想与千年前的老朋友指言神交，这种享受是精神的。有时，砚台的过于简陋又使我深深陷入一种苦涩之中，这方砚台的原主人肯定是一位穷困潦倒得连一方最普通的歙石冥砚都买不起的读书人，逝后只有一方连用竹刀修饬一下都不值得的泥儿砚台殉葬，大概还有一具“狗碰头”的薄皮棺材，这就是生活在宋代底层文人书生真实的生活写照。一卷张择端的《清明上河图》，再现了北宋汴京的热闹繁华，为历史保存了一个真实的场景，可是画家的笔墨触角不可能下探到社会的最底层，我们因此看不到在东京梦华的下面，还有如此贫困的知识分子，而恰恰正是这个群体才是一个社会的主流构成，缺少了对他们生活的记录，至少这部历史是带有严重缺陷的历史。一幅绘画承担不了那么沉重的使命，那么我们遍观《宋史》，以及中国历史上的其他正史，哪一部能把社会底层的人民生活状况、社会地位，以不朽的春秋笔法保存到现在呢？没有。

我们想在古代史官们的笔下找到黎民百姓的生活实景再现，那是件很困难的事情，因为史书写作的真正目的从来就不是为了记录历史，都是高高在上的御用文人拿着皇帝赐给的俸禄，为皇帝撰写资政参考书，底层百姓生活与皇权的存在没有太大的关系，不管谁做当朝天子，百姓的生活秩序都始终被固定在同一个轨迹上运行。然而，没有被正史记载的阶层不等于没有这个阶层，没有讲过的故事也未必就此失传。就像本藏红陶冥砚这种看着不起眼、卖着不值钱的小玩意儿，里面很有可能就包含着鲜为人知的历史和故事。在一件好的收藏品中，所携带的隽永意味和百玩儿不厌的品质，无一例外都包含着历史所赋予的独造内涵，有些藏品甚至可以对历史的空白进行有效的填充，这才是真正有价值的收藏。至于那些仅有一具华丽的工艺躯壳而缺少历史灵魂的藏品，低买高卖赚点钱可以，“欣赏”么，对不起，达不到这两个字的境界。

古玩铺捡了一方好砚台

2015 年夏天，外地的一个朋友来天津看我，闲谈之中我了解到近几年来他在朋友的影响下，很是喜欢收藏砚台。我们之间除了叙旧以外，所有话题自然都是围着砚台转。聊到兴奋处，他约我第二天一起逛逛著名的天津沈阳道，有好砚台顺便捎着。

第二天正好是礼拜四。礼拜四，原是天津沈阳道古玩交易出摊儿的大集，地摊儿以沈阳道为中心，逐渐辐射到了新华路、锦州道、哈密道，铺天盖地到处都是攒动的人头，低头看不见摊儿上的旧货，光看见一条条大腿，谁还敢猫着腰看东西？稍有不注意被人挤趴下，碰坏了摊儿上的破烂儿，摊主算是开张大吉了。不知为什么后来把所有地摊都赶到了鼓楼。就这样，每礼拜四人声鼎沸的沈阳道一夜间恢复了三十年前的寂静，而百年来独立寒秋的鼓楼却骤然沸腾了。如此庞大的市场一夜兴盛一夜衰，炎凉无常，令人不胜东京梦华。

我只能领朋友去天津鼓楼的古玩城一游。

与地摊不一样，坐落在鼓楼中心地带的古玩城里闹中取静，一派冷寂，只有稀稀拉拉的几个游客进来转转，顺便乘凉。店主们除了上网就是三五聚在一个桌儿上打牌，看来生意不好。店门敞开着随便进出，想看东西喊一嗓子，店主人就会趿拉着鞋过来给你拿，连忽悠你买东西的话都懒得说。现在古玩交易的一个特点是，人们越来越爱逛地摊，谁都想在地摊上捡漏，宁可买瞎活栽跟头，也不愿意或者说也不敢进古玩店。我的这个朋友他就嫌古玩店的东西贵、老板太明白，没漏可捡。我们转了十几家店铺，也看见几块儿老砚台，可是品相、石质都不够收藏级别，再便宜也不能要。

大凡够上收藏级别的老砚台，至少要依次符合四个标准，位置不能颠倒：

一是坑口标准。收藏级别的砚台对坑口的价值认定必须是第一位的。如果讲研墨发墨，宋坑大概不会比老坑差多少；但是如果作为收藏品，宋坑的价值远远低于老坑。老砚台所具有的藏品价值往往是以坑口排座次的，即使是一方没有雕饰的清中期老坑砚板，也远胜同时期雕工繁缛精美的宋坑。因此要想收藏老砚台，就必须具备一些基本的坑口辨识能力，至少常见坑口的知识要有一点，譬如端石中的老坑、坑仔岩、麻子坑、梅花坑和宋坑等。同时最好还要了解某些坑口砚石的石品特征，以及封坑、开坑的简要历史。这些有关砚材的知识枯燥，而且适用范围极窄，除了少数对砚台非常有兴趣的收藏者以外，很少有人（包括古玩商在内）能在这方面有较强的鉴别能力，这就是杂项收藏中的机遇。面对一方老砚台，谁掌握了坑口特征，“漏儿”就会漏进谁的囊中。

二是年代标准。收藏级别老砚台的年份，最晚不应低于清代中期。因为在所能见到的老砚台中，宋、元、明各时期传世品的数量不多，符合“物以稀为贵”的收藏原则。存世最多的要算是清代的砚台，尤其清中期前后，有数量较多的各式砚台传世。清晚期同治、光绪以后直到民国，中国社会战乱频仍，几乎没有上好坑口的砚材开采呈现，所制的砚台几乎都是普品。倒是进入民国以后，那些晚清遗老、寓公圈儿里懂砚的人相对较多，他们整日使用、把玩的砚台，都是些前朝传世的精品，具有很高的收藏价值，是砚台收藏的重点藏品。在天津博物馆的馆藏砚台中，有若干方明清精品端砚就是北洋时期民国大总统徐世昌的胞弟徐世章（濠园）先生的捐赠品，件件极其精美，代表了民国时期寓公砚台收藏的最高级别。

三是品相标准。在人文历史上，砚台始终是文人案上的实用研墨器具，属于实用器，古代很少有人当作值钱的宝贝加以珍藏呵护，所以在漫长的使用过程中，各种磕碰损伤在所难免。我们现在见到不少老砚台都或多或少地这儿磕那儿碰。也正是如此，收藏级别的老砚台有一个重要的标准，就是品相必须完好。即使老坑，磕掉一个角也减分。

四是工艺标准。收藏级别的老砚台未必一定有非常精细的雕工。可是，两方同样坑口、同样时代、同样砚式的砚台，还是以是否有雕工和雕工是否精美为价值排列的依据。

凡是需要经过工艺加工成形的艺术品譬如玉石、砚石、珊瑚、翡翠等，都有一个相同的规律，那就是："好料一定好工，好工未必好料"。一块儿老坑砚坯，如果一时不能找到值得信任托付的好砚工，宁可收藏砚坯也不能任由劣工糟蹋；而好的砚工在没有遇到好料时也要挣钱养家，雕制普通材料同样是好砚工的工作常态。因此，好的砚台雕工只能是价值上的锦上添花，除此之外不能代表砚台本身固有的品质，是上述四项标准的末位。

上面的四项标准的排列是有顺序的，如果随便颠倒就完全不是那么回事了。有很多不专业的人评价一方砚台，都是把雕工甚至硬木砚匣看作是第一位的，不懂得看坑口，买砚台花的是收藏级别的大价钱，藏品却永远达不到相对应的高等级。可是，在古玩店的一堆破砚台里，有时还真就埋着一块儿没有砚匣、没有雕工的好坑口砚台，看着不起眼，一经洗刷、再摩挲两天，立马精神焕发，就是一方难得的收藏珍品。记得大约在二十年前，我陪韩天衡先生逛天津的沈阳道，先生很便宜地在地摊上买了一块儿光有匣盖没有匣底的破端砚。买了以后先生跟我感慨地说了一句话："多好的砚台，你们不懂呀。"先生的眼力好，他收藏的很多贵重藏品都是捡漏捡来的。

还回到这趟鼓楼之行。我和朋友俩人在饥肠辘辘中又走进一家小铺子，里面堆的到处都是旧货。我一眼看见架格上平放着一方标准尺寸的白端砚，质地细腻有油性，是一方年份不错的老白端，唯一的缺憾就是砚底刻有长长的小楷砚铭，落款是明朝的"祝允明"。砚式是常见的清代风格，砚铭书法笔道羸弱臃肿，全然没有祝枝山小楷所特有的锺繇风神，很显然这段百十字的小楷砚铭费力不讨好，画蛇添足。在柜台的底层堆放着十几方黑黢黢的老砚台，上面蒙着厚厚的尘土，看样子大概有年头没人瞅一眼了。朋友一方一方仔细看，好像没发现特别称心的。我倒是冷眼看见其中有一方端砚，砚额立雕蟾吐金钱纹，厚度大约 4 厘米上下，用料还算宽大。我悄悄地告诉朋友这方砚台不错，然后把店主喊来，随便问了他几块儿的价钱，为的是给这块儿价钱的询问打掩护。店主似乎没有什么察觉，开价六千。我没动声色地把这块儿砚台放到了最底下，码好，然后准备离开。店主又追了一句："想要哪块儿，价钱好商量。"我们没说什么，致谢后扭身走了。一出来我就跟朋友建议说，那方砚台大概是明代的，价钱不超过两千块钱就能买。朋友嫌上面的雕工太简单、不好看。我也就没再说什么。帮朋友买东西，最忌讳的就是一个建议翻来覆去地说，就好像这里面有给我的提成似的。其实我只要把自己的看法明白地告诉朋友就足够了，至于买与不买那是他的事情，因为我只能解决藏品的真假辨识，其他有关审美、价格、用途、性价比等诸多问题，只有他本人才可以判断，谁也代替不了。

整整半天的时间，我只看见了这方老砚台，没有其他收获，空手而回。

两天以后，我终于耐不住寂寞，自己又找到了那家店铺，店主认出我来了。我径直找出那方砚台，在自然光下仔细看看，然后直截了当地问店主价格。他说少了五千不卖（比两天前少了一千，他们抡价也是蒙着来），而我只给他一千块钱。我们俩闲着没事，就坐在那儿连聊天带砍价。几句话过来我就知道了他卖砚台但是不懂砚台，只是听朋友说过这方砚台上面有麻坑，可能就是贵重的"麻子坑"。我说，如果麻子坑就是砚面上有麻坑的话，那么"梅花坑"的砚面上一定有梅花了？哪的事情！我顺便给他说了一点关于"麻子坑"的知识。就这样聊了一会儿，他告诉我实话，这方砚台是几年前在沈阳道早晨五点多钟摸黑儿买的，花了十几块钱。买来就扔在那没人过问，更谈不上过价。可是捡来的金子行市的价，现在也总不能挣个十块八块就出手吧？最后一千六百块钱成交了（图 1）。

回家经过仔细地清洗，我判断这方砚台的年代应该在明代和清初之间，明代特

图 1　明　蟾纹端砚（正、背）

征比较明显，而且比较令我惊喜的是，坑口还是老坑，但不是老坑中的上品。这方砚台本身所包含的收藏信息很多，简而言之，可以从下面三个方面理解：

1. 砚台的断代。这方砚台我之所以断为明代，主要在于砚额上的蟾造型。蟾纹因为有象征科举得第折桂的寓意，所以经常作为砚台的纹饰，明、清砚台都愿意使用这种口彩。据我所见所记，清代蟾的造型大都带有成熟的艺术夸张，与时代风尚相吻合，蟾的体态丰满、肉厚膘肥，以口大、头大、背厚为特征，整体造型具有很强的张力；而明代蟾的造型尚没有清代那样的富态相，就是一只三条腿儿的蛤蟆，也更接近肖生写实。我以为这就是明清两个朝代砚台上蟾造型的主要区别。

这方砚台蟾的形态标准，没有经过时代风格驱使下的艺术夸张，但明显是清代艺术夸张造型的基础。推断雕琢的时间肯定在清中期以前（图 2）。根据社会美学的发展规律推理，明、清砚额上两种蟾造型之间的关系，必然是由写实发展到夸张，而不是从夸张退回到写实。这就是把这方砚台断代为明代的最主要的依据。如果舍此再从雕工、阴线、起墙等工艺表现综合判断，这方砚台最晚也不会晚于清早期。

2. 砚台的传承。在这方砚台上，有很多被古玩店店主视为“麻子坑”特征的麻坑，用放大镜观察，麻坑里有很难清除的泥土充填（图 3）。同时，在砚额起墙的根部也发现存有一些泥土，说明这方砚台在明代曾经入过土，上面的麻坑不是材质本身的瑕疵，与出土古玉常见的“土咬”差不多，也是受到土壤里有机物腐蚀后所形成的瘢痕。

另外，砚台右砚墙上有一块儿橙红色斑（图 4），这块儿色斑不是砚材上固有的

图 2　砚台上的蟾纹

石品色，估计与砚台在土壤里经过几百年的埋瘗而产生的色变有关，与古玉的沁色差不多。

图 3 麻坑里的泥土

3. 砚台的石品。凡是玩儿砚台的，都一定重视对石品的辨识，因为石品不仅关乎砚台本身的欣赏价值，更重要的还是坑口辨别的依据。这方端砚重要的石品有三种：

一是如图 4 所示，砚墙上的那块儿橙红色斑，如果仔细观察可以发现，这块儿色斑的颜色有很明显的深浅变化，而且带有些许的通透感觉，我推测可能是鱼脑碎冻在埋瘗过程中生成的次生沁色。这个推测很重要，因为在端砚的各种石品中没有这种橙红色，而次生色生成的特点是一定出现在浅于次生色的材质上，所以橙红色斑的原局部颜色一定出现在带有一定通透度的白色上面形成，而不可能出现在颜色更深的深紫色的材质上面。《砚史》有这样的文字描述：

> "冻者，水肪之所凝也。白如晴云，吹之欲散，松如团絮，触之欲起者是无上品，惟大西洞有之；洁白疏散者谓之碎冻，亦复佳。色灰、褐色者为下品。"

端石中带有通透特征的白色石品只有鱼脑冻，这是老坑特有的石品，因此可以间接推定，这方砚台的坑口就是老坑。

图 4 橙红色斑

砚台就是一种片状石头，上面所携带的元素很有限，能提供给收藏者把玩、欣赏的东西也就那么几样，那些看似很有讲究的所谓"石品"，其实就是材质里面所含的杂质，白色通透一点的叫"鱼脑冻"，不通

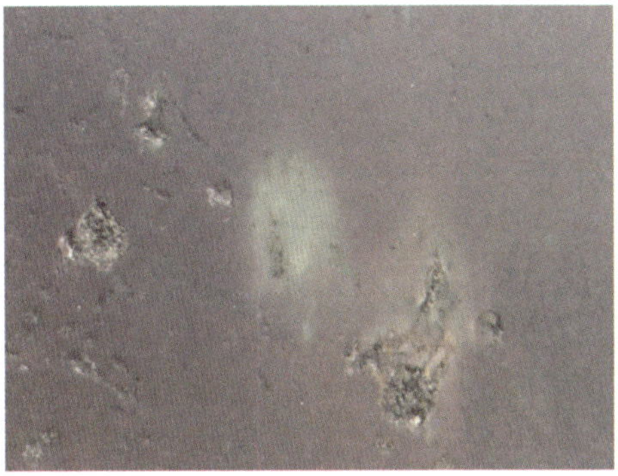

图 5　砚堂翡翠石品

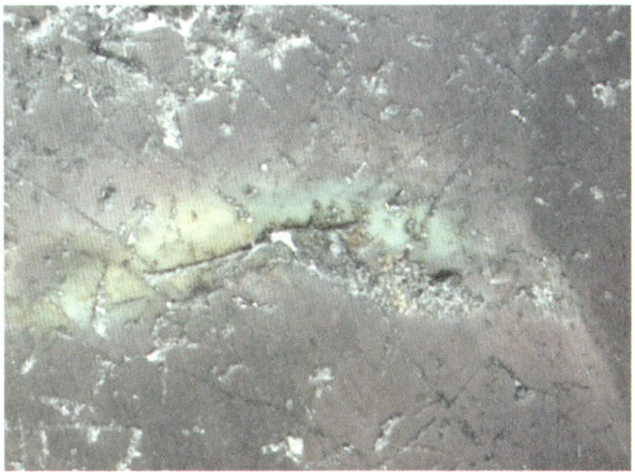

图 6　砚底翡翠、胭脂晕石品

透的叫“蕉叶白”；绿色的艳称“翡翠”；红色的被形容为“火捺”“胭脂”；形容形状的有“眼”“金钱”“马尾”“火捺”“冰线”，等等。把这些石品玩儿得风生水起，就是砚台收藏的价值所在。那么，如此大费周折地分析砚墙上的那一小块儿橙红色斑在变色前大概是鱼脑碎冻，其实不过就是为了说明这方砚台老坑坑口的出身。这年头，富在深山有远亲，谁不想跟名门望族瓜葛一下、攀上点亲戚关系呢？仅此而已。这就是“玩儿”。

图 7　砚堂上的墨渍

二是砚堂、砚底各有一块儿翡翠，呈色豆绿（图 5），面积虽说不大，可是颜色相对纯正，可以把玩。

三是砚堂、砚底都带有一片粉嫩的胭脂晕（图 6），砚底更明显一些。

这方砚台在明代是一方实用砚，使用痕迹明显，砚堂至今还保留着一些陈旧的墨渍（图 7），尽管经历了几百年的地下掩埋，上面熟旧的皮壳依然历历在目。我的朋友不喜欢它，是认为它简单的纹饰不好玩儿；而我对它的情有独钟则是缘于它的坑口特征，和砚额纹饰所保存的年代记录。工薪阶层的收藏，就是“逆来顺受”的过程，总要在别人不大喜欢、不大关注之中寻找你所喜欢、你所关注的品类，这才是我们生存的最安全的空间。玩儿砚台更是如此，真正开门的清三代老坑精品我们看不到也买不起，只能凭借自己的眼力和对砚台的理解，在很多人的不屑之中淘换一点好东西，再回头讲给他们听、欣赏着他们的垂涎。这就是游戏——收藏的另类乐趣。

二十多年弄不明白的一件藏品

前几天，我为了写一篇有关红山文化玉器的文章，需要找一些资料。我的书斋“燕居室”虽说有夫人这一辈子每天给我打扫得既整洁又干净，可总不像个书房的样子，找什么都难，手边摊着的书她一般不动，几天不摸的东西，很有可能就被她收拾到什么地方去了，再找——就全凭一时运气如何了。那天在无意之中，竟然翻腾出一件早已被我遗忘二十多年的东西，既生疏又亲切。于是，暂且放下手边的一切工作，先拿在手里好好地看上几天再说。

我记起来了，那是在1989年或者1990年冬天，当时我所在的编辑部的临时办公地借居在鞍山道的八一礼堂，距离沈阳道不远。有一次中午吃完饭没事干，我和几个同事相约一起到沈阳道闲逛。那时的沈阳道只在西头靠北边稀稀拉拉放着几个不高的铁架子，有数的几个摆小摊儿卖旧货的人，扔下东西不管，聚在一块儿揣着手聊天，每个摊儿上只有几件旧货，几乎没有人光顾，那叫一个寡淡，几乎不叫生意。想起那时的收藏环境纯净得像矿泉水，真货都没人问，哪里还有假货。这件东西大

图1　当时未弄明白的藏品

概就是那次逛沈阳道时买的。忘了是多少钱，但超不过10块钱，因为当时我还没有涉足收藏，只是在同事面前愣充明白人，再贵就不敢买了。

买回家后根本看不明白这是个什么玩意儿，脏兮兮的，心里多少有点腻歪，就用一块儿旧毛巾包上，外面用报纸一团，夫人给我扔在哪儿都忘了，二十多年来始终没有再想起过（图1）。

说实话，现在的学问到底比二十年前多少有了点长进，再看本藏的这件东西，知道应该看什么了。可是，还是看不明白究竟是什么。

不知道本藏是什么没关系，并不妨碍对于制作时代的判断。我根据上面雕工的刀法，以及地子的状态，判断本藏应该是明代制作的物件。支持我判断的最直接依据一共有四点。

1. 左边边框勾云纹阴线用刀很硬，没有清代阴线的那种弹性，而且，阴线的连贯性表现也欠佳，这种用刀是明代玉雕工艺的一个突出的特点（图2）。

对于一件古器物的断代，至少有两个基本步骤必须要走：一是要把被鉴定物与标准器的某些相关特征进行对比。经验丰富的鉴定人员对有些被鉴定器的断代看似胸有成竹、出口成章，其实一些相关标准器上面所载有的时代特征已经被他们牢记在脑子里，无须进行实物对比；如果他们对某种标准器特征的印象不深，或者没有什么印象，尽管这是再正常不过的事

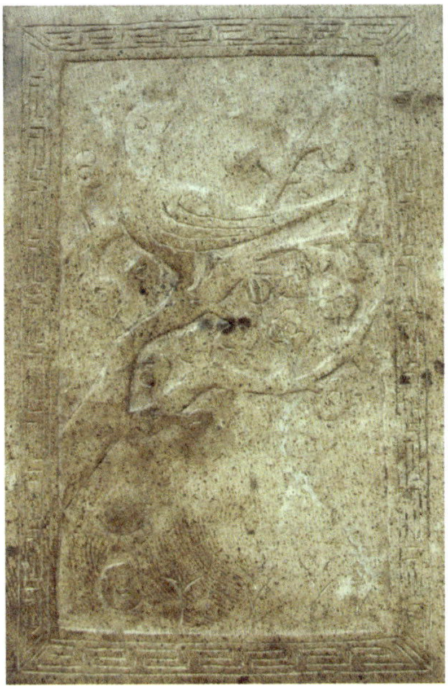

图2　左边边框上面的勾云纹阴线用刀很硬

情了，那么，比较负责任的人就会直言以“不清楚”相告，或者要求宽容一些时日回去研究研究再答复——也就是再找标准器对比一下；如果不幸赶上一位纵横通吃的伪专家，很有可能就地给你胡论一通。任何一个真正的鉴定人员都绝对离不开标准器。二是经过与标准器比照后的综合分析，包括对来自被鉴定物上面所载有、保存的各种信息，譬如制作工艺工具的痕迹显示、表面氧化（包浆）程度、纹饰设计所反映出的时代背景，等等。有了这两个基本步骤的观察思考，就可以虽不中亦不远地为被鉴定物的年代勾画轮廓了。

我之所以判断本藏的制作时代为明代，也是基于上面两个步骤的思考提出的。就我本人来说有一个审美上的偏见，非常不喜欢明清时期的物件，尤其是清代的玉器，总感觉那就是一块儿块儿洁白漂亮的石头，值不值钱那是市场的评价，我左右不了，对于收藏者来说，上面没有多少值得把玩的价值因素。正是缘于这个原因，我对于明代玉器特征的稔熟程度，远不如史前玉器。因此，我的判断必须借助于北京故宫所藏明代玉器作为标准器。标准器的选择也是有一定规律的，只有明、清两代制作的器物才可以以北京故宫的旧藏品（宫内器物原件）为标准，譬如明清两代的玉器、瓷器、珐琅器、家具，等等。因为北京故宫所藏两代的这些器具，都是材质、品质等级最高的，而且一定是当朝监制制作的御用器，无须向社会征集更高级层的作品；而宋元以前器具的传承链条是在地下，极少甚至不可能在地上代代传衍至今。那些最真实的具有明确断代的器物，只能由科学挖掘的出土器提供，而用作断代对比的标准器也必须是具有明确发掘报告的出土器。在现实的个人收藏中，也有少量的刚出土不久的生坑器，由于该器物的出土脱离了科学发掘的现场记录，不能被直接物证制作的时代，所以哪怕看着刚出土也会被视为“传世器”，如果被博物馆收购后叫作“征集品”。可以这样认为，即使是北京故宫所藏的宋元以前的藏品，也不能因它是博物馆中的老大而使之具有标准器的资格。至于各地的中国国家博物馆藏品，除非标明是考古发掘品调拨入藏，否则一律以传世品视之，只能参考，不能作为鉴定依据。譬如北京故宫博物院藏有一件曾在乾隆皇帝案头摆放的、上面刻有御题诗的良渚文化玉琮，玉琮的真伪没有任何问题，但是也只能作为传世器存在，没有见到哪篇研究论文用来做理论依据使用的。下面图 3、图 4 是北京故宫旧藏的两件明代玉器，通过局部放大图可见上面的阴线都表现出很硬的特质，就像缺少弹性铁丝，多少有些殷商玉器阴线的味道。而清代玉器阴线的弹性很足，与战国相近似。两个相邻时代玉器阴线的截然不同，反映出琢玉工艺、工具的发展变化，这是另一个话题，不过多讨论。

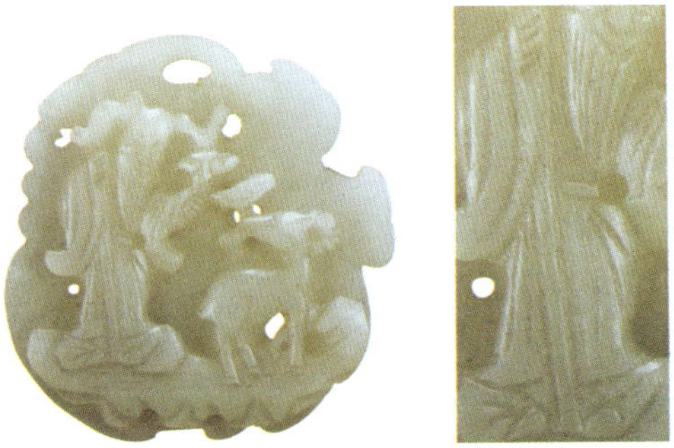

图 3　明　青玉福禄寿三星饰
（北京故宫博物院藏）

通过对北京故宫所藏的两件明代玉器局部的观察可以发现，图 3 寿星的衣纹是用几条纵向贯通的阴线表达出来的，这种长而直的阴线如果是清中期的琢玉风格，那么其宽度肯定不会有如此飘忽不稳的变化，而且线条琢刻的力度匀称，入刀的深度也会相对较浅，各个方面因素的聚合，必然体现出清中期玉工在不约而同地执行着一种严格的工艺规范，这种品质的线条也一定会携带出动态自如的弹性感；而明代玉器上面的长阴线线条宽度有明显的变化，而且走向不稳，线条的用刀宽而深，这就直接导致了阴线硬度的夸大，呆板而缺少弹性。另外，明代玉器在纵横直线的交界处，往往会出现收刀刹不住车、线条冲出界外的现象，譬如图 4 局部最右面的纵向阴线与最下面的横向阴线相交处本应止于一个点上，可是纵向阴线却冲出了界外，这就是典型明代玉器刀法特征。

图 4　明　青白玉夔凤纹尊（北京故宫博物院藏）

相比之下，本藏左边框周围的勾云纹阴线的质量与图 3、图 4 的用刀特征非常相近，仔细观察图 5 勾云纹局部图所展示的纵横交汇处，同样存在着出界现象，只是本藏勾云纹的纵横阴线交汇点很多，假如每一交汇点都有线条出界，这个勾云纹就没法看了。所以雕工在走刀时有意使纵横阴线不衔接，这样就有效地避免了由于不可避免的出界而造成的混乱，这就是纵横线条多不顶头连接的原因。

2. 基于上面所讲，明代阴线感觉很硬，这与当时琢玉的铊具、工艺水平有直接的关系，表现在纵横平直阴线上，断代特征就是图 3、图 4 的样子；如果是曲线，则又有另一种特征出现。

明代玉器的曲线，特别是半径非常小的曲线，由于入刀较为深峻，基本上不能表现出转折的圆润自如，有些圆转质量高的隐起或者平凸，都有赖于光工的再加工。比较常见的有两种情况。

（1）曲线所表现出的圆转很僵硬，总带有方楞的感觉。譬如图 6 这件北京故宫所藏的青玉角端香薰，上面都是些小半径的曲线图案，局部放大图显示，这些曲线的走向很不圆滑，质量都不高。

（2）琢制直径较小的圆，往往会出现“歧出”的瑕疵。所谓“歧出”，就是在琢刻小直径的曲线时，由于铊轮的直径较大，很容易偏离出原有的设计半径，冲出一条或数条短直线。歧出原本是殷商玉器弧线的典型特征，到了东周以后基本上不

图 5　本藏勾云纹纵横阴线交汇特征

再出现。令人不解的是，这样原始的琢玉工艺瑕疵，竟然经常出现在距离中国历史上制玉巅峰清代很近的明代玉器上，搞不清究竟是工艺退化了呢，还是返祖。原则上讲，北京故宫所藏应该是明清两代皇帝的御用器，没有出现明显工艺瑕疵的可能。所以，理论上像歧出这样明显的毛病很难在御用器上找到。但是，我们仔细观察图4局部图仍可发现，在“]”形框里，上面那个“ ⑨ ”形谷纹的尾巴上就带有两道很小的向下歧出，说明歧出也许在明代玉器中是一种见怪不怪的现象，不属于瑕疵范畴，否则御用玉器是不会容忍的。

图6　明　青玉甪端香薰
（北京故宫博物院藏）

本藏左面的主图案，是一只喜鹊和梅花，喜鹊眼睛的用刀就带有很明显的歧出（图7）。歧出现象进入清代以后基本上不再见到，这是琢玉工具的进步，就像现在玉工琢玉使用的一律是直径很小的铊轮，绝不可能再有歧出瑕疵出现，如果有也是仿古。据此完全可以断定本藏用刀特征与明代玉器的一致性，进而可以认为就是一件明代的制品。

3. 本藏左侧纹饰的加工工艺，主要使用的是减地平凸手法，把没有纹饰的地子铲低，使纹饰凸起为浅浮雕。尽管抚摸下凹地子的手感相当光滑，但是整体上却带有明显的凹凸不平，这也与明代玉牌子减地特征相一致，也就是俗称的“波浪地”。没有办法，几乎所有明代的铲地处理都存在这个问题。到了清代，除非质量很差的商品玉以外，一般玉件的地子都能处理得比较平整。

图7　喜鹊眼睛的歧出

4. 通过对本藏左侧勾云纹阴线的观察可以断定，

其加工时所使用的工艺、工具与玉器的琢制过程完全相同。放大镜下的阴线线条为我们提供了两点非常重要的工艺信息：

（1）短阴线呈两端尖、中间宽的橄榄形。

（2）短阴线的凹底呈中间深，两端渐浅的轻入轻出形。

这两点特征都是比较典型而原始的铊轮走刀痕迹，清代中期以后由宽度、深度趋于匀称的高品质阴线所取代，这种粗糙的阴线相对少见了。这里面又涉及一个不可回避的问题，那就是本藏的材质。我曾用小刀"问"了一下本藏的底部，发现质地的硬度不高，达不到新疆和田玉甚至岫岩玉的硬度，我感觉诸如寿山石等地方美石的可能性更大一些。当然，究竟属于什么材质，我没有能力去辨识，只能送仪器检测。那么，既然可以用刀雕刻，何必使用琢玉的工艺呢？我们上面讲了，勾云纹阴线所表现出铊轮的两个特征很明显，铊轮相当于半机械化加工方式，比纯粹用人工雕刻省力不少。现在对寿山、青田、昌化、巴林等质地硬度很低的材质雕刻，也使用雕刻玉器的工具，道理基本相同。

记得本藏当初买回家以后，有两个问题始终搞不清楚：一是断代，现在能够从几个方面自行解决了；另一个就是这究竟是件什么东西。二十多年后再度现身我仍然搞不清楚。看右面是一个卧兽纽长方盖子，盖子下面凹下去的像是砚堂（图 8）。

图 8 下凹的"砚堂"

图 9　桌形设计

如果说是一方砚台，可是砚堂光润滑溜肯定不发墨，不发墨还叫什么砚台！看来不是用来研墨的家什；如果是所谓的“笔舔”，那么常见的笔舔都是放在不执笔的手掌上，用于梳理笔锋的小型砚台，这种放在案上的笔舔显然既不合形制，又不实用。再有，这件藏品的纹饰设计看得出很讲究，四周都有双鱼对拱的壸（kǔn）门（图 9），束腰翻腿，完全是按照木制炕桌的形式来设计的。好像还没有这种设计的文房用具，多少显得有些“脂粉气”，不像文房用具。

我请教了几位我所认识的、比我有学识、有经验的人，他们的回答都很实在：“不清楚。”我有点儿一筹莫展。

前几天，我与天津一位很有些名气的古玩商王莽兄坐在一块儿喝茶聊天，我把本藏拿给他看，他看了一眼就说，这是古代大户人家的闺房用具，叫作“眉砚”。在右边盖子下面的凹地儿里面，盛着用水融化了的黛色，闺阁小姐用毛笔蘸着黛色描眉，用后还把盖子盖上，第二天可以接着用。王莽兄的一句话，真让我长了学问。他还告诉我说，他以前也买过一件类似的眉砚，不清楚用途，请教了一位精通杂项的苏姓老先生，这点学问是人家告诉他的。这么多年以来，再也没有遇到眉砚，本藏是之后的第一件。

这件事使我陷入了一个思考。一方眉砚，知道不知道本来没有什么大不了的，这里所折射出的，是一个令人不寒而栗的问题：我现在已是一个年届花甲的人，年轻时因为非常用心地做编辑，遂有机会在中国近现代顶级学者诸如顾廷龙、周汝昌、胡厚宣、史树青等老先生们膝下侍砚问道，这么多年来所获得的那点学识，吹着牛说也远达不到前辈老先生们的百分之一，尚有太多的问题根本询道无门。假如这些老先生们尚且健在，那么对这方眉砚的断代、名称乃至于材质等各方面的问题，都会涣然冰释，绝对不会隔夜。现在想起来，这些老先生的辞世，带走了太多的学问、太多的知识。眉砚这层窗户纸假如不是王莽兄的一语捅破，大概盖棺之时我也稀里糊涂。再设想一下，就是我的这点可怜的知识，现在的年轻人又能获取多少呢？中国五千年历史积淀下来的这点文化，正在以一代不如一代的倍速恐怖递减。

巧买明代紫砂壶

大概是2008年的国庆节前夕，上海的著名瓷杂鉴定家、学者唐恺先生正准备带领学生去杭州古玩市场考察，正巧我刚到上海，准备约唐先生写一部有关紫砂的书稿，遂邀我一同前往。

第二天上午，我跟他们乘坐大巴车晕头转向地来到了杭州的一个很大的大院子，里面古玩铺林立，既没有热闹的招牌，也很少有人光顾，很清静，大概双休日人会多一些。学生们都是成年人，分头自己行动，有问题打电话，唐先生会到现场随时临阵指导。没事的时候，唐先生就陪着我转。

我逛古玩店有自己的心得，凡是摆在柜台货架最显眼、最敞亮地方的东西，要么价钱很高；要么是仿品，卖出去有高额的利润回报；那些不愁卖或者卖不上高价的真东西，反而放到不太显眼的位置，有时还堆到犄角旮旯。我在一家店铺货架的最下面，发现一把尘封已久的紫砂壶，请老板拿上来看看。我先问了价钱——贵重的东西在上手前最好先问价，一是知道了价格再决定是否上手，太贵买不起的东西看了也白看，就别找麻烦了；再有一旦有了闪失，好有个解决问题的标的。老板一边擦着壶上的尘土一边说，这把紫砂壶卖价五千块钱。我看着像是把明代的紫砂壶，看几个关键的地方觉得没有问题，就请唐先生帮我看看。他很仔细地看看，然后用略带沙哑但是很有穿透力的声音对我说：

“王先生呀，都说您不懂紫砂，看来您真是真不懂，这种粗砂茶壶买它没用。您如果喜欢紫砂壶，我帮您买一把好一点的。这把壶又粗又没工。看，壶底连章子也没有。不好不好！”

我还是端详着这把壶，怎么看也看不出毛病，明代的紫砂壶就是这样呀。唐先生跟老板说了一会儿我一句也听不懂的上海话，扭过头对我说：

“王先生您这个人真是可以，没人要的东西您也喜欢，我刚才跟老板说了，您就给一千块钱吧。”

我赶紧把钱给了看样子并不情愿的老板。

出了店门，唐先生悄悄对我说：

“您真是好眼力，这是一把明代的紫砂壶。我刚才故意那么说您，让您省了至少三千块钱。”

唐先生接着说：

“一看开价，我就知道这个老板不懂紫砂，品相这么好的明代紫砂壶，哪有开价五千块钱的道理！”

紫砂，是一门非常专业的学问，别看好多古玩店里都摆着几把紫砂壶，其中有老的，也有新仿品。买紫砂壶的人未必都明白紫砂是怎么回事，卖紫砂壶的人也有可能一知半解。在唐先生的配合下，我只用了一千块钱就买了这把明代的紫砂壶（图 1）。

图 1　明 紫砂壶

我的老朋友，原宜兴陶瓷博物馆馆长、我国著名紫砂学者时顺华先生是我学习紫砂的启蒙老师，先生给我讲现代紫砂壶的时候不多，更多的是教我如何辨识明清时期紫砂壶的特征。因为他认为，在当前和今后的一段时日内，近现代紫砂壶名家的作品将会越来越贵，我们一般人买不起、也没有必要非买一把不可。平时使用的紫砂壶只要砂料不假，谁做的其实无所谓。只要对砂料的真伪、优劣有一个正确的了解，不至于用紫砂壶的钱买一把泥壶就行了。真正用于收藏的一些紫砂知识，是对明清古代紫砂壶的认识，重点是清早期或者明代的无款、冷名款壶，民间流传的数量不多，可是仍有可能见到，这才是真正可以收藏的东西，而且赝品也少。现在古代紫砂壶的赝品，多集中在那几位名家壶上面，譬如时大彬、陈鸣远、孟惠臣、陈鸿寿、杨彭年、邵大亨等人，很多紫砂收藏“大鳄”对这些大名家壶多有研究，却忽略了明清紫砂壶的一般特征，所以不少人只能玩儿带有名家款的壶，玩儿不了明清无款壶，那永远不能成为真正的紫砂壶收藏家。如果把纯粹的紫砂壶收藏错位于当前大趋势收藏，人弃我取，就有可能买到别人一时发现不了的好壶，而且会具有很实在的收藏价值。这么多年来，我一直关注老紫砂壶，一直没有买到一把真正的老壶。这回在杭州总算如愿以偿，抄上了。

回家后，我用了几天的时间，心无旁骛地仔细研究了这把紫砂壶，怎么看都没有毛病，我放心了。买古玩有时有这样一种现象，买的时候看着非常满意，没有问题。买回家几天之内的感觉最关键，如果静下心来理智地观察，越看越喜欢，这件东西就没有问题；如果越看越别扭，那么十有八九打眼了。

本藏的这把壶，我的第一判断就是一把明代老壶，因为壶身所携带的各种制作特点促成了这个判断的形成。

本藏壶的砂料

给一把紫砂壶断代，主要是先看砂料。紫砂的原始形态是块状，就像石块儿一样（图 2），必须经过加湿后粉碎。现代化规模的粉碎工艺完全是机械化，粉碎后的紫砂颗粒非常均匀，很少、几乎没有颗粒大小混杂的现象发生。粉碎后的紫砂需要过筛，颗粒的大小用“目”来衡量，所谓“目”，就是窟窿眼，在一个筛子的单位面积中，目数越多，颗粒越细，壶体的触感越好；相反，目数越少，颗粒越粗。有

图2　紫砂的原始形状

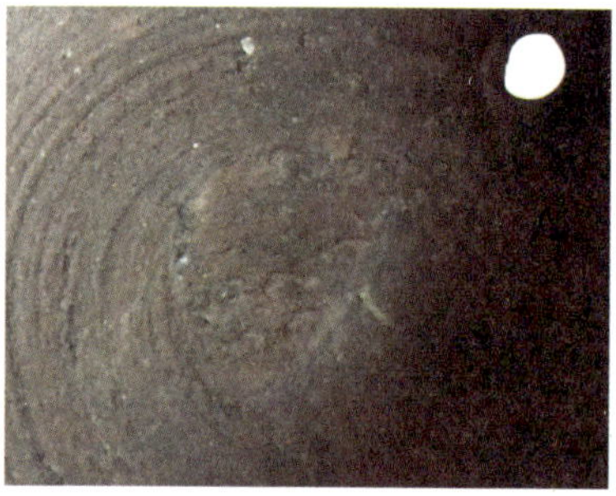

图3　紫砂目数低

些形体较大的壶，为了保证壶壁有骨力，多用目数较低的砂料。现在一般的紫砂壶砂料目数都在 40 ~ 60 之间。明清时期制壶，紫砂石料的粉碎完全由人工操作，其特点有两个。

1. 砂料的目数低。大概明代中晚期紫砂壶的砂料目数不会超过 20 目，也就是能从砂壶的内壁上感觉到颗粒的粗大，外壁往往有包浆包裹，感觉不太准确。图 3 就是本藏壶盖内可见的粗大砂粒，这种现象现代制壶是无论如何也没有的。

2. 砂料目数不均匀，也就是有粗有细，还有可能中间蹦出一粒更大的砂粒。

由于明代砂粒目数普遍较低，砂粒之间的结合肯定不会非常紧密，中间的空隙处有可能包裹着空气。现在的紫砂制成泥后，还有一道真空工序，把泥中的空气全部挤出，古代没有真空设备，所以当紫砂壶坯在入窑焙烧时，大砂粒的位置就会形成凸起的气泡，甚至经常会出现破泡的现象。图 4 就是本藏紫砂壶的破泡，一处在

图 4　砂粒不均匀导致的破泡

壶盖外沿，另一处在壶盖内。破泡一定是紫砂石粉碎工艺落后的表现，绝不是偶然有一粒粗砂粒所能形成的特征，所以砂料目数低、颗粒不均匀所形成的焙烧效果，就是明代紫砂壶的断代特征之一。这一问题在清代中期以后，得到了较好的改善，清中期以后的紫砂制品，砂粒的目数已经较高而且均匀，才有可能制成各种造型的壶和其他紫砂器形。

如果再用木棍儿轻轻叩击本藏壶体，能感觉声音的传导性不好，发闷。这有来自两个方面的原因：一是砂粒目数的偏低，导致颗粒的间隙过大，从而影响了声音的传导过程；二是紫砂壶本来就是陶质低温烧成器，质地的硬度不高，又经过长年泡茶以及几百年的存在历史，都有可能使其内部结构发生某些变化，这种特有的声音是非常肯定的断代依据。

本藏壶的造型

如果从形而上的欣赏角度来说，这把壶的造型特点是小壶大相，自有其古朴的味道存在其间。壶盖明显借鉴了瓷器将军罐的盖形，壶体造型的外轮廓线简洁明快，腹部收敛而不失饱满，这是见仁见智的欣赏。脚踏实地地说，本藏紫砂壶的壶嘴根部大而下坠，与壶身的连接比例约占壶身整体的 1/3 强，并不协调。而且壶嘴的外直径较大，显出某种程度的蠢笨。壶把是用宽而扁的泥条搣（wēi）成的耳形，在与壶的对比下显得相对薄弱一些（图 5）。造型上出现明显的前重后轻失衡，说明当时

图 5　宽而扁的壶把

图 6　明万历　时大彬高执如意壶（北京故宫博物院藏）

的紫砂壶造型还没有归纳出比较明确的基本设计规律支持，也没有更好、更合理的造型作为借鉴。我们知道，尤其在美学理念不发达的古代，民间手工艺品的制作样式都是代代口传心授，一种固有的样式甚至能够历经几代人而不变，设计变革非常缓慢。而一旦有了根本性的、受到市场欢迎的新型设计，就会迅速打破原有的设计沉寂，出现景从的跟风，从而形成一次造型设计上的动荡。图 6 是北京故宫博物院旧藏的一把时大彬高执如意壶，通过与本藏对比可见，这把时壶带有很高的设计情愫，且不说壶盖、盖纽有了花式设计，就说壶嘴与壶身的交接也显得秀气，壶把由片状进化到了棍状，其他还有各种在传统的基础上出新设计的因素存在。当然，时壶的设计美感仍然没有办法与今天的设计相提并论，可是对于时大彬生活的时代来说，已经使他成为无可比拟的紫砂壶设计的新派领军人物。时大彬是明代万历以后的人，如果说他的作品能代表万历以后的造型的话，那么，相比之下，本藏的这把紫砂壶肯定在时大彬之前，因此估计最晚不会晚于明代时大彬所生活的时代。

本藏壶的工艺

紫砂壶的制作工艺，除了对砂料加工以外，主要的是壶身、壶嘴、壶把和壶盖的制作。本藏紫砂壶的壶身成型符合明代紫砂壶的两个时代特征：一是壶身的中间有一条明显的接痕，说明制坯时是分上下两截，最后双接成形（图 7）。再看壶膛，壶膛里面有很明显的镟削纹（图 8），这是先掏挖壶膛，在基本上达到了厚度要求之后，再用竹刀镟削找平的结果，包括壶盖的里面，都是这样的工艺。我没有见过时壶的壶膛，也就无法了解分析其制作工艺是什么样子，但是所见清中期以后的紫砂壶，壶膛都非常平整，没有这种竹刀镟削的痕迹。我请教过时顺华先生，先生告诉我，清代中期以后，壶身就改成了拍制法，就是按照壶身的设计要求，将紫砂泥料拍成带有一定厚度的片状长方形。然后搣圆，所以壶膛没有早期整形时留下的镟削纹。再通过图 8 观察壶孔，很明显处理得极其粗糙，只是用刀具捅了一个洞而已，没有经过任何修饰，也反映了制作时代的靠前。

紫砂壶的收藏。历来不在于年代的远近，并不是年份越深越值钱。顾景州先生、蒋蓉先生都是若干年前才去世的现代制壶大师，他们的作品价格远高于明清两代紫砂壶。我这里较真儿，一定要把本藏紫砂壶的时代搞清楚，其实就是一个收藏者对藏品价值体现的升华——不仅仅是花一千块钱买，再能一万块钱卖这样简单。假如没有能力去考证、去研究，只是保存或者拿出来直面这把并不好看的破旧的紫砂壶，既不是名人的作品，更不是名人的用具，有什么好欣赏的！可是如果能够在简单陈旧的藏品中，发现其中许多可以琢磨、值得把玩的内容，那就像怀里抱个万花筒一样，真是太缤纷、太有意思了。我以为，这就是古玩带给我们的最大的价值享受，它让我们能够在哲理、推论、遐想中得到片刻的消遣，让我们把这颗浮躁的心沉静下来，在古人用具的陪伴下读点古人的书，何必非要红袖添香、粉黛伴读。所以收藏，只要有能力拒绝利益的驱使，玩儿古玩未必一定丧志，但是绝对养生。

图 7　壶身上的接痕

图 8　壶膛、壶盖上的镟削纹

缘分是一剂自我宽慰的良药

赵光军是我的一个很要好的朋友，虽说年龄比我小不了几岁，但是我总是叫他“小赵”。我们俩相识是在2002年前后，那时他在天津的沈阳道开了一个小古玩店，主要经营老窑瓷器和一些铜器杂项，我看他为人老实，店里的东西基本上都真，所以没事就来逛，一来二去就熟了。小赵的为人有些讷气，喜欢跟学者型的收藏者交流，所积蓄的一些心爱的好东西，宁可以稍低的价钱卖给学者，也不轻易出手。他说，给好东西找个好人家，心里踏实。很显然，他不是一个纯粹的古玩商人，不懂在商言商的道理，所以小店的生意总不能做到别人那样风生水起，始终处于勉强维持的窘态。我经常到他的店里闲坐，也常常为了一件东西的断代跟他争论个天昏地暗，但是这些争论不影响我们之间的关系，相反，要是有一段时间不见面，反倒觉得少了点什么牵挂。他总说，咱哥儿俩能在一块儿矫情是个缘分，能买到好东西，也靠的是缘分。

有一天我到他的店里闲坐，他从柜子里拿出一只青釉碗给我看，这只碗的釉面包浆肥厚，看样子传世已经有很长时间了，底足上有长圆形的垫片痕，施黄绿色釉，应该是五代时期的东西。小赵告诉我，这是老城里拆迁，他的一个朋友收上来转手卖给他的，来源保证没问题，建议让我买下来，既可以收藏，又能作为写作的参考，价钱不贵，也就一二百块钱。不知为什么，当时我一点兴趣也没有，说什么也不想买，翻来覆去地找了几个理由拒绝了。此后挺长的一段时间，我每次到店里看他，都能看见这只碗摆在架上，渐渐地上面落上了一层尘土。

直到有一天我忽然想起这件事来了，觉得这个碗的品相、年代都好，应该是一件不错的收藏品，而且这样熟坑的青瓷碗挺少见。于是就骑上车风风火火地赶到了他的店里，他跟我说，那个碗前两天已经出手，被他的另一个朋友买走了。我有些懊悔。小赵安慰我说："买东西有时是要靠缘分的，不能强求。你看，我这么让你买你就是不买，现在想买又没有了，说明你跟这个碗没有缘分。有些跟你没缘的东西，白送给你你都不要；有缘分的东西绝对落不到别人手里，你想不要都不行。"

没多久的一天，小赵给我打电话，说是他带来一面铜镜，满水银沁，直径大概有 40 厘米以上，是很少见的唐代菱花凤鸟纹大镜。只是有残，上面缺了一大角。小赵告诉我，他经手的铜镜约有几百面，可还没有见到这样大的镜面，劝我留下。我以为，瓷器可以买残的，但是镜子不能残，所谓"破镜不能重圆"，多少有点不吉利。好长一段时间以后，忽然我又心血来潮，想起了这面残镜，觉得真是一面很少见的唐镜，又是满水银沁，作为藏品也很难得。于是又来到他的店里，他说那天我没买，当天下午就让他的朋友买走了——我跟这面镜子还是没有缘分。

又有一次，我看见他店里的架子上新摆了一件天蓝色的钧窑罐（图 1），挺漂亮。我一向很少搬动瓷器，总害怕发生不测。于是我请他把罐子拿下来仔细欣赏，发现

图 1　明末清初 钧窑罐

图2　香灰胎

图3　足底的垂釉

这件罐子的器形饱满壮观，很有张力；器底是钧窑必需的香灰胎（图2），细腻而坚致，器底分内外两区，间有镟纹；器表釉汁肥厚，垂流到底足有大面积垂釉形成的窑粘（图3），器表面分布着凹凸不平的积釉疙瘩和很多大小不均的破泡，并伴有一些窑变的玫瑰红色隐含在天蓝釉面的下面，釉面的玻化程度很高，开小碎片（图4）。口沿是酱黄色的子口（图5），少盖。当时我据此判断应该是明晚期到清康熙之间的东西，因为这种酱黄口多出现在这个阶段，尤其是顺治和康熙时期，瓷器的酱黄口多见。小赵问我有兴趣否，我喜欢这个钧窑罐，但买不买处于两可之间。买东西不是靠缘分么，这次我倒看看与这个罐子有没有缘分，于是我就跟他约定：罐子继续放在这里三个月，他不要向其他朋友主动推荐，如果这个罐跟我有缘，三个月后归我；卖了就与我无缘。

三个月后，这件钧窑罐依然稳坐那里。小赵说店里来过的人不少，既没人看，也没有一个人过问价钱。看样子真的跟我有缘，于是我把它很小心地请到了家里。我曾经请教了几位瓷器鉴定人员，基本上认为这个罐子是清早期的东西，而我判断应该是明晚期。

图4　釉面

图5　酱黄子口

图6　罐底的四个透孔

对于这个罐子，我始终有一个至今搞不清楚的地方，罐底不规则地分布着四个透孔（图6），内底表明孔周围的釉很完整，这四个孔是在入窑以前就打好的。这就说明了这个罐子有非同一般的特殊用途，究竟是盛什么的，不得而知。有一位搞杂项收藏的先生跟我说，有可能是中药铺盛蜜药丸的，上面盖盖，药丸很容易捂了，所以在罐底下开有透风空洞。这种说法好像比较合理，只是缺少物证，还没有一个人能提供更为可信、更有把握的说法。

古玩与收藏者对应的缘分，是一种很莫名其妙的关系，谁也说不清楚。在收藏过程中能否“彻悟”很重要，买到了合适的藏品固然高兴；与心仪失之交臂也不足惜，用“无缘”两字来解心宽是最恰当的方法。否则，在收藏的过程中，就会有数不清的患得患失如影随形地伴随着你，真会把人烦死。

一种由铜火锅引发的玩法思考

2010年春天的一天，我到北京东琉璃厂的振寰阁闲逛，看见地上堆着不少残破的铜器、锡器，更多的是一些过去的烛台、盘子、酒壶、茶叶罐、汤壶等杂件，价钱都不贵，可也没有什么太大的意思。临走时，我再瞄一眼，发现货堆里埋着一个铜火锅，表面是一层又黑又硬的厚厚渍泥，破破烂烂，好像残缺不全。我拿起来端详了一下，没感觉有什么毛病，哪儿也不缺，标价才50块钱，我就买了下来。

回家用稀释的白醋水泡了一天一宿，上面的陈年泥渍完全从锅体表面剥离了，炉膛里的绿铜锈依然存在无恙。我又用洗衣粉水洗了一遍，发现这是一个相当完整而且精致的铜火锅，里外没有任何缺损和插帮件。火锅是用生黄铜浇铸而成，锅壁很厚且重，上面隐约可见镟纹，应该是浇铸成型后又经车削加工，圆度很规范，中间的烟囱是用紫铜片捶制搣成，上面有两个小窟窿眼，那是长时间过火烧的，锅盖中心部分是一个闪黄的后镶铜圈口。俗话说“铜镶铜，瞎糊弄”，意思是说

图1　清早期　铜火锅

铜和铜镶在一起不会太牢固，这大概是清代晚期或民国时候的匠人手艺不佳给人们留下的印象。这个锅盖的镶铜圈口的确很结实，看不出哪点儿是“瞎糊弄”来。我用棉布擦拭了几天，厚重的包浆就出来了。真正有年份的老东西，只要不施以硬器譬如砂纸、刀、锉打磨以及强酸、强碱溶液腐蚀，上面的包浆是不会轻易被破坏的。精心清洗过的这个小火锅真漂亮，老味儿老相赫然在目，没有准确的语言能形容（图 1）。

我不是一个收藏杂家，也不是见什么都想买。我买这件火锅开始是因为好玩，而且价钱极其便宜；收拾出来以后，我就觉得不仅是好玩的事了，想进一步探求这件火锅是什么时候的东西。有一段时间我始终在考虑断代上的突破口，试图从下面两个方面进行推测。

原理推测

在古玩中，有些藏品的优劣并不是由于朝代距离现在的早晚而能决定的，它们所表现出的时代特质只能在同一时代内做横向的比较，而不能在历史的纵向坐标上排位次。譬如谁也说不清楚战国的玉器与清代玉器、明代唐寅的山水与近代吴湖帆的山水哪个好。但是，凡是具有实用意义的生活用器，其科学性与制作工艺特质在设计制作过程中的体现则不同，都一定会符合今胜于昔的进化论规律，随着时间推移，产品设计应该越来越趋于人性化和更加体现融入时代先进的科学原理，主要的表现很简单，那就是科学的、合理的成分所占比例越来越大，实用产品越来越好用。换言之，实用器的设计只能向更接近科学的、更方便使用的方向发展，而不可能出现逆行。譬如车子的轱辘，一定是从古代的木头轱辘逐步进化到胶皮轱辘，后来又发明了充气胶皮轱辘，历史无论如何也绝不可能再从充气胶皮轱辘退回到原始的木头轱辘时代。根据这个设计进化理念我们可以推论，火锅的结构经过了几百年的使用和改进，清晚期的产品设计原理一定比清早期的更加合理适用。图 2 的这件铜火锅是比较明确而没有争议的清代晚期或民国时期的制品。通过观察可以归纳出这时期火锅的两个重要的符合科学的特征：一是炉膛高，二是烟囱高。炉膛高利于进风，氧气进入量充足，决定了火势的猛烈；而烟囱高则“拔火”，能使空气保持一定量的流动，增加助燃的氧气，使锅里的水能长时间地保持高温。这种高炉膛、高烟囱

图 2　清晚期 铜火锅

图 3　两个火锅的结构对比

的火锅就好用，现在的铜火锅基本上还是延续了这种比例样式。

那么再看看本藏的这个铜火锅，紫铜烟囱短粗，缺少“拔火”的力量（图 3）；炉膛的壶口高度仅在 2.5 厘米左右，不会有大量的氧气进入炉膛助燃。这种火锅肯定不好使。制作工匠对燃烧与助燃原理的认识应用，与清代晚期相比较，显然处于没有更先进造型借鉴的初始水平。再进一步推测，火锅是关外游牧民族食肉的一种炊具，清代早期在北京出现有两种可能：一是关内外的饮食交流带入北京的；二是清人入主北京后的顺治、康熙年间，满族人涮肉的锅灶用具。

材质推测

黄铜的冶炼纯度到了乾隆时期，曾经达到了一个高峰的水平，表现为颜色金黄纯净，而且密度大、质量比重也大，有时我们见到乾隆时期的黄铜镜，或者清中期家具的原装铜活，都能感受到这种黄铜铜质的纯粹。鉴定铜器的最好办法就是与铜质标准器的对比，而清代铜质标准器是最容易找到的。我选了两枚清代黄铜制钱，一枚是康熙时的（图 4 左）、一枚是乾隆时的（图 4 右），在包浆都完好无损的自然状态下，把这两枚铜制钱同时放到火锅的锅盖上，观察铜色的差别，这样就可以很直观地从材质的纯度上大致推测出铜火锅的制作时间应该不会晚于康熙时期。

通过对比观察可以发现，康熙钱的铜质闪紫，与锅体比较接近；乾隆钱的铜质闪黄，与锅盖镶口的铜质颜色相近。这样，我们通过简单的铜质对比，确认这件铜

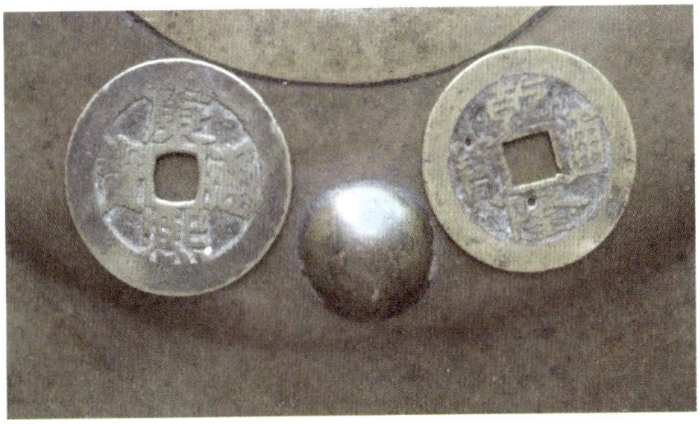

图 4　铜质对比

火锅的制作时间比较接近清代康熙年间，而锅盖接近烟囱的镶圈口处则是乾隆时期的手工。

我估计，本藏的这件火锅应该出身于家境殷实的大户人家，可以想象在清代早期的一个天寒地冻的冬天，一盘羊肉片、二两热烧酒，前面放着这口小铜火锅，一个人边酌边涮边欣赏着窗外的鹅毛大雪，是何等的悠闲又是何等的讲究。再看火锅的提梁、纽子，以及炉膛壶口的花边，制作工艺都是那样精细，一丝不苟，所以我认定这件火锅不是一般小户人家的使用之物。

这里我不是无聊地夸耀本藏的这口火锅如何好，而是想借此说明一个道理。对于杂项收藏来说，其中的不确定因素要远远大于瓷、玉。瓷、玉的鉴定理论与鉴定实践已经趋于成熟或者已经成熟，在一般理论指导下的鉴定实践，都会产生相对明确的结果。而杂项的收藏庞杂，对一些品类断代、鉴定特征的认识，都缺少专门的理论作为指导，所以要玩杂项，要想弄清楚其中蕴含着的某些未知，一定不能寄希望于他人给你的讲解灌输，而必须学会独立思考和独立判断。记得启功先生曾经讲过，鉴定很简单，就是要讲理：合理就是对的，不合理就是不对的。就以本藏的这口铜火锅来说，如果从材质上看，我们认定为明朝的东西就是不合理，原因很简单，明代的铜质颜色偏紫（图 5），不是火锅的那种颜色；清代中期以后的铜质比较复杂，精纯的颜色偏亮黄（图 6）、不太精纯的仍然偏紫，所以只有在清代早期那个特定的时代出现那个特定的铜质颜色，才是合理的解释。

图 5　明　铜质偏紫

图 6　清乾隆　铜质偏黄

这口小铜火锅其实不是什么大不了的藏品，也不值得大惊小怪，可是通过对它的收藏，我们可以体悟到一些有关收藏道理。

“收藏”这个词包含有“收”和“藏”两个方面的意思，当这两个字同时作用于一个人，特别是收藏者自收自藏的时候，每个字的里面都含有一个程序问题，绝不能颠倒。

“收”，就是购买。购买的程序是：如果自己的鉴定能力不能自持，就一定要先请教明白人，弄清楚了再决定是否购买。千万不能倒过来，一时冲动先买回家，再到处找人弄明白。我见过不少这样的人（我以前也曾这样过），买东西时挺果断，回家以后就开始狐疑不决，总想找明白人鉴定。其实买都买了，鉴定个对错有什么用！我们不能总把打眼的钱自我安慰是“交学费”，真正有本事的聪明人不仅不交学费，还拿回来“奖学金”，“交学费”好听但不露脸。好多年前，我的一个有钱的广东朋友，在北京一家古玩店里花不少钱买了一件东晋的青瓷器，老板说他也搞不清楚是什么东西，但是年份保证开门，承诺假了包退，并愿意立字为凭。老板最后的一句话给他壮了胆子，买了以后就拿来问我，我一看东西是不是东晋的青瓷先放一边不论，先说这路份就不高，是一只“虎子”，也就是古代的夜壶。朋友倒是弄明白了，却依然别扭了很长一段时间。扔，舍不得；摆，不上路份怕人笑话；退，又是真的。有一天，他突发奇想，打长途电话问我：“我砸了它当瓷片卖，OK吗？”这就是程序上的颠倒，弄清楚了再买，就没有这些烦事了。

“藏”，就是购买以后的保管与研究。研究欣赏藏品的程序是：对于具备一定研究能力的收藏者来说，先自己想办法弄明白藏品所含有的各种问题，包括藏品本身的和由此而延伸到其他领域的未知，不能着急，一年弄不清楚，可以保留10年，直到清楚了为止。因为如果你的学问并不比别人低，那么你不清楚的，你周围的人可能也未必清楚，这种探讨的用时和用心，就是藏品精神层面上的一部分价值。一旦弄清楚了，形成了能够自圆其说的观点，再去和别人探讨，体味“疑义相与析”的乐趣。这个程序最好不要倒过来，收藏了一件东西，不明白马上就去问别人，得到了清楚的答案，手中这件东西的品味全没了，光剩下了价值躯壳。

对“收藏”这两个字的程序诠释最经典的一例，莫过于近代大收藏家张伯驹先生。

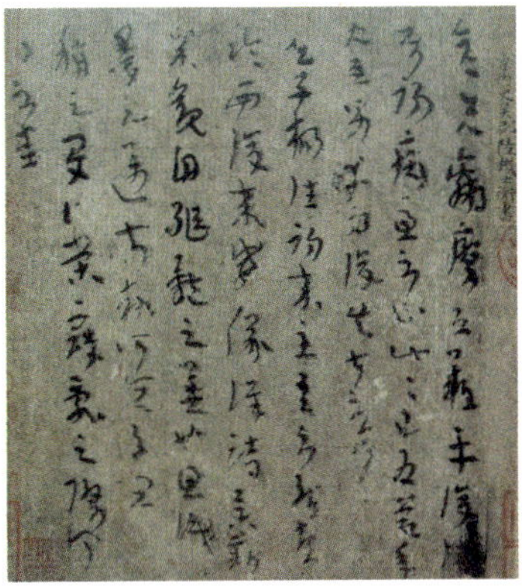

图 7　西晋　陆机《平复帖》
（张伯驹捐献，北京故宫博物院藏）

先生曾经收藏过一件西晋陆士衡（陆机）的《平复帖》（图 7）。当先生确认为是陆机真迹以后，便毅然决然地开始筹款，费尽周折买到手，避免了这件国宝流失海外的可能。《平复帖》上面的书法是非常难认的章草书体，买回来后先生在很长时间内也处于研究之中。先生在他的《春游琐谈 · 陆士衡平复帖》中有这样一段话：

> “帖（平复帖）书法奇古，文不尽识，是由隶变草之体，与西陲汉简相类。启元白（启功）释文‘彦先羸瘵，恐难平复’。余则释‘彦先羸废，久难平复’。虑不止此，‘已为庆承’余则释‘已为暮年’；‘幸乃复失’余则释‘幸为复知’；‘自躯体之美也’余则释‘自躯体之善也’。然亦皆不能尽是。”

关于释文，张伯驹先生与启功先生的看法不一样，但是没有关系，只有在深入研究中才能越发欣赏到这件作品的历史、文化、文物以及收藏等各方面的价值存在。假如书体像东晋王献之《中秋帖》那样简单易读，大概除了“最早”的价值以外，再也没有什么了。

这件铜火锅买回家以后，有一位收藏杂项多年的朋友对我说，他估计这是民国时期的军用火锅，形体小，便于携带。我不这么看，任何时期，包括古代的军需品都能体现出当时最先进的科学应用，他的观点只是猜测，没有理论和实践上的支持，对此我只能聊备一说。我就是自己先弄明白，获得了欣赏和研究的乐趣，再与别人共同讨论。朋友的不同意见，正是这件火锅精神价值延续的来源。

铜炉收藏需要注意的三个话题

20 世纪 90 年代中期的一天，我逛天津的沈阳道旧物市场。当时的市场场面很小，没有几个人。我看见在一个小地摊上，摆着一件圆形冲天耳三足香炉，还有几件旧瓷器。那时沈阳道也有一些赝品，但是有两个特点：一是追真品的能力差，造假的手段比较原始；二是远不像现在这样恣肆泛滥，当时还没发展到一个摊位上连一件真东西都没有的猖獗地步。摊主是个二十来岁的毛头小伙子，看样子不懂古玩，属于倒腾点东西赚钱花的那种没上道的旧货贩子。他见我蹲在地上摆弄着那件香炉，就跟我搭讪，告诉我这是真正的宣德炉，刚从乡下收上来。这件冲天耳三足炉的炉底有铸款“大明宣德年制”，炉壁轻薄，手头不好，黑色包浆下面的铜色暗黄，明显是一件清代晚期或民国时期的制品。这种年份的铜炉当时很多见，没什么收藏价值。我站起来就想走。

图 1　清　官帽耳铜香炉

我意想不到的是，那个小伙子喊住我，很费劲地从破棉大衣口袋里掏出一个报纸包递给我。我打开一看，是一尊官帽耳洒金四足铜香炉（图1），有七八成新，乍看像是新铸的，但是仔细观察，这件铜炉的保存状况极好，没有任何损坏，表面包浆肥厚自然，炉体呈紫褐色，金片的光泽内敛，含在包浆的下面，炉底铸有四字姓名篆书款“凝静清玩”。直觉告诉我，这绝对是一尊清代名款炉真品。当时小伙子开价500块钱，我可能都没有还价就买下了，生怕一来二去地拉锯，被别人撬了去。

铜香炉的收藏与其他杂项收藏有些不同，不能靠藏品的数量取胜。有些人收藏的铜炉数量不少，可能终其一生也没有收藏到一件好的藏品，都是普品；在一些大收藏家的斋中，可能仅收藏一两尊，却足以因此而蓬荜生辉。

我国是一个铜资源稀缺的国家，铜的矿藏量比较低，所以直到清末民国为止，精炼铜始终是货币铸造的主要材料。清代中期以后，国库铜的储备量严重不足，捉襟见肘的困境主要表现在制钱的币值表现上，将原来的一个货币单位增值为“当十”、“当五十”、“当百”，重量不变，加大了币值，同时还铸造了大量的减重制钱，铜钱薄得跟刀刃一样，也等于现在的通货膨胀，钱“毛”了。铜资源的匮乏，对铜炉生产、传世的影响往往是致命的，一方面铸炉的质量分化更趋明显化，朝廷、社会上层人物铸炉的材质质量依然如故，而民间商品铜炉则炉壁薄、重量轻，这是清中期以后民间铜香炉的一个特点。我曾见过一些从铜质上看应该是清中期的香炉，但是个儿大壁薄，不能算是好炉；另一方面，至少在近现代，铜、铁等民间生活用的金属器已经经历了若干次社会件的动荡洗劫，存量锐减。记得我小时候在“文化大革命”期间，我曾经跟我的表哥一起，把家里的一尊景泰蓝双耳大炉砸瘪，然后夜间偷偷扔进海河里。所以即使是清代的普通铜香炉，现在已经被视为不可多见的藏品；至于精品铜炉的存世量，说是百无一见绝不是夸大其词。在古玩交易的规律面前，铜炉的自身价值存在往往就是藏品流向的分水岭，自动分化：那些存世量多（相对而言）、制作工艺简单、材质一般的普品，流向低价格平台，在那里为一般收藏实力的人所分享——能收藏到这种香炉也是一种幸运；而存世量稀少、使用材质精良、制作工艺难度高的精品香炉，主要的流向则是少数经济实力雄厚的收藏家和投资者。在正常的社会秩序中，高、低两种级别的铜炉分别在它们各自的领域内运转，互不

图 2 “大明宣德五年监督工部官臣吴邦佐造”款

干涉。一般实力的收藏者很难收藏到精品铜炉，更不要奢望着能收藏到一件精炼风磨铜的精品香炉。

围绕这尊铜炉，我想到了三个话题。

第一个话题：到底有没有“宣德炉”

在我们（指一般收藏者所见范围）所见到的铜香炉中，不管炉底是否刻有“宣德”字样，都可以称之为“宣德炉”；而我们能见到的所有宣德炉，实际又没有一件是真正意义的宣德炉，上面不管是铸款还是刻款，无一例外都属于寄托款，都不算数。因此，对于一般收藏者而言，铜炉的收藏只分新旧与制作年代，没有谁会去追问是不是真正的“大明宣德年制”。

据文献记载，在明代宣德年间，宣德皇帝用暹罗国（就是现在的泰国）进贡的几万斤风磨铜，又配上多种贵重金属，先后共铸造了五千多尊铜炉，这些炉是宣德皇帝所督造，属于真正意义上的“宣德炉”。

可是，我觉得这个记载不太靠谱，因为既然是宣德皇帝投入了这样大量的资金，兴师动众所铸，那么这五千多尊铜炉就一定是皇宫的御用器，不会流出宫外。那么从宣德到清末，前后共 500 多年的时间，现在即使在北京、台北两座故宫里，也不能找到一尊能够公认有资格作为标准器的宣德炉。我的疑问是，五千尊国宝级的香炉就那么以平均每年 10 尊的速度，神不知鬼不觉地灰飞烟灭、遁地无形了？所以我一直以为，所谓的“宣德炉”可能就是一个根本不存在的传说。我们可以称呼所有带宣德款的铜香炉为“宣德炉”，只是不要信以为真。至于再寄托于宣德炉而存在的宣德监督工部官、工部尚书吴邦佐款的私铸炉（图 2），那是建立在传说基础上的第二代传说，就像“皇帝新衣”上面的纽扣，越发不可信了，这些款识的老炉基本上都是清代的制品。

第二个话题：铜炉的重量标准

尽管我们因为找不到标准器而置疑宣德炉的存在，但是从一些记载上，仍可以看到有关宣德炉的一些信息描写。明末收藏大家项元汴在《宣炉博论》中，曾经记录了宣德炉的重量，他说：

> 宣庙（宣德皇帝——著者）遂敕工匠，炼必十二，每斤得其精者才四两耳。

这就是说，传说中真正宣德炉的用铜材质标准极高，以暹罗国进口的风磨铜为主要原料，在经过 12 次冶炼提纯之后，1 斤铜最后仅剩 4 两——那是 16 两为 1 斤的老秤；如果合到现在 10 两为 1 斤的秤计重，1 市斤铜经过 12 次提纯后，仅剩下 2.5 两。铜质的纯度越高，比重也就越大，再羼有金银等多种贵重金属，所以不管是不是真正的宣德炉，凡是明、清两代的精品铜炉，它的重量都会大大超过我们正常的重量估计，都有相当沉重的手感。

需要注意的是，精品铜炉的重量不是通过增加壁厚和体积来实现的，它的壁厚和体积大小都是正常的，甚至稍微有些偏薄。

本藏的这尊铜炉的形体偏小，炉体（除耳）长 11.3 厘米、宽 10.7 厘米、高 8 厘米，手感沉重，重量达到了 2 千克，体积与重量的比例协调。

近两年发现新造的宣德铜炉，新皮壳做旧很漂亮，只是手感过于沉重，重得有些过头，也不对。

第三个话题：铜炉的款识与收藏

明清铜炉很少有炉底不带款识的，款识分为刻款与铸款两种，刻款是在炉底錾刻上款识，字体方正，有时可见歧出的刻痕；铸款就是在范模上刻好了款识，连同炉体同时铸出。从内容分，铜炉的款识可以分为 5 种。

第一是“宣德”款（图 3、图 4）。上面我们讲了，宣德款没有明代宣德年间的真品。我们所见到的价值百万以上的铜炉，基本上都是“宣德”款；而皮薄如纸的普通炉，也都是“宣德”款，可见“宣德”款并没有什么实际上的价值意义存在，精品与普品都包含其中。

第二是年号款（图 5 、图 6、图 7）。上书明、清两代的制作年号，譬如“大明

图 3 “宣德年制”篆书款

图 4 “宣德年制”楷书款

正德年制”“康熙六十年制”“大清乾隆年制”“宣统年制”等。由于现在能够用于比附的标准器尚未确立，所以不能根据年号款推测铸炉年代和铜炉的出身，年款也就起不到断代的作用。

第三是闲款（图 8）。闲款就像书画中的闲章一样，暗示着铜炉主人的某种情怀

图 5 “正德年制”篆书款

图 6 “康熙年制”楷书款

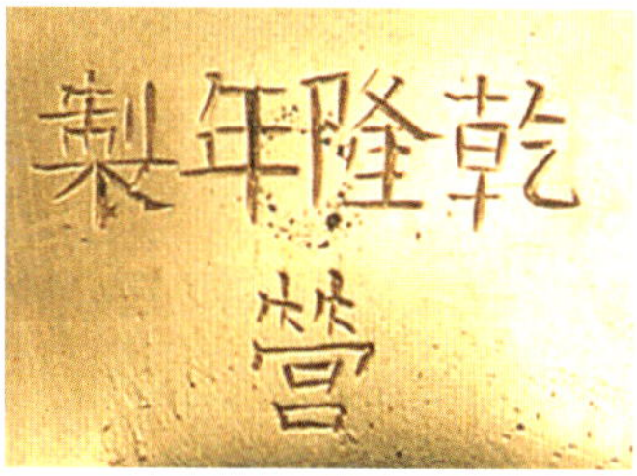

图 7 “乾隆年制营”楷书刻款

或铜炉的铸造目的。譬如“永世之宝”是希望这件铜炉永远流传在儿孙手中，代嗣不绝；“镇宅大吉”是想借铜炉长期受到人间香火所得到的正气来祛除宅中邪气。

第四是堂款（图 9、图 10）。堂款就是铜炉主人的斋号款。最常见的就是“玉堂清玩”款。“玉堂”是明代嘉靖时期严嵩之子严世蕃的斋号，大概所铸铜炉最有名，后世有太多的“玉堂清玩”寄托款，就像“宣德”款一样，没有真品。

第五是名款。名款就是姓名款。这里面大致包括制炉者（图 11）、监造者（图 12）

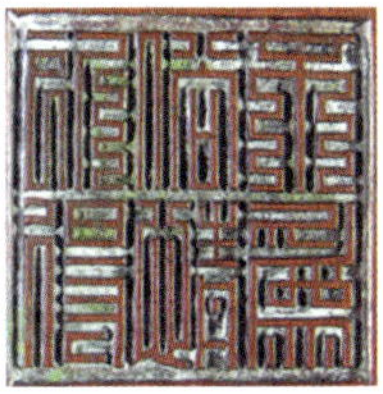

图 8 “不为俗情所得”款

图 9 “玉堂清玩”款

图 10 “养意轩制”款

图 11 “云间胡文明制”款

的款识和炉主人的款识三种。图 13 就是本藏铜炉的款识。

如果说“宣德”款铜炉的质量两极分化很明显，那么，堂款与名款铜炉的质量则比较统一，收藏价值稳定于上等偏下一点的位置，基本上没有普品。因为至少在清代以后，私人铸炉是一件很奢侈的事情，标志着他的社会地位与财力都非同寻常，譬如带有“玉堂清玩”款的铜炉，据说是严嵩之子严冬楼所铸。这些人的实力虽不能与朝廷相比，但是对于用铜、䃰料、工艺标准和造型设计，都是相当严格的，这就决定了传世铜炉质量的上乘。同时，堂款、名款铜炉由于多是宗祠内府的使用器，出身品第高雅，用料尽管达不到图 12 炼风磨铜的标准，其纯度毋庸置疑也一定是很高的。这种铜炉在铸造工艺上有些达到了可与官铸铜炉媲美的精度，表现在每一处细小的地方都能精益

图 12 “宣德五年高氏监制”款

图 13 “凝静清玩”款

求精，处理得舒服而妥帖。名、堂款铜炉还有一个重要的收藏特征就是，每一种都是根据主人的要求专门定制的，数量很少，只铸有一尊的孤品铜炉多见，不会批量生产，不存在一种样式、一种款识同时出现多个的可能。至于一些常见的如“石叟”“玉堂清玩”等名款铜炉，其实真的也许仅有一两尊，其他都是寄托款。对于一般收藏者来说，制作精美的冷僻的堂款、名款铜炉，才是终极的获取目标。

本藏这尊铜炉的炉底铸有“凝静清玩”名款，“凝静”是谁不可考。欣赏这尊铜炉的炉体铜质呈紫褐色，正面洒金，金色明黄，是清代黄金的典型颜色，背面几乎不见洒金，说明对铸炉的成本控制，有金要贴在脸儿（正面）上。炉体弧线造型张力很强，与方整规矩的板沿形成对比，四足敦厚有力，内有一丝浅绿色铜锈。内膛的口沿经长年的烟火供养，形成了漆黑而坚固的胆层。我的一位朋友以为，这尊铜炉的表面太新，从而怀疑是新品。其实，只要仔细观察铜炉表面厚厚的包浆就可以知道，仿旧的包浆薄而乌，不具备精光内敛的特征，而价值很高的精品炉，所表现出的靓丽，是从形、色两个方面传递出来的，包浆能使炉体的美丽显得更含蓄而深沉。

一尊好炉可以养眼、养心、养神。可惜，能得到好炉的人太少了。

买了一件造型生疏的景泰蓝

我当编辑的时候，有几个作者在北京文物公司的门市部里工作。有一次正赶上门市部上了一批货，我看见有一个景泰蓝三角形的东西，样子怪怪的，不知是什么。看看价签儿，标着一百块钱。于是，我出于好奇就买下了。买回家后，看上面的珐琅彩、铜质等鉴定要素，我感觉应该是清代晚期的东西，究竟是什么，说不好。

在回家以后的那段时间里，我把这件东西放在手边，没事就拿着它反复相面，琢磨着这肯定是件有用的物件，否则不会制成当时价格很贵的景泰蓝。这件东西整体呈正三角形，三个角各有一个穿孔，以上角最高点为纵轴，左右带有一定的弧度。从形状上分析，我估计这是清代将军兜鍪（头盔）上面的帽徽，三个穿孔是为缝缀、固定所用，左右的弧度正好使帽徽能够紧贴在头盔上面。在天津，我有一个搞杂项收藏的朋友，年龄比我大，眼力阔绰，见的东西远多于我。我把我的推想跟他说了，他说以前年轻时好像只见过一次，可也没闹清是什么。他觉得我的分析有道理，点了个赞。我呢，也就暂时认为这就是兜鍪上的帽徽，在没有发现更准确的说法之前，也只能如此（图 1）。

这件兜鍪徽的材质是景泰蓝，学名的全称应该是“铜胎掐丝珐琅”。“铜胎”是指在有一定厚度的铜板上实施工艺，图 2 是一件清代光绪时期制作的铜胎掐丝珐

图 1　清晚期 兜鍪徽

铜胎

填充珐琅彩

掐丝

图 2　清光绪　景泰蓝工艺范板

琅工艺范板，上层的左方格就是紫红色的铜胎；“掐丝”是在铜胎上焊接用来区隔珐琅彩各种颜色的扁铜丝界格，图 2 上层中间的方格就是填充珐琅彩料前的掐丝焊接；而“珐琅”则是往界格里填充的珐琅彩料，图 2 上层右格中的颜色就是填充的珐琅彩料。

图 3　清康熙　景泰蓝罐盖

清代景泰蓝的断代特征比较明显：清早期及其以前的珐琅彩料都是舶来品，颜色浓郁，彩料烧成后能显示出一定的厚度，因为珐琅彩的涂层厚实，所以成品表面上带有很多明显的鬃眼，这与珐琅彩的黏稠度有直接的关系，图 3 就是清代康熙时期景泰蓝的罐盖，通过局部可见，表面的珐琅釉质非常饱满，颜色蓊郁、深沉，表面带有很多大小鬃眼；到了雍正时期已经开始使用我国自制的珐琅彩，涂层就较康熙时期要薄，但是仍能维持一定的厚度，器表面的鬃眼仍然存在，只是不如康熙时期明显。图 4 就是清代乾隆时期的一件景泰蓝香炉，珐琅彩的颜色多样，与康熙时的进口彩料相比较而言，深沉不足而靓丽有余；清晚

图 4　清乾隆　景泰蓝香炉

图 5　清晚期景泰蓝（图 1 局部）

图 6　清乾隆时的镀金

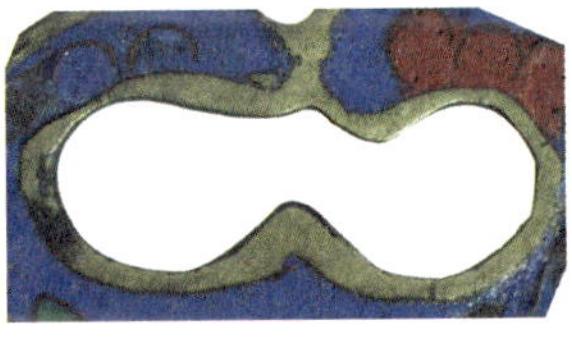

图 7　清晚期的镀金

期的特征最明显，珐琅彩的色彩饱和度明显不足，涂层较薄，已经接近了铜胎画珐琅（也就是后来的搪瓷）厚度，显现出了晚清国力衰微的征兆（图 5）。

根据上面对珐琅彩的品质分析，我断定这件兜鍪徽一定是晚清时期的制作，大致不谬。

景泰蓝的制作还有一道工序，就是烧成后，要在表面裸露的铜质掐丝上面镀金，这是传统工艺的要求，不能省略。从镀金的颜色上，也可以大致断代。清早期康熙时期的镀金应该闪红色，可惜，图 3 这件罐盖的镀金已经没有了，不能说明颜色；清中期乾隆时期的镀金是明黄的暖色，其黄色纯正亮堂，带有帝王的富贵相。图 6 是图 4 的局部镀金颜色，能够充分领略乾隆镀金颜色的特点；到了清晚期，镀金的颜色虽说也是黄色，但不是暖色而是冷色，黄色闪青。图 7 就是这件兜鍪徽上面的镀金，相比之下，也可以帮助断代。

在乾隆以后，景泰蓝出现了一个同宗兄弟，叫作“铜胎画珐琅”，与景泰蓝相同的是，都是在铜胎上实施工艺，所用材料都是珐琅彩；不同的是，景泰蓝用“掐丝”的办法，把铜胎表面分成很多小的界格，里面填充珐琅彩。而铜胎画珐琅则不需要界格，直接用珐琅彩在上面绘画，然后烧制，其实就是现在的搪瓷。清中期的铜胎画珐琅价值比同期的景泰蓝不低，但存世量很少，是杂项中重要的一项藏品。

最后再说说景泰蓝。景泰蓝最早产自北京，所见最早带有年款的制品制作于明代宣德年间，明代的景泰年间制作工艺已经达到了相当高的水平，所以被俗称为“景泰蓝”。在日本也流行一种类似于景泰蓝制作样式与效果的工艺品，叫“齐宝烧”，又俗称“七宝烧”，它的特点是不带有珐琅彩中的盘桓掐丝。

真正明代的景泰蓝现在非常少见，有许多收藏者一生都没有见过明代真品。明代景泰蓝的造型以仿古代青铜器造型者为多，所用的彩釉均为进口的天然矿物质材料，色彩深沉。譬如珐琅彩的红色表现为油红、黄色表现为蜜蜡黄、绿色表现为松石绿。铜质的掐丝较粗，镀金的金水浓厚。

到了清代，景泰蓝的加工工艺有了明显的提高，表现为铜胎比明代的薄，铜丝比明代的细，釉色的靓丽程度大大提高，釉面的棕眼趋少。同时，花纹组合比明代更趋繁复，金水要薄于明代。

通过这块儿清晚期景泰蓝兜鍪徽，我们可以发现这样一个现象：中国历史上的各种制作工艺，都在遵从着进化论的规律，即：后来的一定比以前的好，任何时代艺术品制作的工艺存在依托，无不决定于社会生产力的发展状态。譬如玉器，谁说清中期的玉器比现代琢制的还要漂亮，我都不承认，由于工艺的进步而导致器物外观更加漂亮，与其本身所承载的收藏价值体现始终是两回事。再譬如瓷器，到景德镇看看就知道了，现在的青花瓷器制作得比康熙、乾隆更漂亮的比比皆是。想想看，现代社会的科技、现代人们的智慧何止数倍于康乾时代。这是人类社会发展的总体规律，也许收藏者都以为今不如昔，但事实上确实昔不如今。可是，我们看景泰蓝的发展，却是一个特例，从明代开始的景泰蓝发展到了清三代，尤其是乾隆时期，达到了制作的最高峰，清中期以后便开始迅速下滑，直到清晚期就已经凋敝得一点曾经的堂皇都找不到，只剩下了穷酸。经历了从民国直到现在仅仅一百多年的光景，就把这个昔日辉煌灿烂的洋洋大器沦落为一种低端的工艺品，现在北京王府井的一些工艺品商店，花很少的钱就能买一件。这不是工艺本身的事，是社会发展的速度之快，把本来制作工艺很复杂的景泰蓝，很轻易地抛下了车外。再加上那位叶圣陶先生写了一篇著名的应用文《景泰蓝制作》，使景泰蓝的制作工艺再没有什么秘密可以保守，一切都见了天儿，也就一切都落了地。

清末民初的景泰蓝制品很多，现在所见的一些老景泰蓝，基本上都是这一时期的制品。由于施釉很薄，所以稍有磕碰，就能脱釉见胎，仅从施釉的薄厚上，就能对比出景泰蓝制作年代的早晚。

买沉香主要是闻味儿

沉香是什么？严格地说，沉香是树上结出的一种油脂瘤状物，本身并不是木材质。沉香的市场价格要远远高于黄花梨、紫檀。黄花梨、紫檀的计重单位论的是千克，沉香则是论克。玩儿沉香需要有很强的经济实力才行，一般经济实力的人肯定玩儿不起，最好不要染指。可是现在的大形势是，这么贵重的沉香大有铺天盖地的趋势，什么地方、多小的摊位都敢标着“沉香”的货签吆喝着卖。

有一次，我的一个朋友拿着个塑料兜，里面装着两串说是沉香的手串，想请我帮忙看看。这两串手串是这样的：珠粒的颜色灰黄，上面有清晰的纹理，密度、硬度均低，手头轻飘，散发着浓烈的香味，价钱是五千块钱一串。我告诉他这是经过香精处理的沉香木手串。他听说“沉香木”这三个字就放心了，但是又不明白地问我，既是沉香木，为什么还要用香精处理呢？很显然，他的概念出了问题。

想要玩儿沉香，必须先要搞明白究竟什么是沉香树、沉香木和沉香，以及它们之间的关系。

在亚洲的热带国家如印度、越南、泰国、印度尼西亚、马来西亚等国，以及我国的福建、广西、广东等省的雨林里，生长着一种名叫“风树”的树种。风树生长的速度较快，材质的密度、硬度都偏低，基本上没有什么经济实用方面的价值。可很神奇的是，风树有一种与人体皮肤相近似的功能，当人的表皮被划伤后，皮下的组织马上就会自动分泌出组织液，用来消灭伤口周围的细菌，保护伤口不被进一步感染。风树也有这种功能，一旦树干受到了外力的戕害，譬如树枝被雷电劈折、树干因受到锐器砍凿而形成了创伤，创口的周围也会自动分泌出一种油脂状的液体，用来自我保护。创口表面的油脂分泌物由于呈全暴露的状态存在，所以上面又会黏口附、聚集很多丛林中的各类小昆虫，滋生出各种真菌，使得创口有可能再度感染，于是风树再继续不断地向创口分泌更多的脂质分泌物。就这样经过了一段长时间的创伤→分泌→感染→再分泌→再感染→再分泌的循环过程，处于最外层的脂状分泌物已经完全固化了，而内部的分泌仍没有停止，逐渐在树干上就形成了一个凸起的脂质瘤状物，这个脂质瘤状物的内部全都是风树分泌的油脂，带有一种特殊的气味，比重重于水，入水即沉，这块儿脂质瘤状物就是我们说的“沉香”。由于沉香的形成不可能与周围的树干部分形成清晰的界限，肯定存在着你中有我、我中有你的伴生状态，所以这些与脂质沉香伴生的木质就叫作“沉香木”。据说以前在沉香价格没有被炒起来的时候，香农采到沉香，都要把伴生的沉香木清理干净以后再出售。现在所见沉香，很多都是连沉香带伴生木捆绑着按照沉香的价钱卖。由此我们可知，风树的全部经济价值只在于结香，木头本身没有香味。一棵风树如果没有结香，这棵树的经济价值就是零。脂质瘤状物的沉香是风树伤口结成的、伴生在沉香木上面生长的，是沉香木的香源所在；沉香木一旦脱离了沉香油脂的包裹而独立存在，原来吸附储存的香味就会逐渐衰减，直到全部消失。我说我的那位朋友概念上出了问题，就是指他错误地混淆了沉香木与沉香这两个不同的概念，以至于以为沉香木等同于沉香。现在尽管有不少人玩儿“香道”，在那儿高谈阔论话“沉香”，其中肯定有人搞不清楚这两个概念之间的区别，更不清楚两者之间的价格差别有多么悬殊，盲目染指沉香有可能会导致经济上的损失。

按照沉香形成的时间和位置，可以分为“生结”与“熟结”两种。

生结

“生结”就是在风树生长的时候或刚被伐倒的时候取出的香，又称“活沉”。事实上，只要风树不是自然老死，树体上所结的香总是处在发育期，这种不断发育着的油脂没有经过漫长的自然醇化过程，缺少外界其他有机物与微生物的共同作用，这样的香比较“生”，香型、浓度都没有达到更高、更理想的标准，所以质量不能算是最好的。生结在沉香中属于偏下档次的材质。现在所见凡是人工培植的沉香无一例外都是生结。

熟结

熟结又称“死沉”。远在人类出现之前的时代，当带香的风树自然倒伏之后，由于自然界地理的变迁作用，带香的风树被埋在土壤中，或者埋在河底的淤泥中。所结的沉香在极其漫长的时间内，被埋瘗在湿度、温度和压力均相对稳定的土壤、淤泥之下，有充分的时间与周围土壤中的有机物发生醇化作用，风树树体上的非沉香木质早已腐烂，无踪无影，留下的只有一块儿当年的脂质瘤状物——沉香。经过了这一重要生化过程的沉香，才是沉香中的上上品，在地下掩埋的时间越长，品质越好。

话又说回来，地下掩埋的熟结数量极其稀有，其珍贵程度要远高于什么紫檀、黄花梨，并不是有钱就能买到的。而现在已经出现了人工栽培的生结，再加上近几年从越南、印尼等国不断进口，所以市场上的生结沉香还是能够维持一定层次的交易需求的。想玩儿沉香，就一定要玩儿真正的沉香——熟结是不要指望了，能有一小块儿真正的自然生结也算是很不错了。只是需要注意的是，千万别把沉香木当成了沉香。

这里又有一个问题不可回避，那就是怎么判断沉香的真伪。

关于沉香的真伪问题，是所有收藏类话题中最难以回答的一个，沉香有很多譬如真伪、等级、香型、产地、价格等一系列如果是其他材质都可以用语言文字描述清楚的特征，这里只能用一个词来加以概括，那就是“味儿”。既然是味儿，那么上面围绕着沉香所发生的所有问题，都可以，而且也只能通过嗅觉鉴定来回答。因为对于这个“味儿”概念的准确传达，依靠文字描述是绝对不行的，只能造成更多、更大的混乱。以前，我从来没有接触过比沉香更高级的顶级香料——奇楠，查阅所能接触到的有关奇楠的资料，大都形象地介绍说：“奇楠在咀嚼过程中，会有一种辛辣的味道。”“辛辣”味道？在我的体验中，“辣”与“麻辣”的区别我知道——前者是湖南的“辣”；后者是四川的“辣”；那么“辛辣”是什么口感的辣，我就搞不清楚了。因此我还是不明白奇楠究竟是什么东西。有一次到北京沉香专家刘嘉祥先生处请益，谈到这个问题时，刘先生拿出一块儿奇楠，用刀子薄薄地片下一小片让我尝尝。我用前齿轻轻嚼了几下，舌尖很快就感到了一种又麻又辣的味道，而且大概半个小时以内挥之不去。刘先生告诉我，这就是真正的上品奇楠的辣味儿。至此，我才算明白奇楠究竟是什么，但至今仍没有办法用文字准确地描述下来。

一位准备收藏沉香的人，如果没有认真而长时间地闻过沉香的味儿、没有见过真正的沉香，那么就不可能建立起判断沉香真伪、等级的标准，如果仅凭阅读了他人儿行道听途说的描述文字就敢贸然出手，结果往往是每战必殆。我在刘嘉祥先生那里多次摆弄过沉香，也闻过不少类型的生结、熟结，对真正沉香味儿的浓度有一点肤浅的体味。真正沉香的味儿很淡，嗅觉不好的人真有可能闻不到；如果放在锡盒（注意，讲究的收藏，就是要把沉香、奇楠放在锡盒里，至少清代人就这样放置）里长时间贮存，开盖后会闻到异样的草药味，与传说中沉香的香味好像还不是一回事，绝不是多么刺激好闻，只是一股另类的味儿而已（图 1）。虽说并不难闻，但至少我不认为这种味儿很香。所以我以为用“香”字形容未必准确。

图 1　清　沉香 18 子念珠

如果一块儿沉香买回来，尚且不知道真假，可以用这个马后炮办法来验证：那就是把沉香放在通风处晾它几天，如果是经过香料处理的，几天的工夫香气会越来越弱，直到没有；如果是真的沉香，味儿则从来不刺鼻也不会迅速衰减。再把它放到较为密封的罐子里，香味儿还是淡淡的。当然，买沉香不能拿回家晾几天，没问题再给钱，这种方法只解决买回以后的真假测验，所以叫“马后炮”，关键还是要在购买之前形成正确的判断。

真正老沉香的颜色是巧克力色（图 2），新沉香则是黄中闪青绿色。前面讲过，沉香的形成是风树分泌的油脂聚合，具有一定的密度，因此比重稍大，有一定的手头。最能代替沉香的材质就是沉香木，沉香木是沉香的伴生物，有些味儿好的沉香木不用另行加工，肯定带有沉香的原味儿。我们对比材质可以发现，沉香木由于生长的

图 2　清　沉香 18 子念珠

速度较快而密度小、手头也轻，这是沉香与沉香木两者之间的区别特征。一些有经验的人通过观察脂质瘤内油路的发育状态，来判断沉香的真伪，这也是一种方法，可是采用这种方法的前提是，必须对沉香油路的正常发育状态十分了解，否则更容易上当。

这里必须提醒的是，从资源的稀有程度来说，野生沉香的存世量极其稀少，现在市场上出现的大量“沉香”，有可能就是人工培植的生结，也不能排除是赝品，需要格外注意。有些售价很便宜的“沉香”产品譬如手串、挂件、线香等，基本上都是赝品，即使是人工培植的生结，生长周期也很长，绝不是一年半载就可以上市的，所以单位价位也应该很高才合理。野生的老沉香，不管是生结还是熟结，当前（指 2014 年）的单位价格都不会低于每克 7000 ~ 10000 块钱。沉香的投资风险很高，如果没有十足的把握千万要慎重，最好回避这类材质。

在沉香家族中，还有一种比沉香更高级的材质，被称为“世界香料之王”，那就是“奇楠”。

奇楠又称“伽楠”“茄楠”“伽罗”。据我所知，奇楠的结香原理与沉香相似，之所以超过沉香而成为顶级香料，肯定另有环境上的或者入土后地理作用方面的原因，笔者没有这方面的深入研究，不敢妄语。

奇楠与沉香从形式上有一定的区别。

1. 奇楠的味儿较沉香稍微浓重一点，如果将奇楠放在一个密封较好的锡盒里，过一段时间打开锡盒，就会闻到弥漫在容器中的奇楠味儿。如果有一块儿奇楠或一粒奇楠珠粒带在身上，在空气较为清新、没有异味污染的环境下，能感觉出一丝不易察觉的异味。但是，奇楠的味儿并不浓烈，也算不得一般意义上的“香”，只能算是一种味儿而已。

2. 奇楠的比重明显比沉香轻，一般不会沉于水，所以不能称为“沉香”。

3. 最为奇特的是，奇楠坚硬表皮下面的质地却偏软，而且有弹性记忆。我以前见资料上有过这样的介绍，可是不能理解。在刘嘉祥先生处，我品尝了奇楠的味儿。同时，他还用刀尖扎在了奇楠上面，表面留下了刀尖的凹痕。一会儿工夫，凹痕自动复原了，这是我眼见为实的实验，奇楠的这种特性为沉香所不具备。

4. 奇楠的颜色多见土棕色，因为质地偏软，所以表面的包浆不带光泽，颜色不漂亮（图 3）。

据研究，奇楠的存在环境与醇化过程与沉香中的熟结相近似，其中微妙的差别笔者也不清楚。我们可以这样认为，沉香中的生结可以通过人工培植的方法在短期内（大概也要几十年的工夫）获得，可是熟结的形成需要的是漫长的时间，人类目前无法通过先进的手段迅速获得。那么，奇楠无论如何也不可能通过人工培植的方法获得，所以在市场上大规模交易奇楠是不可能的事情。当下奇楠的交易价格大约是每克 20000 ~ 30000 块钱。

下面这串手链（图 4）就是用一块儿不大的奇楠块儿作为主要装饰的，那是我在 2013 年帮了朋友一个忙，朋友为了酬谢我，经北京刘嘉祥先生的手为我买的，当时我对奇楠的了解也不多，没有鉴定把握，所以请刘先生代为购买，我最放心。据刘先生讲，这是块儿有一定年份的老奇楠（所谓“老”，是指被人们收藏的时间已经很长了，表面布满了包浆，而不是指在地下埋藏的时间，哪块儿奇楠在地下的时间都不短），我记得最清楚的是用针尖考验了材质所具有的记忆功能。因为小，没舍得尝尝味儿。放在手里贵贱不说，算是个珍贵的标本。也怨我手里有件值钱的东西，没事儿穷显摆，被一位朋友撂下两万块钱硬是抢去了，他也看上这是专家掌眼买的，买着放心。我请刘先生帮忙再买一块儿，先生说要碰上东西好、价钱合适的才行。至今也没有买到，也就算了。

如果从直观感受上看，说实话，这块儿奇楠的装饰效果未必多好，戴在腕子上，夏天赶上出汗潮湿，香味就稍大一些，皮肤干燥时味儿就小。奇楠、沉香这两种材

图 3　清　奇楠 18 子念珠

质的贵重在于珍藏、价值在于稀有。从收藏的角度来说，珍贵的收藏品未必一定漂亮、一定适于装饰佩戴，譬如殷商时期的玉器相当珍贵，但是如果佩戴于胸前，就远不是那么一回事了。

杂项收藏中的木材质，最高境界就是奇楠，低一级别的是沉香。当然，严格地说，这两种材质并不属于木材质，只是人们都含糊其词地这样分类罢了。对于我们一般人来说，千万不要奢望着有一块儿野生的沉香或奇楠收藏，原因是，这两种材质的存世数量实在太少，而更多的人对这两种材质及其价值的认识又几乎等于零。你戴在手腕上，没有人给你喝彩；你给人家解释，人家将信将疑。那么，为什么这里要反复介绍呢？正是由于民间懂得奇楠、沉香的人少之又少，所以这里面可能有“漏”。凡是“漏”，价钱都不高，有时就等于白捡。

图 4　用奇楠穿成的手链

后 记

鉴定与鉴赏是收藏品价值获得与价值延续的左右手。鉴赏属于宽松软件，主要依靠的是个人文化底蕴，对于同一件藏品的欣赏，百人百样，没有统一的标准限制；而鉴定，虽说是人人可为的小道，可是却蕴含着非常严格的判断标准，与史实相同的正确答案只有一个。因此在鉴定过程中，光凭经验往往不行，我们传统目鉴的经验虽属可贵，但总是以游离状态存在于每个鉴定者的意识中，且不说鉴定结果的因人而异，有时同一个鉴定者对同一件器物的若干次鉴定，因为时间不同、收藏者的身份地位不同，极有可能会得出若干个前后抵牾的结论，这就是传统目鉴的弊病之一。为了使鉴定更加准确，我们在古玩鉴定过程中往往引入了考古发掘的成果，如果有可能，尽量让考古发掘的出土器说话，使之成为形成鉴定结论的重要物证支持。因此，本书在古玉器的论述过程中，少量地引用了一些各国家机构收藏的出土器作为断代的标准器。可以这样讲，没有这些珍贵的出土的标准器图片，就不可能形成精确的器物断代，也不可能使考古学成果有效地应用在收藏鉴定领域。因此，我仅向拙著中引用器物的摄影者和收藏单位致以由衷的感谢！同时，也为在没有征得摄影者先生同意的情况下，擅自征引了你们的作品而感到内疚。所以，作者王大鸣再次向你们致以深深的歉意。

王大鸣 2015 年 11 月于天津燕居室